AF332060

LE BANQUIER DU DIABLE

Jean-François Bouchard

LE BANQUIER DU DIABLE

Max Milo

© Max Milo Éditions, Paris, 2015
www.maxmilo.com
ISBN : 978-2-315-00630-4

Je déteste deux sortes d'hommes : ceux qui se dérobent aux devoirs qui leur incombent, ceux qui, après coup, savent tout mieux que tout le monde.

Hjalmar Schacht

Introduction

À quoi pense donc ce vieil homme tandis que l'autobus brinque-
balant où il est inconfortablement assis franchit les grilles hérissées
de barbelés du camp d'extermination de Flossenbürg, dans le
Haut-Palatinat, au nord-est de la Bavière ? Sans doute à la mort qui
l'attend, lui et les autres prisonniers en compagnie desquels il est
étroitement surveillé par une douzaine de gardiens patibulaires.
Les visages de ses prestigieux camarades d'infortune trahissent la
même angoisse ; il y a là le général Hans Oster, qui était jadis adjoint
de l'amiral Wilhelm Canaris à la tête de l'Abwehr (le service de
renseignement et de contre-espionnage de la Wehrmacht), et son
bras droit Theodor Strünck. Il y a aussi le général Georg Thomas,
ancien chef du service de l'économie de guerre et de l'armement,
le général Franz Halder, un haut gradé de la Wehrmacht, ainsi que
le chancelier autrichien Kurt von Schuschnigg, renversé lors de
l'Anschluss, l'annexion de l'Autriche par les nazis en 1938. Seule
la présence de l'épouse de Schuschnigg, l'aristocratique comtesse
Czernin, née Vera Fugger von Babenhausen, qui porte dans ses
bras sa fillette de 4 ans, aurait pu égayer quelque peu l'atmosphère
sinistre de ce convoi vers le néant. Mais ni la petite fille, née
pendant la longue captivité de son père et qui n'a jamais connu

que l'univers sinistre des prisons et des camps d'internement, ni sa douce maman n'ont le cœur à plaisanter.

« On ne sort pas d'ici vivant ! » souffle le vieil homme d'une voix étranglée, tandis que l'autobus franchit le portail sous les projecteurs des miradors et s'arrête devant un bataillon de soldats armés de mitraillettes.

Puis le vieux prisonnier est rudement poussé hors du véhicule. Les gardiens le conduisent vers un bâtiment grisâtre que l'obscurité de cette nuit glaciale de février 1945 empêche de distinguer tout à fait. Un couloir pauvrement éclairé est parcouru au pas de charge ; on ouvre une porte, celle d'une minuscule cellule où une paillasse est roulée dans un coin. Le prisonnier fait deux pas en avant. La porte est claquée par les gardiens et le bruit des serrures que l'on verrouille résonne un long moment dans le bâtiment. Dans le couloir, on entend des voix et des pas qui s'éloignent.

Enfin le silence s'installe.

Le vieil homme, dans la pénombre de sa cellule d'isolement, déplie la paillasse et s'allonge. À tâtons, ses mains sentent une couverture ; il se blottit tant bien que mal sous cette misérable loque qui pue la crasse et la mort, mais le froid est si vif au cœur de l'hiver bavarois qu'il faut bien faire contre mauvaise fortune bon cœur afin d'essayer de se réchauffer. Il ferme les yeux. Il grelotte et ne peut trouver le sommeil.

Alors probablement songe-t-il à l'incroyable destin qui l'a mené là.

Car ce vieil homme n'est pas n'importe qui.

Il s'appelle Hjalmar Schacht.

Il était le plus génial des génies de la finance du XXe siècle.

Hjalmar Schacht a sauvé l'Allemagne à trois reprises de crises économiques qui auraient dû conduire le pays à la ruine et au chaos. Grâce à lui, l'Allemagne, à chaque fois, est sortie de ces crises mortelles plus forte qu'elle n'y était entrée.

Mais surtout, Hjalmar Schacht était le banquier du diable.

Il fut le grand argentier du chancelier Adolf Hitler. Sans Hjalmar Schacht, jamais n'aurait existé le satanique Führer de ce Troisième Reich qui devait durer mille ans. Aveuglé ou séduit par Hitler, il a cru qu'il pourrait contrôler ce petit caporal moustachu, cet agitateur politique qui haranguait si bien les foules, de sorte qu'il a milité pour le porter au pouvoir, puis pour lui fournir le plus formidable arsenal militaire que l'Allemagne ait jamais possédé, avant de réaliser son erreur et de se détourner de lui au point de comploter pour le renverser.

Car s'agissant de Hitler, Hjalmar Schacht s'est trompé, lui qui aimait se targuer de toujours avoir eu raison et ne manquait pas de le faire savoir.

En cette sombre nuit de février 1945, voilà maintenant plus de six mois que Hjalmar Schacht est prisonnier d'Adolf Hitler. Dans la solitude glaciale de sa cellule d'isolement du camp de Flossenbürg, il entrevoit la fin de son histoire.

Et pourtant ! On lui doit tant ! Les générations futures auraient tant à apprendre de sa vie et de son œuvre !

Lui, Hjalmar Schacht, est sans doute le seul financier, le seul économiste, le seul gouverneur de Banque centrale, le seul ministre des Finances a toujours avoir su faire face aux crises économiques et trouver les bonnes solutions pour permettre à son cher pays, l'Allemagne, l'immortelle Allemagne, de toujours se relever plus forte et plus puissante. Oh, bien sûr, il existe d'autres économistes célèbres qui ont été ses contemporains, Keynes, Marx, Schumpeter, Kondratieff... mais lui, Hjalmar Schacht, à la différence des autres, n'est pas resté un théoricien. Il a mis en œuvre ses théories, et il a réussi !

Oui, toujours, invariablement, il a réussi !

Mais il va mourir, ici, à Flossenbürg, oublié de tous, et son corps disparaîtra dans le brasier des fours crématoires, entremêlé avec ceux des juifs, des communistes, des homosexuels et des Tziganes dont l'attrition est, dans cet épouvantable camp d'extermination, l'absurde et révoltante industrie...

Voilà sans doute quel est l'état d'esprit du vieux prisonnier, épuisé par le voyage, les mois de captivité, le froid et les privations.

Non.

Il se trompe encore une fois.

Hjalmar Schacht ne mourra pas dans ce camp du Haut-Palatinat.

Il s'éteindra paisiblement, bien des années plus tard, dans le lit confortable de sa vaste résidence de Munich, le 3 juin 1970. Le destin agité du banquier du diable, grâce à qui Adolf Hitler était devenu le Führer de ce Grand Reich qui mit le monde à feu et à sang, s'était poursuivi encore pendant vingt-cinq ans après Flossenbürg, avec de multiples et stupéfiantes péripéties : jugé comme criminel de guerre, prisonnier des Américains, conseiller de rois, de princes et de dictateurs, fondateur de banque, échappant par miracle à la vengeance juive... y a-t-il quelque chose que Hjalmar Schacht n'a pas fait au cours de sa vie tumultueuse ?

Lorsque la mort l'a enfin rattrapé, il avait 93 ans.

En revanche, il existe un point sur lequel il ne se trompait pas : l'oubli. À la différence de Keynes, de Marx, de Schumpeter ou de Kondratieff, Hjalmar Schacht ne fait pas partie de ces grands économistes dont on étudie aujourd'hui les théories sur les bancs des universités. La faute en revient, sans doute, à son passé nazi peu recommandable.

C'est dommage. On aurait tant à apprendre de lui...

Alors, réparons cette erreur et écoutons la voix d'outre-tombe de Hjalmar Schacht. Dans notre monde sujet à des crises récurrentes dont bien peu de pays parviennent à s'extraire, l'inaltérable détermination de Hjalmar Schacht face aux événements économiques dramatiques qui secouèrent son pays, au cours de la première moitié du xxe siècle, aurait dû faire école parmi les dirigeants velléitaires et indécis qui gouvernèrent et gouvernent encore aujourd'hui nombre de nations. Cet homme étonnant a beaucoup de choses à dire et faire comprendre.

Il a su trouver des solutions miraculeuses aux difficultés insolubles auxquelles il a été confronté ; suffirait-il donc peut-être de lui prêter attention pour reproduire son exemple ?

Quant à la vie de Hjalmar Schacht... c'est la destinée authentique et presque incroyable d'un homme au cœur des guerres, des drames, des conspirations et des coulisses de la grande histoire, au cours de décennies dramatiques sur lesquelles, délibérément ou parfois sans le vouloir, il a profondément imprimé sa marque.

Bien davantage qu'un roman !

Chapitre 1. L'homme

Moi, Hjalmar Schacht, je suis le plus grand financier du xxᵉ siècle, et peut-être le plus grand de toute l'histoire de l'humanité.

Je le dis en toute objectivité : si je compare le bilan de mes années à la tête de l'économie allemande par rapport à ceux qui m'ont précédé et suivi, si je confronte mon œuvre à celle de tous les grands dirigeants, que ce soit dans mon pays ou dans d'autres grandes nations de cette planète, aucun ne peut afficher à son actif autant d'éclatantes réussites que j'en ai connues moi-même.

Certes, j'ai été servi par les événements : devoir affronter, au cours d'une seule vie, trois crises économiques d'une gravité critique telle que la ruine et la disparition pure et simple de mon pays se jouaient, était un défi unique dans l'histoire.

Autant d'épreuves face auxquelles je n'avais pas le droit d'échouer.

Je n'ai pas échoué. Jamais ! L'échec ne fait pas partie de mon vocabulaire !

On m'a souvent qualifié d'arrogant. C'est inexact. Il n'y a en moi aucun mépris a priori vis-à-vis de mes contemporains. Mais je n'apprécie guère l'insolence de la bêtise, l'idiotie de l'ostentation et l'absurdité des raisonnements erronés. Ma vie s'est entièrement déroulée au contact des gens de pouvoir et des hommes d'affaires les plus riches de la planète. J'ai souvent été frappé par leur superficialité, leur ridicule propension à afficher les signes de richesse les plus extravagants, et leur ignorance terrifiante dans ces domaines fondamentaux que sont l'économie et la finance, pourtant essentiels à la conduite des États. Ma mise stricte et ma sobriété proverbiale faisaient parfois sourire. Bien souvent, dans les journaux populaires, on m'a caricaturé sous les traits d'un austère banquier au costume sombre, le cou serré par un col dur, des lunettes d'acier sur le nez, et considérant d'un air condescendant ceux à qui je m'adressais. Eh bien ! J'étais exactement ainsi ! Trait pour trait ! Les caricaturistes avaient en tout point raison et jamais je ne me suis plains des travers qu'ils accentuaient à l'excès jusqu'à déformer ma véritable nature. Car parmi mes qualités, je sais aussi reconnaître le talent, même celui des dessinateurs qui se gaussaient de moi.

Si j'ai parfois pu sembler méprisant, c'était parce que je considérais avec désolation l'abyssale incurie de mes contradicteurs. Ainsi, lorsque Hermann Göring m'a succédé au ministère de l'Économie, en 1937, il m'est apparu immédiatement que la prospérité de l'Allemagne était en danger et je n'ai pas manqué d'en aviser le chancelier Hitler. En qualité de responsable de l'économie de guerre, ce reître de Göring n'avait en effet su que s'approprier ce que j'avais bâti à grand-peine, sans rien réellement créer par lui-même. Quant à Walther Funk, qui prit la suite de mon mandat à la tête de la Reichsbank en 1939, il ne s'agissait que d'un pâle journaliste, dépourvu de la moindre capacité d'initiative personnelle et dont la seule action marquante, en application de ses féroces convictions nazies, aura été d'obéir servilement à Göring à qui il succéda d'ailleurs en qualité de ministre de l'Économie. Avec ce pervers obèse, égocentrique et morphinomane pour piloter la puissante économie du Reich, et à ses côtés un acolyte dont la capacité à développer des théories personnelles était des plus minuscules, il était certain que ma marque, la marque de Hjalmar Schacht, n'était pas prête à s'effacer. Et quel contraste dans nos mœurs ! Leur cupidité n'avait pas de limites, non plus que leur propension imbécile à vivre comme des maharadjahs dans des palais au luxe obscène ! Göring ne pensait qu'à s'enrichir, à accumuler des biens spoliés aux uns et aux autres. Moi, de mon côté, je crois n'avoir jamais tenté de profiter indûment du pouvoir immense qui m'était confié. Au contraire : à mon arrivée en 1933 à la Reichsbank, comme gouverneur, j'ai tout simplement réduit des deux tiers mes émoluments, par solidarité avec les masses de travailleurs qui souffraient du chômage et pour lesquels ma seule ambition était de les remettre au travail. Et avant cela, quand j'ai été nommé commissaire à la monnaie, en 1923, au cœur de la plus formidable crise monétaire de notre temps et au plus fort de l'inflation galopante qui mettait sur la paille la plupart de mes concitoyens, j'ai fait l'abandon de la totalité de mon salaire et j'ai rémunéré personnellement, sur mes deniers, la secrétaire dévouée que j'avais emmenée avec moi.

Alors méprisant ? Peut-être, mais seulement vis-à-vis des profiteurs, des corrompus, des incapables et des voleurs. Moi, Hjalmar Schacht, je crois à la vertu du travail, de l'effort, et de sa juste récompense.

On m'a souvent aussi taxé d'insensibilité. Je n'aurais été, selon mes contempteurs, qu'un être froid et calculateur, aussi dépourvu de sentiments qu'un serpent dont, paraît-il, j'adoptais souvent le regard. Certes, je ne suis pas de ceux qui éprouvent le besoin d'étaler au grand jour leurs états d'âme. Je n'ai pas d'états d'âme. Le but qui m'anime, c'est le destin de l'Allemagne, mon pays, ma patrie ! Et je calque mon attitude sur ce seul objectif. Certains l'ont bien compris, qui ont travaillé efficacement et en toute confiance avec moi, car ils savaient exactement à quoi s'en tenir et qu'attendre de ma personne.

Alors, froid et calculateur ? Non ; je dirais plutôt rigoureux et énergique ; un homme dont les pensées claires, le sens des réalités chevillé au corps et le regard fixé sur le but à atteindre rendent facile la compréhension... pour qui sait comprendre, naturellement !

Par bonheur, il y en a.

Avec Montagu Norman, mon grand ami, gouverneur de la Banque d'Angleterre, homme intelligent s'il en était, nous avons merveilleusement coopéré pendant des années, à tel point que je puis dire que sans le Royaume-Uni, jamais l'Allemagne n'aurait pu redevenir la puissance économique qu'elle constituait à la veille de la Seconde Guerre mondiale !

Ce cher vieux Montagu, qui accepta de devenir le parrain du fils d'une de mes filles, n'est certainement pas le seul. Nombre d'hommes d'affaires américains vinrent investir leur argent en Allemagne, dans les industries chimiques, mécaniques, dans les fabriques d'armes, dans les banques, sur la seule confiance qu'ils avaient en mon nom. À eux aussi, l'Allemagne est redevable de sa puissance retrouvée.

Mais c'est surtout à moi, Hjalmar Schacht, que l'Allemagne doit savoir gré d'avoir retrouvé son rang parmi les premières puissances économiques de l'Europe. Ma réputation s'étendait bien au-delà des cercles d'affaires et des grands responsables financiers. Dans les milieux politiques, le nom de Schacht était partout respecté. Parmi les hommes célèbres pour lesquels je devins la référence universelle lorsqu'il s'agissait de guider le destin économique de notre nation, il y eut naturellement le vieux maréchal Hindenburg, président de la République, qui fit appel à moi pour juguler la crise monétaire et l'inflation galopante. Et puis, bien sûr, Adolf Hitler, chancelier du Reich ; mais nous y reviendrons...

Il y en eut bien d'autres encore. Je me souviens avec émotion que lorsqu'il arriva au pouvoir, Franklin Delano Roosevelt, le président américain élu au cœur de la grande crise qui se déclencha en 1929, demanda à me recevoir à quatre reprises lors du voyage que je fis à Washington cette année-là. En même temps que moi, le président du Conseil français, Henri Poincaré était aussi en déplacement officiel aux États-Unis. Roosevelt n'accorda au Français qu'une simple audience protocolaire, tandis que moi, l'Allemand Hjalmar Schacht, je fus reçu pas moins de quatre fois afin de prodiguer mes précieux conseils pour sortir de cette terrible crise.

Oui, véritablement, Franklin D. Roosevelt m'adorait !

Ainsi se serait sans doute exprimé sur sa propre personnalité celui qui devint le banquier du diable.

Rétablissons immédiatement une première vérité. En réalité, Franklin Roosevelt ne pouvait souffrir la présence de Hjalmar Schacht, ce banquier allemand arrogant et donneur de leçons. Il détestait sa personnalité prétentieuse et boursouflée d'orgueil. Mais en homme intelligent et avisé, il reconnaissait que les conseils du bonhomme valaient de l'or...

L'histoire conserve de Hjalmar Schacht le souvenir du financier génial qui contribua à porter Adolf Hitler au pouvoir et qui permit, grâce au renouveau économique et au rétablissement de la prospérité en Allemagne dont il portait le mérite, qu'il s'y maintînt jusqu'au déclenchement de la Seconde Guerre mondiale.

Cet homme avait donc pour nom Hjalmar Schacht ; ou plutôt, selon son état civil complet, Hjalmar Horace Greeley Schacht.

Curieuse initiative de la part des parents Schacht que d'avoir placé leur rejeton sous le parrainage du journaliste Horace Greeley qui, à l'époque de la naissance de leur bébé, le 22 janvier 1877, avait déjà depuis longtemps quitté les feux de l'actualité. D'ailleurs, il n'y avait jamais brillé que d'une lumière fort incertaine. Horace Greeley fut le fondateur d'un journal, le *New York Tribune*, qui gagna en son temps le statut enviable de quotidien ayant la plus grande audience aux États-Unis, mais ce n'est pas à ce titre qu'il est resté dans l'histoire. Il est surtout l'auteur d'une formule célèbre : *Go West, Young man ! Go West !* qui devint fondatrice de la conquête de l'ouest américain. Greeley fut aussi un politicien, conforme à l'image que l'on a souvent de cette congrégation ; ses retournements de veste furent si nombreux qu'ils égarèrent totalement ses électeurs potentiels avant que, désorienté par cette stratégie désordonnée de girouette ivre, le pauvre Horace Greeley n'en devint fou lui-même. En effet, Horace Greeley fut l'un des plus véhéments soutiens du général Ulysses S. Grant, lorsque celui-ci se présenta à l'élection présidentielle américaine, en 1868, peu de temps après la fin de la guerre de Sécession et l'assassinat du président Abraham Lincoln. Grant fut élu, puis Horace Greeley se détourna de lui en accusant son administration de corruption. Ulysses Grant était alors le champion du parti républicain, l'un des deux partis qui dominaient et dominent encore la vie politique des États-Unis. Greeley fonda donc le nouveau parti libéral, sous les couleurs duquel il se présenta aux élections présidentielles de 1872 contre le président Grant. À la surprise générale, Horace Greeley fut aussi investi par le parti démocrate, qu'il tournait pourtant en dérision dans le *New York Tribune* depuis des années. Interloqués par ces singulières virevoltes politiciennes et par les discours incohérents que ce candidat tenait, les électeurs infligèrent à Greeley un véritable camouflet électoral et le général Ulysses Grant fut réélu dans un fauteuil. La santé mentale chancelante de Greeley, déjà affectée par le décès de son épouse juste avant l'élection, ne résista pas à cette déroute et l'on dut interner le malheureux journaliste dans un sanatorium où il mourut peu de temps après, sous camisole de force, avant même que les résultats de l'élection n'aient été proclamés : le processus prend en effet plusieurs semaines aux États-Unis.

Rien dans ce parcours chaotique n'apparaît avoir constitué un héritage pour Hjalmar Schacht, dont l'inflexible détermination et les yeux invariablement fixés droit sur l'horizon constituent plutôt la marque de fabrique.

Le choix d'Horace Greeley comme parrain posthume de leur second fils est, en revanche, plus en rapport avec la personnalité du père de Hjalmar Schacht, dont les changements orthogonaux d'orientation marquèrent la vie qu'il imposa à sa famille. En effet, né citoyen allemand, celui-ci émigra aux États-Unis où il commença une vie professionnelle et familiale plutôt aisée. Il obtint la nationalité américaine, ce qui était certes plus facile à l'époque qu'aujourd'hui, et il mena outre-Atlantique une existence bourgeoise avec son épouse et son premier fils Eddy. Mais la nostalgie du pays natal finit par le saisir ; il décida de retourner sur la terre de ses ancêtres. À l'image de Greeley changeant cent fois d'avis, le père Schacht s'installa d'abord en Prusse, dans la province du Schleswig où son second fils, Hjalmar, naquit le 22 janvier 1877. Une très modeste maison dans le village de Tinglev, aujourd'hui situé au Danemark, tel fut le lieu qui abrita les premiers mois du plus grand financier du XXe siècle. La famille Schacht n'y demeura que quelque temps, avant que le père Schacht ne changeât d'emploi, puis de ville, puis un autre emploi, puis une autre ville, en bref, des premières années d'enfance plutôt instables et marquées par la gêne financière et les privations.

Enfin, les Schacht se fixèrent à Hambourg où le père de famille trouva un emploi très mal rémunéré, mais plus durable. C'est dans le cadre des quartiers populaires et populeux de ce grand port sur l'Elbe et la mer du Nord que Hjalmar Schacht passa son enfance, son adolescence et les premières années de son âge d'homme.

Il en demeurera profondément marqué.

Hambourg n'est pas une cité riante. Lorsque l'on ouvre ses fenêtres – si la température extérieure le permet, ce qui n'est pas fréquent – un ciel bas et gris s'offre pour toute perspective. Lorsque sévit ce *Schmuddelwetter* (« sale temps ») propre à l'Europe du Nord, c'est-à-dire presque tous les jours hormis quelques semaines l'été, les sourires s'effacent des visages, l'humeur devient aussi charbonneuse que la fumée qui s'échappe des cheminées des maisons et des navires, et bien vite on referme les fenêtres pour se claquemurer dans la morne chaleur humide et sombre des maisonnettes de briques, alignées dans cet ordre germanique de si bon aloi qui règne en Prusse occidentale. Pas de place ici pour la fantaisie ! Quand bien même en aurait-on envie, il n'existe guère de possibilité de s'échapper de la morosité ambiante. Chez les Schacht, chaque pièce d'argent est comptée. S'il faut aller chercher du charbon pour chauffer la maison, on ne donne au jeune Hjalmar que quelques pfennig, et la monnaie, lorsqu'il y en a, est intégralement restituée à la mère.

Alors on étudie. Cela passe le temps et permet de tromper l'ennui. D'autant que le jeune Hjalmar est brillant ; que dire, brillant... brillantissime ! Quand il le souhaite, il est le premier de sa classe, dépassant systématiquement les rejetons des familles bourgeoises qui, malgré leurs répétiteurs privés chargés de leur dispenser force leçons d'algèbre et de grammaire, n'arrivent pas à la cheville de Hjalmar ou de son frère Eddy, et même de leur frère cadet Oluf, de quelques années plus jeune, et de William, le petit dernier. On n'a pas les moyens dans la famille Schacht de payer un précepteur ? La belle affaire ! Les fils sont intelligents, travailleurs, et les parents leur inculquent un inflexible sens du devoir et des responsabilités. Voilà le bagage dont ils sont dotés pour affronter la vie. Munis d'un tel viatique, comment pourraient-ils se laisser aller à la facilité ?

En réalité, les choses sont un peu plus sophistiquées : Hjalmar s'applique à être en tête de classe, mais pas trop, afin d'éviter de trop froisser la susceptibilité de ses camarades moins doués. Non qu'il ait peur des confrontations : avec son frère Eddy, il n'a pas peur de la bagarre lorsqu'il s'agit de corriger les gosses de riches qui se moquent de ces fils de pauvres. Mais les coups et les bosses ne mènent à rien de constructif ; mieux vaut agir plus habilement et calculer scientifiquement ses résultats pour être dans le premier tiers de sa classe, mais pas davantage, afin de ne pas trop écraser les tâcherons qui l'entourent et provoquer gratuitement leur agressivité.

À se replier ainsi en permanence sur l'Aventin de l'excellence, on en oublie les contingences humaines des pauvres mortels. Avec raideur, on juge sans indulgence les faiblesses dont se rendent coupables les cancres moins bien dotés par la nature en neurones et synapses. Ainsi le jeune Hjalmar, à force d'avoir raison avant tous les autres lorsqu'il s'agit de résoudre des équations du troisième degré ou de disserter sur les mérites comparés de Goethe et de Schiller, finit-il par développer une forme aiguë d'arrogance qui ne le quittera jamais.

Il est supérieur, il le sait, il le fait savoir.

Mais la jeunesse de Hjalmar Schacht n'est pas sans blessures. La pauvreté est un fardeau lourd à porter et les gosses de riches sont souvent cruels pour leurs camarades moins fortunés.

Le parcours des jeunes garçons vers l'adolescence et l'âge d'homme a longtemps été marqué par une étape qui n'existe plus aujourd'hui. En effet, pendant toute leur enfance, les garçons de la fin du xixe et du début du xxe siècle portaient des pantalons courts, autrement dit des shorts, même pendant l'hiver, même pendant les grands froids de la Prusse occidentale, lorsque soufflent les vents polaires en provenance de la mer du Nord. La première paire de pantalons longs était une cérémonie initiatique déterminante : un garçon qui n'allait plus jambes nues était déjà presque un homme. Aussi, à cette époque où le moindre morceau de tissu était compté et où la consommation de masse n'existait pas, commander au tailleur un pantalon long pour son fils était un événement d'importance capitale.

Hjalmar est bientôt le dernier de sa classe à porter encore des pantalons courts ; il harcèle ses parents pour enfin posséder ce précieux pantalon long qui fera de lui, en apparence, l'égal des autres. Son père finit par céder, mais l'argent est si rare qu'il ne peut offrir à son fils qu'un pantalon en *shoddy*, cette espèce d'étoffe rugueuse et inconfortable fabriquée à partir de déchets de tissus.

« Shacht est en *shoddy* ! Schacht est en *shoddy* ! » se moquent les écoliers dans la cour du *Gymnasium*... Hjalmar Schacht serre les dents et les poings. Quelques bourre-pifs font taire les plus bruyants, mais on ne peut régler leur compte à coups de ramponneau à tous les imbéciles qui murmurent des quolibets dans son dos. Le jeune Schacht le sait bien. Alors il ravale sa colère et se mure dans un silence hautain.

Au fil des années, la situation du père Schacht s'arrange. Il trouve une place de comptable dans la filiale allemande d'une compagnie d'assurances américaine. La famille peut quitter les quartiers populaires pour s'installer dans une petite maison coquette, puis elle déménage à Berlin. Les fils aînés restent à Hambourg pour terminer leurs études, Hjalmar en philosophie – les études d'économie n'existent pas encore à cette époque – et Eddy en médecine. Les fils cadets Oluf et William suivent leurs parents à Berlin ; Oluf y poursuivra avec succès des études d'ingénieur.

Parvenus à l'âge d'homme, les quatre garçons intégreront de manière fort différente l'héritage de leur jeunesse.

Eddy restera marqué par cette instabilité paternelle qu'il reprendra à son compte. Il pratiquera la médecine partout dans le monde, en Europe, en Afrique, s'installant même quelques années en Égypte, près d'Assouan.

Oluf et William seront aussi des éternels oiseaux migrateurs, Oluf, notamment en Afrique où il exercera son métier d'ingénieur dans plusieurs pays avant de revenir en Allemagne et d'y mourir très jeune d'une crise cardiaque.

Hjalmar, quant à lui, conservera cette personnalité distante, hautaine, arrogante, certain de sa supériorité, persuadé d'avoir toujours raison. En bref, il est l'archétype du premier de la classe que l'on a plaisir à détester tout en reconnaissant ses qualités. Il a toutefois des côtés touchants, presque sympathiques : son détachement des choses matérielles, par exemple. Pas question pour Hjalmar Schacht de compenser les frustrations de sa jeunesse et l'humiliation des pantalons en *shoddy* en se vautrant dans le luxe, une fois sa situation financière solidement établie. Non, il restera adepte de la plus stricte simplicité : des costumes sombres, toujours les mêmes, des chemises à col dur, toujours identiques, des lunettes cerclées d'acier, des retours chez lui en train de banlieue de troisième classe, même lorsqu'il était un banquier d'affaires fort bien rémunéré de la Dresdner Bank, premier établissement financier du pays. Aucune ostentation, aucune fantaisie, aucun caprice ; au contraire, chaque fois qu'il est appelé par l'État pour sauver le pays de la ruine, son premier geste est de faire l'abandon de son salaire ou de le réduire des deux tiers. Comment ne pas faire confiance à un tel homme ?

Ce qui anime Hjalmar Schacht, c'est le devoir. Il sait ce qu'il doit à l'Allemagne, qui lui a prodigué son éducation, sa culture, sa réussite comme banquier. L'Allemagne est la passion de sa vie.

Quant à son manque de sensibilité... Incontestablement, il est difficile de discerner chez le grand banquier Hjalmar Schacht la moindre trace de sentimentalité. Alors qu'il a écrit pas moins de vingt-six livres, jamais il ne dévoile ses émotions personnelles, y compris sur les drames ou les événements heureux qui ont jalonné son existence. Son premier mariage avec Louise, qui deviendra une militante pro-nazie enragée à l'inverse de lui-même ? Il en parle avec une froideur arctique ; il est vrai que leur union finira par un divorce. La mort de son fils, officier dans la Wehrmacht, qui disparut pendant la guerre dans un camp de prisonniers en Russie, froidement abattu par un garde soviétique ? Quelques mots à peine, d'un détachement qui fait ressentir des frissons dans le dos. La disparition de son frère Oluf ? Pas davantage d'expression de chagrin. Il accueille les enfants de ses deux frères afin de pourvoir à leur éducation ? Il impute cette bonne action à son sens des obligations familiales et guère à l'affection qu'il porterait à ces enfants, même s'il semble apprécier la compagnie du fils aîné d'Eddy qui l'accompagnera pendant plusieurs voyages. Ah, si, quand même... les sourires de ses filles, nées de son second mariage, qui l'accueillent avec leur maman lors de sa sortie de prison, lui arrachent quelques larmes d'une profonde humanité. Il y a donc quelque part en Schacht une corde sensible qui peut parfois vibrer.

Au final, Hjalmar Schacht reste une personnalité fort délicate à cerner. Homme de devoir, génie de l'économie et de la finance, il est aussi un grand sportif et s'adonne à l'occasion aux courses en montagne. Voyageur curieux, alors qu'il est jeune homme, il part en Turquie sac au dos, il étudie en France et en Angleterre, il visite les États-Unis, puis il parcourra le monde entier après la guerre. Franc-maçon, il est adepte d'une rigoureuse rectitude morale qui bat en brèche les plus exigeants des dogmes ecclésiastiques... En tout état de cause, Schacht est un personnage d'une complexité telle qu'il reste très difficile à comprendre.

On retiendra malgré tout ces traits marquants.

Tout d'abord, ce personnage cassant, hautain, arrogant, dépourvu en apparence de tout besoin affectif, uniquement préoccupé d'avoir raison, incapable de reconnaître ses torts, était sans doute parfaitement invivable pour ceux qu'il côtoyait.

Pour autant, cet homme, qui permit l'accession de Hitler au pouvoir et rendit ainsi possibles les plus abominables tragédies de l'histoire de l'humanité, parce qu'il était ému par le sourire de ses petites filles et méprisait ouvertement les porteurs de Rolex, ne pouvait pas être totalement mauvais.

Chapitre 2. L'ambitieux

J'ai connu des années difficiles, à Londres et à Paris, lorsque j'étais étudiant. J'avais terminé mes études de philosophie à Hambourg et je voulais entrer dans les affaires. Pour cela, j'ai décidé d'aller étudier dans les meilleures bibliothèques d'Europe les œuvres des grands économistes et de rédiger une thèse.

La France n'était guère accueillante pour un étudiant allemand. À la Sorbonne, où j'étais inscrit, il me fallait être discret et dissimuler, autant que je le pouvais, ma nationalité qui ne manquait pas de m'attirer quolibets et hostilité. Le souvenir de la guerre de 1870 et l'annexion par l'Allemagne de l'Alsace-Lorraine constituaient pour les Français autant de motifs de ressentiment à notre égard, nous autres Allemands. Il y avait une autre source de haine dont je mesurai rapidement l'importance : il s'agissait du paiement à l'Allemagne des réparations de guerre, dont le coût considérable pesait sur la bonne santé de l'économie de la France. Pour moi qui venais de Hambourg, principal port commercial d'Europe et cité industrielle moderne et active, je me rendis compte, au fil de mes pérégrinations françaises, que ce pays où je séjournais souffrait d'un certain retard de développement par rapport à l'Allemagne.

J'en tirai trois leçons.

La première, c'est que le repli sur soi accroît inéluctablement les difficultés à favoriser le développement de l'économie. L'Allemagne, en effet, depuis la fin du conflit, avait adopté une politique résolument ouverte sur l'extérieur, exportant massivement les produits de ses manufactures vers les autres pays européens et se confrontant à la concurrence des autres exportateurs. La France, de son côté, avait mené une politique beaucoup plus endogène, profitant de son vaste empire colonial pour en tirer des matières premières et nourrir essentiellement sa consommation intérieure. Le résultat était que la France avait moins d'industries, que ses produits étaient moins élaborés, moins modernes ; elle restait un grand pays agricole tandis que l'Allemagne avait déjà basculé dans l'ère industrielle. Les deux pays avaient stimulé leurs économies de manière fort différente : la France avait adopté une politique fluctuante et mal dessinée, en partie, il est vrai, pour payer les réparations de guerre à l'Allemagne. Mais la conséquence avait été l'assèchement des échanges et un certain retard de développement industriel par rapport à nous, au Royaume-Uni et aux États-Unis, les autres grands compétiteurs sur les marchés mondiaux. Mon pays, de son côté, avait développé autant qu'il le pouvait ses échanges extérieurs et protégé son marché intérieur avec plusieurs lois protectionnistes. Et dans cette confrontation guerrière qui ne disait pas son nom, dans ce véritable conflit économique, l'Allemagne avait encore une fois emporté la bataille et dominait son vieux voisin.

La deuxième leçon est que le maître mot, lorsqu'il s'agit d'organiser la vie économique d'un pays, c'est « détermination ». La détermination, voilà ce qui avait fait toute la différence. Mais la vraie détermination ; pas celle qui consiste à tenir un discours ferme puis à ne rien faire ou pire, faire l'inverse de ce qu'on annonce, mais celle qui consiste à définir un objectif à atteindre, à suivre une ligne directrice, et à s'y tenir envers et contre tout. Pendant ces années d'après guerre de 1870, l'Empire allemand avait eu la chance d'avoir à la tête de son gouvernement des responsables qui firent preuve de cette détermination : Otto von Bismarck, le chancelier de fer, puis après sa démission en 1890, d'autres hommes politiques presque de la même trempe, ou des monarques énergiques et plutôt éclairés. Ils avaient une vision cardinale de l'avenir qu'ils voulaient pour l'Empire et se donnaient les moyens d'atteindre le but qu'ils s'étaient fixés. Pendant ce temps, en France, la conduite du pays manquait singulièrement de cette détermination qui pourtant est la clé de tout : on assistait à une succession de présidents de la République tout droit sortis d'un opéra-bouffe, comme Félix Faure ou Émile Loubet, de présidents du Conseil soucieux avant tout de préserver leur portefeuille ministériel et qui n'y parvenaient jamais, et de ministres englués dans des scandales à répétition, depuis la catastrophe financière des travaux du baron Haussmann à Paris, la corruption généralisée du canal de Suez, jusqu'à la grande truanderie du canal de Panama, sans parler des faillites bancaires qui ruinaient régulièrement les déposants et sapaient la confiance dans le système financier. Cette détermination à orienter pour le bien commun le destin des nations, si présente à Berlin et si absente à Paris, avait conduit à un écart entre nos deux pays qui semblait presque irrattrapable.

La troisième leçon était que nous n'avions plus grand-chose à craindre, nous autres Allemands, de nos voisins les Français. En effet, l'aspiration unique de la population en France était toute à la revanche : faire à nouveau la guerre à l'Empire allemand, lui infliger une défaite rapide, récupérer l'Alsace-Lorraine, voire s'attribuer en prime la Sarre et la Ruhr, en résumé nous faire payer pour les avanies subies depuis 1870. Ce climat belliciste était très désagréable pour l'Allemand que j'étais ; mais il ne m'apparaissait pas très dangereux. Je ne suis pas spécialiste de l'art militaire, mais les faiblesses insignes de l'économie française me semblaient à ce point criantes qu'elles ne pouvaient manquer d'avoir de lourdes conséquences, de près ou de loin, sur l'appareil guerrier de notre turbulent voisin. Si guerre il devait y avoir un jour, j'imaginais qu'elle tournerait rapidement à notre avantage.

Je quittai donc la France plutôt rassuré et, passant par Londres pour parachever mes recherches académiques, je regagnai l'Allemagne.

J'avais terminé ma thèse ; elle portait sur Les fondements théoriques du mercantilisme anglais. J'avais déjà exercé des activités professionnelles dans le journalisme au cours de mes études. J'avais également publié des poèmes dans plusieurs revues allemandes, qui m'avaient apporté une certaine notoriété. Mais tout cela, malgré le prestige que j'en retirais, restait fort éloigné des ambitions que j'exprimais.

Il était temps de commencer une véritable carrière, davantage en rapport avec mes aspirations. Je n'étais plus un jeune garçon, j'étais un homme accompli, et la fréquentation des grands personnages que j'avais pu rencontrer au cours de mes études ou lors de mes travaux de journaliste m'avaient démontré que je n'avais rien à leur envier au plan intellectuel, bien au contraire. Pour la plupart, leur position éminente n'avait été obtenue qu'au bénéfice de leur naissance. Être issu de la cuisse de Jupiter ou de ses cousins était la seule rationalité à leur accession à de hautes responsabilités.

Pour ma part, bien que n'ayant ni titre nobiliaire, ni fortune familiale, je n'étais pas moins fier de ma famille, de mon père, simple comptable dans une compagnie d'assurances américaine mais qui avait si bien guidé sa famille au travers des difficultés, de ma mère, qui avait eu le courage de suivre mon père deux fois à travers l'immense océan Atlantique, de mon frère Eddy qui était en train *de devenir un médecin renommé ou d'Oluf qui promettait d'être un brillant ingénieur. Je devais à mon tour démontrer que j'étais capable d'exploiter les qualités dont j'avais été doté et d'utiliser cette éducation à laquelle il m'avait été donné d'accéder.*

J'entrai donc dans les affaires.

J'y connus une réussite rapide, en dépit de mes origines modestes.

Puis, à l'été 1914, la guerre éclata.

J'y trouvais l'occasion, pour la première fois, de mettre en évidence mes qualités d'organisateur et de financier pour le plus grand profit de la nation allemande.

En 1903, Hjalmar Schacht a 26 ans. C'est un jeune homme qui a déjà beaucoup étudié, voyagé, publié, notamment de nombreux articles économiques, mais il n'est pas encore solidement établi dans la vie alors qu'il vient de se marier avec Louise, une jolie jeune femme brune et sportive, adepte du patinage sur glace. Il sent que c'est le moment de s'engager dans la voie pour laquelle il s'est préparé depuis longtemps. Schacht recherche donc un emploi dans le milieu bancaire. Les relations qu'il a nouées dans ses activités de journaliste ou de conférencier sur les sujets économiques lui ont permis de tisser un réseau de relations parmi les dirigeants de la haute finance. Grâce à ses contacts, il trouve l'emploi qu'il convoite et commence sa carrière de banquier dans le premier établissement du pays, la Dresdner Bank.

Fort de ses qualités, de sa rigueur, de sa puissance de travail, il y fait merveille. En 1909, soit à peine six années après ses premiers pas à la Dresdner Bank, il en est nommé directeur. Le voilà, à 32 ans, responsable de l'ensemble du réseau des succursales de la plus grande banque du pays.

Pour qui connaît l'environnement bancaire, un tel parcours est exceptionnel. Il n'est en effet pas de milieu plus traditionnel que la banque. À cette époque, hormis les âmes « bien nées » soit dans la noblesse, soit dans la haute bourgeoisie très fortunée, bien peu de « roturiers » accédaient au saint des saints de la direction des grands établissements financiers. Mais il en existait quelques-uns : en effet, les banques étaient en plein développement et leurs besoins en jeunes cadres entreprenants étaient immenses. Il fallait saisir les opportunités, et Schacht identifia immédiatement la manière de faire sa place parmi l'élite. De nos jours encore, parvenir à la direction générale d'une grande banque reste question d'extraction. Les recrutements s'exercent uniquement dans les cercles choisis : Harvard ou Skulls and Bones aux États-Unis, l'École nationale d'administration (ENA) et l'Inspection générale des finances (IGF) en France, Eton et Oxford en Grande-Bretagne. Un Hjalmar Schacht, fils de petit comptable, ayant passé son enfance dans les faubourgs ouvriers de Hambourg et diplômé de la modeste université de Kiel n'aurait probablement aujourd'hui aucune chance, en dépit de ses qualités, alors qu'au début de xxe siècle, il a pu connaître cette carrière fulgurante.

Quoi qu'il en soit, la réussite de Schacht est remarquable. C'est aussi à cette époque qu'il est initié dans une loge maçonnique. L'avenir appartient donc à ce jeune financier si strict et si compétent ; son costume sombre, ses cols durs, ses lunettes cerclées d'acier et son air toujours sérieux inspirent la plus grande confiance à tous les tycoons de l'industrie allemande qui se financent à la Dresdner Bank.

Mais un jeune militant nationaliste serbe de Bosnie-Herzégovine et un romanesque prince viennois vont changer le cours de la vie de Hjalmar Schacht.

François-Ferdinand de Habsbourg, archiduc d'Autriche, était un homme aux idées plutôt libérales. Il était en faveur d'une certaine autonomie des peuples qui habitaient sur les marches de l'Empire austro-hongrois, tels les Bosniaques ou les Croates. Homme de conviction au caractère affirmé, il avait fait un mariage d'amour avec une Tchèque d'une saisissante beauté, la comtesse Sophie Chotek von Chotkowa und Wognin. Pendant cinq années, cet homme au caractère ombrageux avait assiégé, supplié, imploré l'empereur François-Joseph, souverain d'Autriche-Hongrie, afin d'obtenir l'autorisation d'épouser Sophie dont il était éperdument épris. Sa ténacité avait eu raison des réticences de l'empereur, qui n'arrivait pas à admettre que l'on fît exception au principe selon lequel un prince héritier de la maison de Habsbourg devait épouser un membre d'une famille régnante d'Europe, ce qui n'était pas le cas de Sophie. Mais François-Ferdinand était amoureux et les belles histoires veulent que la puissance de ce sentiment renverse parfois la raison d'État. L'empereur imposa toutefois un mariage morganatique : jamais Sophie ne serait impératrice, et lors des cérémonies officielles, elle devrait se tenir éloignée de son mari, le futur empereur. Sophie et François-Ferdinand se marièrent finalement sans qu'aucun membre de la famille impériale daignât assister à la cérémonie, et ils formèrent l'un des couples les plus unis d'Europe, menant une existence assez retirée, élevant leurs quatre enfants, s'adonnant à leur passion commune, la botanique.

Au début de l'été 1914, lorsqu'ils se rendent à Sarajevo, capitale de la Bosnie-Herzégovine, où François-Ferdinand doit inaugurer un musée, les deux époux savent que le déplacement n'est pas sans risque car les attentats se multiplient depuis quelques mois. Ils y vont néanmoins ensemble : pas question de se déplacer l'un sans l'autre.

Une bien belle journée, ce 28 juin 1914.

François-Ferdinand et Sophie prennent place dans leur voiture et, encadrés par une forte escorte, ils progressent agréablement dans les rues de la vieille ville, au milieu d'une foule plutôt amène, pour se rendre à la réception organisée en leur honneur. Mais des nationalistes serbes ont fomenté un attentat. L'un des conspirateurs jette une grenade en direction de la voiture du couple princier. La bombe manque sa cible et explose au milieu du cortège, quelques mètres plus loin.

François-Ferdinand et Sophie sont indemnes.

Dans l'affolement général, les voitures foncent vers la résidence du gouverneur. Là, on reprend ses esprits. François-Ferdinand est choqué, mais l'archiduc qu'il est, héritier de l'Empire des Habsbourg, ne peut décemment se laisser impressionner par des anarchistes. Il décide d'aller réconforter les blessés à l'hôpital. Avec Sophie serrée contre lui, les voilà partis à nouveau dans les rues de Sarajevo, encombrées d'une foule interloquée par l'attentat. Devant l'hôpital, la cohue est dense, les curieux se mêlant aux familles qui souhaitent prendre des nouvelles de leurs proches et aux soldats qui essaient de rétablir l'ordre.

La voiture de François-Ferdinand s'arrête au milieu de la populace.

Il était écrit que l'archiduc ne devait pas survivre à cette journée.

Parmi la foule passent quelques membres du groupe de conspirateurs, dépités par leur échec, et qui se dispersent pour rentrer dans leur repaire. Gavrilo Princip, un jeune étudiant serbe militant nationaliste, est l'un d'entre eux. Ce gamin qui n'a pas 20 ans porte un revolver.

L'occasion est trop belle.

Avant que l'escorte, empêtrée dans la cohue, puisse intervenir, Gavrilo Princip bondit sur le marchepied de la voiture et décharge ses six balles sur Sophie et François-Ferdinand.

L'archiduc décède en prononçant ses dernières paroles d'amour à l'adresse de la femme qu'il a tant aimée : « Sophie, Sophie ne meurs pas, reste en vie pour nos enfants. »

Sophie peut-elle l'entendre ? Probablement pas. Elle expire à son tour avant d'arriver à l'hôpital.

Les vieux amoureux sont les premières victimes d'un effroyable effet domino ; dans les jours qui suivent, l'Autriche-Hongrie déclare la guerre à la Serbie (28 juillet), la Russie, alliée de la Serbie, décrète la mobilisation générale (30 juillet), puis l'Allemagne après l'expiration de l'ultimatum lancé à la Russie d'arrêter « toute mesure de guerre » lui déclare la guerre (1er août) ainsi qu'à la France (3 août), puis le Royaume-Uni à l'Allemagne (3 août) jusqu'à ce que l'Europe tout entière décrète la mobilisation générale et parte, la fleur au fusil, soulager ses haines séculaires contre ses voisins.

François-Ferdinand de Habsbourg, héritier de la couronne impériale d'Autriche-Hongrie, ne verra pas cette guerre qui ensanglantera l'Europe pendant plus de quatre années, de 1914 à 1918. Cet homme romantique qui ne souhaitait que vivre en paix, sa douce Sophie à son bras, au milieu des enfants qu'il chérissait et des roses qu'il cultivait avec passion, n'imaginait certainement pas inscrire son nom dans l'histoire comme ce prince dont la mort a déclenché l'une des plus épouvantables boucheries de l'histoire de l'humanité.

Gavrilo Princip ne verra pas non plus l'horrible boucherie. À la suite de son arrestation, il n'est pas condamné à mort, car il avait moins de 20 ans au moment de son geste fatal et le Code pénal d'Autriche-Hongrie excluait la peine capitale en dessous de cet âge. Mais il est emprisonné dans la forteresse de Theresienstadt, (royaume de Bohême), le pays de Sophie. On l'enferme dans une cellule sans toit, qui le laisse exposé aux intempéries, à la pluie, à la neige, au froid ou à la canicule. Déjà tuberculeux lors de son emprisonnement, il meurt en avril 1918 ; il avait 25 ans. La guerre mondiale n'était alors toujours pas terminée ; plus d'un million et demi de jeunes hommes de son âge mourront encore sur les champs de bataille après le décès de Gavrilo Princip, avant que les hostilités s'achèvent quelques mois plus tard, en novembre 1918, sur un bilan total de neuf millions de morts.

Hjalmar Schacht, quant à lui, verra la Première Guerre mondiale. Non en tant que soldat – il a été réformé en raison de sa myopie – mais en qualité de financier, son domaine d'excellence.

Et pour lui, la guerre est une formidable opportunité.

Pour la première fois, il va pouvoir démontrer qu'il peut résoudre des questions d'État, des enjeux politiques, des problématiques de gouvernement.

Pour la première fois aussi, il va être confronté à ces fonctionnaires obtus aux sourcils épais et au front bas dont il se plaira pendant le reste de sa vie à bouleverser l'existence par ses idées révolutionnaires.

La scène se passe à Bruxelles, à la fin de l'année 1914. Les armées allemandes, en passant par la Belgique, ont bousculé les forces françaises. Le nord et l'est de la France sont envahis et le front s'est stabilisé sur la Somme et sur la Marne, à moins de cent kilomètres de Paris. Les divisions d'infanterie, du côté français comme du côté allemand, se sont enterrées dans un réseau complexe de tranchées et de fortifications, défendues par des barbelés et protégées par des sacs de sable. Les fantassins meurent dans la boue et le froid de l'hiver, qui sont autant redoutés que la mitraille ennemie. Les soldats resteront ainsi quatre ans face à face, s'étripant pour quelques mètres de terrain.

La Belgique est entièrement occupée par l'Allemagne. Ce petit pays a vu passer les armées du Kaiser et lutté comme il le pouvait, mais la disproportion des forces était telle que l'avancée allemande n'a été ralentie que quelques jours. L'Empire allemand, toujours aussi bien organisé, a mis en place en Belgique une administration d'occupation chargée de gérer le pays et de procéder aux réquisitions qui permettront de ravitailler les divisions allemandes stationnées sur place. Pour prendre soin des finances de cette vaste administration militaire et, au-delà, des finances du pays tout entier, car le gouvernement belge est parti en exil à Londres et a laissé le pouvoir en déshérence, il faut un financier.

Et pourquoi pas ce remarquable *Herr Doktor* Hjalmar Schacht, directeur de la Dresdner Bank ?

Schacht accepte immédiatement la proposition qui lui est faite, deux mois après le déclenchement de la guerre, d'aller à Bruxelles administrer les finances des forces d'occupation et de l'État belge occupé. Là, il prend ses ordres de Karl von Lumm, un fonctionnaire prussien de la vieille école qui, dans le civil, était membre du collège de la Reichsbank, la Banque centrale de l'Empire allemand.

Évidemment, avec la raideur habituelle et les airs de supériorité de Hjalmar Schacht, les choses ne se passent pas bien entre Lumm et son subordonné. Déjà, Schacht s'est opposé au projet de Lumm de changer la monnaie belge, car il trouvait cette opération inutile et coûteuse. Mais Lumm est passé outre l'avis de son jeune collaborateur et le changement monétaire a eu lieu. Rien de particulièrement favorable n'a résulté de cette opération, et Schacht n'a pas manqué de le faire savoir.

Lumm n'a guère apprécié.

Et voilà que Schacht, à présent, réclame un passe-droit pour aller prendre ses repas au mess des officiers ? Ce freluquet va apprendre à respecter la discipline allemande !

— *Herr* Lumm, je demande respectueusement de pouvoir prendre mes repas au mess des officiers, demande Hjalmar Schacht, l'air aussi hautain et plein de morgue que d'habitude.

— Il n'en est pas question, Schacht ! répond sèchement son supérieur. Les fonctionnaires civils ne peuvent prendre leurs repas avec les militaires. Le règlement est très clair à ce sujet !

— *Herr* Lumm, je ferai respectueusement observer que le mess des officiers est à proximité. Nous n'obtiendrions de cette autorisation que gain de temps et économies d'argent.

— Vous n'y pensez pas, Schacht ! Les militaires n'accepteront pas ! Et de toute façon, il faudrait l'autorisation du gouverneur général Colmar von der Goltz qui commande la place militaire.

— Fort bien, *Herr* Lumm. Envoyons-lui une note, rétorque Hjalmar Schacht.

— Je ne vais pas déranger le gouverneur général Goltz pour une affaire de déjeuner, *Doktor* Schacht. Qu'il ne soit plus question de cette affaire !

Mais Hjalmar Schacht n'est pas de ceux qui cèdent. La demande est soumise au chef de la section des Affaires étrangères, Oscar von der Lancken-Wakenitz. Encore un fonctionnaire prussien obtus et bêtement discipliné, comme Schacht les affectionne.

— Non, *Doktor* Schacht, affirme Lancken-Wakenitz, je ne vois pas comment nous pourrions autoriser un civil à aller prendre ses repas au mess des officiers. Et je me refuse à déranger quelqu'un d'aussi éminent que le gouverneur général Goltz juste pour satisfaire le vœu d'un subalterne. Après tout, vous n'avez ici que le titre de *Doktor, Herr* Schacht ! »

— Fort bien, messieurs, répond Schacht avec calme et fermeté. Si véritablement vous estimez que cette demande ne peut être soumise par vous au gouverneur général Goltz, dans ce cas je vais me charger moi-même de lui demander.

— Mais… vous le connaissez ?

— Bien sûr. Je ne souhaitais pas faire exception à la voie hiérarchique et c'est la raison pour laquelle je vous ai présenté ma requête. Mais puisque apparemment une autre méthode est préférable…

Et Hjalmar Schacht d'aller demander audience au gouverneur général Goltz, qui l'accueille à bras ouverts et l'invite sur-le-champ à dîner en sa compagnie au mess des officiers. Lumm et Lancken-Wakenitz sont à la fois médusés et furieux…

Mais l'arrogance, l'intelligence et la détermination de Schacht vont trouver à s'employer dans d'autres affaires autrement plus sérieuses. En effet, en sa qualité de conseiller aux finances pour la Belgique, il va s'attaquer à son premier grand problème monétaire et économique : celui des réquisitions.

Schacht a bien noté que l'économie belge est en état de blocage virtuel. Non en raison des destructions de guerre, car il n'y eut guère de combats en Belgique et le pays, même sous administration allemande, est parfaitement en état de fonctionner normalement, mais parce que les réquisitions militaires destinées à entretenir les forces d'occupation bloquent totalement les échanges économiques.

Les réquisitions sont en effet pratiquées de manière autoritaire. L'intendance militaire saisit tout benoîtement les fournitures dont l'armée a besoin : fourrage pour les animaux, production agricole pour nourrir les hommes et le bétail, chevaux pour tracter les canons et fournir la remonte de la cavalerie, matériaux de construction, etc. En échange, elle remet aux agriculteurs, aux industriels, aux commerçants chez qui les réquisitions sont pratiquées, des « bons de réquisition », sortes de titres qui sont destinés à être remboursés un jour par l'État belge. Ces « bons » constituent une espèce de quasi-monnaie, puisqu'ils sont échan-geables et remboursables et peuvent être transmis de main en main, comme la monnaie habituelle. En théorie, tout cela devrait fonctionner correctement et ne pas empêcher l'économie belge de produire des biens et des services à son rythme habituel.

Mais il n'en est rien.

En effet, Schacht remarque deux phénomènes.

Le premier, c'est que la production agricole et la production industrielle chutent, au moins en apparence. En effet, les agriculteurs et les industriels soit cessent de produire les biens susceptibles d'être saisis lors des réquisitions, soit les dissimulent et les écoulent au marché noir. Donc, les réquisitions sont de plus en plus difficiles pour l'armée allemande, et la population civile, quant à elle, souffre de pénuries et du coût croissant des marchandises.

Le second phénomène, c'est que l'argent, la monnaie, en tout cas la monnaie officielle, en bref, celle qui constitue l'huile dans les engrenages de la machine économique et rend possibles les échanges de biens et de services, cette monnaie-là tend à disparaître de la circulation. Schacht rapproche cela d'un axiome bien connu des économistes et qu'il a étudié lors des années qu'il a passées à Londres et Paris. Il s'agit du vieil adage : « La mauvaise monnaie chasse la bonne. » Autrement dit, lorsque deux monnaies sont en circulation, les ménages, les entreprises, et même les banques, auront tendance à thésauriser la bonne monnaie, celle qui inspire confiance, et s'efforceront d'écouler à tout prix la mauvaise monnaie, celle qui n'inspire pas confiance. Or, les « bons de réquisition » n'inspirent pas confiance. En conséquence, ceux qui détiennent ces « bons » cherchent à s'en défaire, tandis que la vraie monnaie, la monnaie officielle, on la garde sous les matelas ou dans les coffres. Résultat : blocage économique, inflation, pénurie...

Un Lumm ou un Lancken-Wakenitz peuvent s'accommoder d'une telle situation. Après tout, ils ne sont que des fonctionnaires, ils ne sont pas là pour bousculer l'ordre établi. Ils font ce que font habituellement les fonctionnaires ou les politiciens sans imagination : continuer comme avant, sans rien changer.

Mais pas Hjalmar Schacht.

Son intelligence est révulsée quand il voit que personne, faute d'avoir correctement analysé la situation, n'entreprend quoi que ce soit pour modifier cet ordre établi, qui semble installé pour l'éternité, ou en tout cas jusqu'à la fin de l'occupation allemande, soit une durée indéterminée... Schacht est persuadé qu'il peut faire en sorte de rétablir un fonctionnement normal de l'économie, pour le plus grand bénéfice à la fois des militaires allemands et de la population civile belge.

Pour cela, il y a deux préalables.

Tout d'abord, la hiérarchie : Lumm et Lancken-Wakewitz. Heureusement, l'épisode du mess des officiers leur a montré que lui, Hjalmar Schacht, n'était pas construit en bois tendre et qu'il avait des relations haut placées. Donc, il aura les mains libres de ce côté-là. Dans une certaine mesure, à tout le moins.

L'autre préalable, c'est la méthode. Comment faire pour inverser la vapeur d'une machine économique engagée dans une voie sans issue ? C'est là que le génie de Schacht et sa détermination à agir vont trouver à s'exprimer. L'idée de Hjalmar Schacht, c'est qu'il faut faire disparaître les « bons de réquisition » et payer les fournitures de l'armée d'occupation en véritable argent. Ainsi l'économie repartira comme avant-guerre. Mais le chiendent, c'est qu'il n'y a pas de fonds disponibles au sein de l'administration militaire pour payer les biens dont l'armée a besoin. De plus, le Reich ne va certainement pas en débloquer. L'Empire allemand va d'autant moins être enclin à fournir ce financement que dans l'accord d'armistice avec l'État belge, il est dûment prévu que c'est à ce dernier de supporter les dépenses d'occupation. Mais l'État belge est ruiné, exsangue, sans un sou...

Comment faire ?

Schacht a une idée lumineuse.

Dans ces conditions adverses, la seule solution est que l'État belge lance un emprunt auprès de sa population qui a si bien thésaurisé sous ses matelas la monnaie officielle ! Ainsi, l'administration belge disposera de fonds en argent authentique pour payer directement les réquisitions ; les agriculteurs et les industriels pourront être payés avec de la vraie monnaie sonnante et trébuchante ; grâce à cette incitation, la population se remettra au travail ; elle recommencera à produire des biens sans les destiner systématiquement au marché noir ; enfin, l'armée allemande sera satisfaite car les réquisitions, désormais payées rubis sur l'ongle par l'État belge, seront facilitées. Et, cerise sur le gâteau, l'activité économique ainsi rétablie apportera à l'État belge des recettes fiscales qui lui permettront de payer la rente des emprunts... En bref, un cercle vertueux de la croissance économique renaîtra, en dépit de l'occupation allemande.

Hjalmar Schacht, lorsqu'il présente ce plan à ses supérieurs, reçoit un accueil glacial.

Il n'en a cure.

Il a raison, il le sait, et il le fait savoir.

Sans relâche, Schacht se met au travail pour convaincre tous les échelons de l'administration de la pertinence de son plan. Le défi est immense, mais sa détermination est totale. Il n'est pas de difficulté qu'il juge insurmontable. Pourtant, parfois des obstacles impossibles à renverser se présentent. L'un d'entre eux est qu'il n'y a plus d'État belge ! Le gouvernement belge est en exil à Londres et il ne va certainement pas, depuis l'Angleterre, approuver un emprunt destiné aux Allemands, organisé par un Allemand, quand bien même il apparaîtrait que la population belge pût en tirer un bénéfice.

C'est l'impasse.

Mais pas pour le banquier du diable.

Hjalmar Schacht trouve une solution de contournement. Il n'y a plus d'État belge ? Soit ! Mais il reste les neuf provinces qui composent le royaume de Belgique ; chacune dispose d'édiles qui les gouvernent. Il fait la tournée des neuf préfectures régionales ; à chaque fois, il doit déployer toute sa force de conviction pour convaincre ses interlocuteurs. Par bonheur, il maîtrise parfaitement la langue française, fruit de ses années passées à Paris. Et Hjalmar Schacht parvient à ses fins. Les neuf provinces acceptent toutes de garantir l'emprunt en lieu et place de l'État belge. Schacht apprend même une nouvelle qui le comble d'aise : certains canaux de communication semblent être restés actifs entre les provinces belges et le gouvernement en exil à Londres. Ce dernier, informé de l'opération Schacht, aurait été convaincu de son intérêt. Selon les rumeurs qui circulent, il aurait approuvé le principe de cet emprunt et donné instruction de favoriser sa réussite, ou au moins de ne pas entraver son lancement...

Enfin, après plusieurs semaines de préparation, le lancement de l'emprunt est prêt.

C'est un succès.

Tout fonctionne comme Schacht l'avait prévu. La vie économique renaît en Belgique.

Ainsi qu'il l'avait dit, il avait raison !

Schacht triomphe.

Il passera toute la guerre à Bruxelles à gérer les finances de l'administration d'occupation sous les ordres de Lumm ; des années difficiles, malgré ce succès initial. La jalousie, la défiance, l'aigreur des fonctionnaires obtus sous la férule desquels il doit travailler ne sont pas aisées à supporter pour une personnalité comme la sienne.

Il finit par démissionner de son poste, quelques mois avant la fin de la guerre.

Mais Lumm n'en a pas tout à fait fini avec lui. Schacht lui a fait de l'ombre pendant près de quatre ans ? Maintenant qu'il s'en va, cet arrogant personnage va payer et Lumm va se charger avec délectation de présenter l'addition...

Lumm ressort des cartons une vieille histoire : lors du changement monétaire que lui, Lumm, avait ordonné au début de l'occupation, et que Hjalmar Schacht avait désapprouvé, une opération frauduleuse aurait été ordonnancée par Schacht. En effet, Schacht, ancien de la Dresdner Bank, aurait fait indûment attribuer à cet établissement des stocks de nouveaux billets, ce qui n'avait pas été approuvé par lui, Lumm...

— *Herr* Lumm, s'emporte Hjalmar Schacht, vous savez bien que cette attribution de billets était régulière ! Elle était simplement destinée à alimenter les succursales de la Dresdner Bank afin qu'elles participent au changement monétaire et continuent leur activité normalement !

— Oui, *Doktor* Schacht... mais n'étiez-vous pas justement directeur des succursales, à la Dresdner Bank ? insinue Lumm.

— Cela n'a strictement aucun rapport, *Herr* Lumm ! La livraison de billets à la Dresdner Bank a été approuvée par l'intendance du gouverneur général elle-même !

— Mais c'est vous qui l'aviez demandée, *Doktor* Schacht... c'est plutôt gênant... compte tenu de vos anciennes fonctions dans cette banque, il eut mieux valu que cette demande fût formulée par un autre...

— Quand bien même, *Herr* Lumm ! Il n'y a ici aucune irrégularité ! Si vous estimez qu'il y a des reproches à formuler à mon endroit, je demande officiellement qu'une enquête disciplinaire soit ouverte contre moi ! Elle établira qu'aucune fraude n'a été commise !

— Ah ! Cher *Doktor* Schacht, malheureusement, cela n'est plus possible. Vous avez démissionné depuis deux jours... et l'instruction administrative n° AWT-1452 du manuel des autorités d'occupation exclut, dans ce cas, qu'une enquête disciplinaire puisse être diligentée à la demande d'un collaborateur démissionnaire...

Aucune enquête ne sera menée et la rumeur d'une fraude lors de ses fonctions à Bruxelles poursuivra Hjalmar Schacht pendant longtemps.

À son retour à Berlin, Schacht reprend ses fonctions de directeur des succursales de la Dresdner Bank. Mais il vise désormais plus haut : plusieurs postes se dégagent au conseil de la banque. L'un d'entre eux doit forcément lui revenir. D'ailleurs, le fils du président de la Dresdner Bank, un incapable et un paresseux, y a été nommé ; encore un passe-droit procuré à un fumiste par la magie de sa seule naissance. Il faut donc que lui, Hjalmar Schacht, dont les qualités de financier sont maintenant renommées dans les plus puissants cercles d'affaires en Allemagne, obtienne rapidement cette position. Il le mérite ! Mais les semaines passent et la nomination ne vient pas. Schacht finit par demander une entrevue au président qui, un peu embarrassé, le renvoie vers son fils, le fameux fumiste incapable.

— *Herr* administrateur, je venais m'enquérir auprès de vous de ma nomination au conseil, demande Schacht.

— Ah, *Doktor* Schacht ! Il vous faudra, je crois, un peu de patience. Voyez-vous, j'ai pris l'initiative de différer votre arrivée au conseil, répond le fils du président.

— Puis-je demander la raison de cette décision ?

— Euh... en réalité... je crains que votre présence ne me porte ombrage...

Hjalmar Schacht, après un instant de surprise, éclate de rire.

— Eh bien, si c'est l'effet que ma collaboration produit sur vous et le conseil, je pense que la seule solution pour vous est d'accepter ma démission !

L'ambition n'est pas toujours facile à satisfaire ; Hjalmar Schacht l'a appris plusieurs fois à ses dépens : on gêne les uns, on froisse les autres, on suscite la jalousie ou la haine de certains...

Mais le financier a goûté au pouvoir.

C'est cela, désormais, qu'il vise.

Chapitre 3. Le sauveur

L'Allemagne me doit sa renaissance.

La guerre avait fait souffrir mon pays : sur les fronts de l'Est et de l'Ouest, toute une génération de jeunes hommes avait disparu dans une soupe immonde de fer et de sang. Mais la guerre avait essentiellement été menée en dehors de nos frontières. Nos usines étaient prêtes à fonctionner, nos mines, prêtes à fournir le minerai pour les alimenter et nos champs, prêts à être à nouveau ensemencés afin de produire la nourriture nécessaire aux ouvriers qui étaient prêts à travailler. L'Allemagne, en réalité, était intacte, apte à retrouver son rang parmi les grandes puissances mondiales.

Il aurait dû en être ainsi.

Il n'en a pas été ainsi.

Par la faute de dirigeants faibles et veules, par la faute de puissances étrangères dont le seul but était de ruiner ma patrie pour les siècles et les siècles, par la faute de quelques accapareurs égoïstes et cupides sans scrupule, prêts à sacrifier leurs compatriotes pour s'enrichir, l'Allemagne aurait pu disparaître dans le chaos d'une crise monétaire sans précédent dans l'histoire de la civilisation, et qui ne s'est jamais reproduite depuis.

Grâce à moi, elle a survécu.

Grâce à cette crise, j'ai acquis une célébrité mondiale : je suis devenu l'homme qui a rendu à l'Allemagne sa fierté et sa prospérité.

Jusqu'à ma nomination de Reichskommissar für die Währung (commissaire du Reich à la monnaie), en 1923, l'après-guerre fut pour mon pays une longue suite d'humiliations, d'espoirs et de déceptions, voire de profondes atteintes à notre dignité et à notre intégrité.

Pour ma part, je poursuivais ma carrière dans les affaires. Ma réputation de banquier et de financier n'était plus à construire et, après mon départ de la Dresdner Bank, les propositions ne manquèrent pas. Lorsque le gouvernement vint m'implorer de résoudre la situation monétaire inextricable dans laquelle il se trouvait, j'étais le pilier essentiel du comité de direction de la Danat Bank, qui devait faire parler d'elle ultérieurement, bien des années après mon départ, lors de la faillite retentissante qui marqua le début de l'ascension de Hitler vers le pouvoir. Mais la situation du pays me préoccupait davantage que les transactions bancaires ; la finance me laissait de plus en plus indifférent à mesure que mon pays s'enfonçait dans une crise qui s'annonçait mortelle. En effet, la crise économique se doublait d'une crise sociale, avec des émeutes, des rébellions et des grèves qui semaient le désordre partout sur le territoire qui nous restait. La crise économique se triplait d'une crise politique avec des conspirations, des tentatives de coup d'État et un gouvernement qui souffrait de faiblesse récurrente. Et l'Europe regardait l'Allemagne sombrer vers le néant avec une délectation à peine dissimulée, surtout côté français. Au contraire, dès qu'il s'agissait de nous enfoncer encore un peu plus la tête dans la boue, la France répondait immédiatement « Présent ! », comme lors de l'invasion, sans aucune raison légitime, des provinces industrielles de la Ruhr, sur la rive droite du Rhin.

Mais cela ne constituait pas une surprise pour moi.

À l'exception, peut-être, du président américain Woodrow Wilson, tous les dirigeants des pays contre lesquels l'Allemagne avait pourtant loyalement combattu avaient décidé que la défaite n'était pas suffisante : il fallait que l'Allemagne fût maintenue dans un état de sous-développement tel qu'elle ne représenterait plus jamais un « danger » pour l'Europe. Ce raisonnement était pure folie ! Comment peut-on imaginer maintenir soixante millions d'hommes et de femmes, en plein cœur de l'Europe, à l'état de mendiants humiliés, sans penser qu'un jour ils ne réagissent et se révoltent ? Et cherchent ensuite à se venger des frustrations qu'on leur imposait sans rationalité ?

En 1919, je participai à La Haye, aux Pays-Bas, avec d'autres industriels et financiers allemands, à un cycle de négociations à propos de réparations économiques et de livraisons de produits chimiques à faire à nos vainqueurs. Le général français qui présidait la réunion me le fit comprendre sans ambiguïté : si un jour nous devions recouvrer un minimum de considération en Europe, nous n'en serions jamais redevables qu'à nous-mêmes, et surtout pas à ces Alliés qui songeaient surtout à nous écraser sous leurs talons.

La délégation allemande était logée dans un hôtel miteux, à deux ou trois personnes par chambre, avec les lits infestés de punaises. Des policiers nous encadraient pour nos moindres déplacements. La nourriture qu'on nous servait méritait un seul qualificatif : exécrable. Quant à la salle dans laquelle les réunions se tenaient, autour de la table deux chaises seulement étaient réservées à la délégation allemande alors que nous étions vingt ; faut-il préciser que dans le camp d'en face, chaque membre de la délégation alliée disposait d'un siège à sa convenance.

J'allai trouver le général français.

— *Mon général, nos conditions de séjour ici sont tout simplement inacceptables ! Notre logement n'est pas un hôtel, mais un bobinard de dernière catégorie, nous ne pouvons nous déplacer sans moult tracasseries policières, et dans cette salle, il ne nous est pas possible de nous asseoir ! Pour la bonne tenue de nos discussions, il faut que cela cesse !*

— *Monsieur, me jeta-t-il d'un ton méprisant sans même me faire l'aumône d'un regard, n'oubliez pas que votre pays a perdu la guerre !*

Et il se détourna de moi sans plus me prêter la moindre attention.

Les conditions faites à l'Allemagne après l'armistice furent tout simplement iniques ; des pans entiers de notre territoire furent annexés, qui par la France, qui par la Pologne, qui par un pays que l'on créa pour l'occasion, la Tchécoslovaquie, un curieux assemblage de Tchèques, de Slovaques, d'Allemands, de Hongrois et d'Autrichiens. Personne ne songea à tenir compte que, dans ces contrées, habitaient depuis des siècles de bonnes familles allemandes qui y avaient fait souche. En Alsace, en Prusse-Orientale, dans les Sudètes, ces braves gens paisibles avaient, par leurs efforts et leur sens inné de l'organisation, transformé ces régions en riantes et prospères campagnes.

Au plan économique, les conditions imposées à l'Allemagne étaient totalement absurdes. Les Alliés nous imposaient le paiement de dommages de guerre d'un montant astronomique, mais sans nous autoriser à développer l'appareil industriel qui permette de produire la richesse afin de les payer. Notre situation était en tout point comparable à celle d'un chômeur qui n'a aucun espoir de retrouver un travail un jour, et sur la tête de qui on fait peser une dette d'un million de marks-or. Et s'il veut retrouver quand même un travail, on le lui interdit ! Et lorsqu'il argumente qu'il ne peut pas payer, on le punit !

Ces conditions étaient tout simplement une insulte au bon sens.

Arriva donc ce qui devait arriver : l'Allemagne plongea dans une crise économique, sociale et politique qui l'amena au bord du gouffre.

Le gouvernement m'appela à la rescousse.

Nous étions le 13 novembre 1923.

Moins de cinq années plus tard, j'avais stabilisé la valeur de la monnaie, jugulé l'inflation, renégocié la dette de l'Allemagne et les dommages de guerre, rétabli la confiance dans mon pays.

Moi, Hjalmar Schacht !

Je gage que ce général français, si je lui avais à ce moment demandé une chaise, m'aurait lui-même avancé un fauteuil ! En personne !

Stresemann n'était pas un homme de décision.

De santé fragile, réformé pendant la Grande Guerre en raison d'une maladie des reins qui l'emportera en 1929, à l'âge de 51 ans, c'est à lui que le président Friedrich Ebert, nouveau président de cette république allemande que l'on appela la république de Weimar, confie pendant l'été 1923 le poste de chancelier, autrement dit de Premier ministre. Gustav Stresemann était un homme pragmatique, dévoué à la cause publique, mais brouillon, et pitoyable économiste. Gérant ses affaires personnelles de manière abominablement calamiteuse, il mourra d'ailleurs ruiné, couvert de dettes.

Lorsque Stresemann arrive au pouvoir, le chaos règne dans le pays. Le ministre des Affaires étrangères Walther Rathenau a été assassiné quelques mois plus tôt ; des groupuscules d'extrême droite ou d'extrême gauche fleurissent un peu partout, l'hyper-inflation atteint des sommets, ruinant toute la classe moyenne allemande ainsi que la vieille noblesse traditionnelle, et le chômage règne de manière endémique.

L'écroulement terminal de l'Allemagne n'a jamais semblé aussi proche.

Il faudrait un leader charismatique, un Bismarck, un Metternich pour sortir l'Allemagne de cette géhenne. Gustav Stresemann n'est certainement pas celui-là.

Pourtant, le 13 novembre 1923, face à la situation insurrectionnelle qui s'étend en Allemagne, il se décide enfin à prendre deux mesures essentielles.

Tout d'abord, il fait adopter ce jour-là une loi qui lui donne les pleins pouvoirs pour réprimer le désordre, les émeutes et les tentatives de putsch dans le pays. Adolf Hitler, quatre jours auparavant, le 9 novembre 1923, a tenté de prendre le pouvoir à Munich par la force ; il a cependant échoué dans cette entreprise. Ce n'est que partie remise.

Ensuite, Stresemann, qui connaissait Hjalmar Schacht depuis près de vingt ans, parvient à convaincre ce banquier prospère, confortablement installé dans sa vie d'homme d'affaires et qui possède un réseau de relations financières fort utiles en Angleterre et aux États-Unis, de prendre les fonctions de commissaire du Reich à la monnaie. Le 13 novembre 1923, Hjalmar Schacht endosse sa lettre de nomination.

Mais il y a un hic : ce poste de commissaire du Reich à la monnaie n'existe pas. Ni au sein du ministère de l'Économie et des Finances ni au sein de la Reichsbank, il n'est prévu que siège un commissaire du Reich à la monnaie. Nulle part il n'existe une administration pour l'assister, des locaux pour l'abriter, des moyens pour qu'il mène son action. Ses pouvoirs ne figurent dans aucune loi, aucun décret, aucun règlement. Existe-t-il seulement, ce pouvoir ? Déjà, bien malin celui qui serait capable de citer les pouvoirs réels du ministre des Finances ou du gouverneur de la Reichsbank : leur désarroi face à la crise monétaire est si désespérant...

D'ailleurs, cette crise, quelle est-elle ?

Pour bien comprendre ce qu'a pu être, pour la population allemande, la crise économique d'après la Première Guerre mondiale, il faut que le lecteur d'aujourd'hui revienne quelques années en arrière. En effet, au xxe siècle, dans les années 1970, les économies développées, par exemple, États-Unis, France, Royaume-Uni, la plupart des États européens et certains pays asiatiques, ont connu des épisodes de forte inflation, de l'ordre de 10 à 15 % par an. À peu près à la même période, des économies émergentes (Argentine, Mexique, Brésil, Turquie, etc.) ont connu des années d'inflation galopante. L'un des exemples les plus emblématiques est celui de l'Argentine des années 1980. Ce pays, qui sortait alors de la dictature militaire et d'une économie très encadrée, expérimentait la démocratie avec le passage à l'économie de marché. L'Argentine a été confrontée à des années d'hyperinflation dramatiques : environ +5 000 % en 1989 et +1 400 % en 1990.

À côté de ces chiffres impressionnants, l'inflation européenne de la même époque, avec ses +10 à +15 %, était une aimable faribole.

Le pouvoir d'achat du peso argentin, entre 1980 et 1990, a été divisé par cent cinquante ! Pas moins de cent cinquante ! Pour prendre une comparaison européenne, une famille qui disposait d'une épargne de l'équivalent de cent cinquante mille euros en 1980, soit de quoi acheter un petit appartement dans une ville de province, n'aurait plus, en 1990, que l'équivalent de mille euros, soit à peine de quoi payer la réparation de sa vieille voiture.

On mesure ainsi le caractère véritablement catastrophique de ces épisodes d'hyperinflation pour le niveau de vie de la population : il n'en ressort que ruine et désolation, sans compter les désordres que la dureté de la vie ne manquent pas de provoquer : troubles sociaux, grèves, émeutes et longues files d'attente devant les soupes populaires.

Eh bien, malgré la gravité apparente de la crise en Argentine, tout cela n'est rien. Le drame argentin ou ceux de la même époque apparaissent véritablement microscopiques par rapport à ce qui se passa en Allemagne après la Première Guerre mondiale.

Rappelons le bilan de la crise argentine : le peso était tombé au cent cinquantième de sa valeur.

Voici à présent le bilan de la crise allemande : le mark-papier était tombé à la cinq cent milliardième partie de sa valeur.

Un tel chiffre est très difficile à embrasser pour l'esprit humain. Peut-être est-il plus clair d'exprimer cette grandeur en chiffres, avec une référence à peu près stable, c'est-à-dire l'or.

Un mark-or valait, en 1918, deux marks-papier.

Ce même mark-or valait, en 1923, mille milliards de marks-papier, soit en chiffres, 1 000 000 000 000 de marks-papier !

En cinq années, la valeur de la monnaie émise par la Reichsbank, exprimée en équivalent-or, est donc passée de deux à mille milliards ; pour reprendre la comparaison précédente, il s'agit d'une dévaluation à l'Argentine, mais multipliée par un facteur de plusieurs dizaines de millions.

Ces chiffres ahurissants paraissent avoir une dimension plus astronomique qu'économique. Ils représentent pourtant ce qu'ont vécu, au quotidien, les familles allemandes entre 1918 et 1923. L'image des brouettes de billets nécessaires au moindre achat, la fable des prix des biens de consommation de base, comme le pain, qui doublaient ou triplaient dans la journée, le salaire d'une semaine qui suffisait à peine à payer un repas dans le plus modeste des restaurants, la ruine de tout un peuple de petits épargnants, de vieilles familles bourgeoises et de la noblesse traditionnelle, tout cela est la triste réalité de la société allemande d'après guerre.

La cause de cette hyperinflation ? Plusieurs facteurs se sont conjugués pour la provoquer. Tout d'abord, les conditions imposées à l'Allemagne lors de la sortie de guerre étaient un assassinat en règle : outre la perte de territoires économiquement prospères au profit des vainqueurs du conflit, le montant des réparations à payer aux Alliés était tel qu'il fallait y consacrer presque toute la richesse produite par le pays. Il ne restait quasiment rien pour la population elle-même. Alors, la solution pour faire tout de même fonctionner une économie de subsistance était de mener une politique monétaire laxiste et de faire tourner la planche à billets. De la sorte, tant bien que mal, la population disposait de ressources pour un minimum d'échanges économiques. Mais c'était évidemment une politique à très courte vue, dictée par les circonstances et menée de manière particulièrement maladroite.

Elle était d'autant plus maladroite qu'elle était pilotée par des hommes dont l'autorité était si faible qu'ils ne pouvaient, ou ne savaient, comment s'opposer aux profiteurs qui fleurissaient sur cette crise historique, comme les fleurs s'épanouissent sur un tas de fumier. Systématiquement, dans l'histoire économique, les crises sont le terreau sur lequel les spéculateurs, les traders, les spécialistes de la finance douteuse se multiplient comme les asticots dans une charogne. Ceux-là n'ont aucun intérêt à ce que s'arrête l'inflation ou, plus largement, que finisse la crise dans laquelle ils nagent confortablement, tels les poissons de vase dans l'eau trouble des marais ; bien au contraire, leur niveau d'enrichissement augmente en fonction de l'intensité des effets de la crise. Ils savent, par exemple, comment tirer bénéfice de la volatilité monétaire. Ce n'est d'ailleurs pas très compliqué, et il n'est pas très difficile non plus de les arrêter, mais il faut pour cela volonté politique, capacité technique et détermination sans faille. Or, les responsables qui précédèrent Hjalmar Schacht au poste de pilotage de l'économie allemande manquaient singulièrement des trois.

À tout cela s'ajoutaient d'autres épiphénomènes : circulation de monnaies parallèles, « bons » d'urgence et autres quasi-monnaies émis par de nombreux organismes officiels et même par des entreprises privées, hors de tout contrôle de la Reichsbank, émission d'une nouvelle monnaie, le rentenmark – dont initialement on n'avait pas vraiment su s'il fallait indexer sa valeur sur le seigle (oui, la céréale !...), l'immobilier ou d'autres types d'actifs –, marché noir des devises, qui annihilaient les mesures de contrôle des changes de la Reichsbank...

Lorsque Hjalmar Schacht prend ses fonctions de commissaire du Reich à la monnaie, la tâche est immense, insurmontable ; et les moyens à sa disposition rigoureusement nuls.

Mais rien n'est de nature à décourager le Dr Hjalmar Schacht.

D'abord, il faut trouver des locaux.

À la Reichsbank ? Pas question. L'hostilité à son égard y est immédiate. Ce commissaire du Reich à la monnaie n'est rien d'autre qu'un intrus qui veut marcher sur les brisées de la Banque centrale... Qu'il n'espère pas s'installer ici !

Au ministère des Finances ? Ah, mon Dieu !... Comme c'est embarrassant... Le ministre des Finances serait très heureux d'accueillir le Dr Schacht, mais malheureusement, le ministère ne dispose d'aucun local disponible en rapport avec le prestige de cet éminent visiteur... Impossible de le recevoir dans ces conditions qui ne sont pas dignes de lui ! Qu'il aille frapper à une autre porte...

Ils ne connaissent pas encore Hjalmar Schacht.

Celui-ci, en sortant du ministère des Finances, remarque dans la cour une porte qu'encadrent des fenêtres occultées par du papier journal. Il avise un gardien, demande les clés, ouvre la porte du local. Il s'agit d'une remise poussiéreuse et humide.

— *Herr Doktor* ? hasarde le gardien. Vous voyez bien, ce n'est qu'un débarras...

— Qui utilise cet endroit ? interroge Schacht.

— Les femmes de ménage. Voyez, elles font sécher là leurs serpillières...

— Faites dégager ce local, ordonne Schacht. Installez deux tables, deux fauteuils et un téléphone. Je viens demain avec ma secrétaire. Que tout soit prêt !

Voilà un premier point réglé. Il a un bureau officiel au ministère des Finances. Certes, il n'est plus l'hôte des locaux prestigieux, confortables, ornés de chaudes boiseries et de somptueux tapis persans qui constituaient le cadre habituel de son métier de grand banquier, mais cette remise des femmes de ménage fera bien l'affaire !

Maintenant, il faut du personnel.

— Je viens avec ma secrétaire, déclare Schacht au chef du personnel du ministère des Finances. Combien pouvez-vous la payer ?

— Deux cents marks par mois.

— Ridicule ! À la Danat Bank, elle en gagne six cents. Et mes appointements, à combien s'élèvent-ils ?

— Quatre cents marks, *Herr Doktor*, répond le chef du personnel, un peu gêné, mais intérieurement ravi d'informer ce grand banquier du montant dérisoire de ses émoluments.

— Fort bien ! Donnez-lui mes quatre cents marks en plus de ses deux cents. Ainsi elle ne perdra rien.

— Mais vous, *Herr Doktor* Schacht ? Vous allez travailler pour rien ?

— Ce que vous me proposez est insignifiant par rapport à ce que je gagnais. Je travaillerai donc pour rien, mais donnez six cents marks à ma secrétaire !

Un bureau, un téléphone, une secrétaire… une dose de génie et beaucoup de détermination… Le plan Schacht se met en place.

Mais quel est-il, ce plan ? Pour l'instant, tout comme il l'a toujours fait, à la Dresdner Bank, à la Danat Bank ou ailleurs, Schacht arrive tôt à son bureau du ministère des Finances, en costume sombre, chemise à col dur, petites lunettes cerclées d'acier. Il reste tard, très tard, puis rentre chez lui, en train de banlieue de troisième classe.

Et dans l'intervalle, que fait le *Herr Doktor* Schacht ?

Il fume.

Il fume le cigare.

Toute la journée.

Les robes de *Fräulein* Steffeck, sa secrétaire qui partage avec lui le débarras des femmes de ménage, empestent le tabac.

C'est tout ?

Oui, c'est tout.

Pour l'instant, Hjalmar Schacht fume et réfléchit.

Puis il se saisit du téléphone. Et commence à téléphoner. Pendant des heures et des heures, jusque tard dans la nuit, il discute, consulte, plaide, défend, expose, explique.

Enfin, il est prêt.

Oui, lui est prêt, mais le gouvernement et le pays le sont-ils ?

Les moyens dérisoires dont il dispose et les difficultés qu'on lui a opposées pour son installation montrent bien que personne ne croit à la mission dont il est investi. La Reichsbank a très mal réagi au fait que Schacht veuille s'attribuer un pouvoir qui appartient exclusivement à la Banque centrale. Quant à Stresemann, le chancelier qui a nommé Hjalmar Schacht à son poste, il n'y a guère de soutien à attendre de lui : cet homme est incapable de véritable autorité. Habitué à ménager perpétuellement la chèvre et le chou, souhaitant plaire à tout le monde sans fâcher personne, il finit par se faire mépriser universellement et démissionnera d'ailleurs de ses fonctions de chancelier dix jours après la nomination de Schacht.

Donc, pas grand-chose à attendre en matière de soutien du gouvernement.

L'adhésion du pays est un autre problème ; Hjalmar Schacht, avant de dévoiler ses intentions, prend la précaution de s'entourer de garanties. Un peu comme en Belgique, lorsqu'il avait fait la tournée des neufs provinces belges pour mettre en place son emprunt de guerre, Schacht contacte les députés, notamment ceux des partis paysans, pour s'assurer que de leur côté, il n'y aurait pas de difficultés. Car il savait que de la part des industriels et des banquiers, autrement dit de la part de ceux dont il faisait partie quelques semaines plus tôt, l'opposition serait féroce. Il les connaissait bien, ces grands chefs d'entreprise, englués dans leurs intérêts personnels et leur cupidité féroce, méprisant ouvertement la notion de bien public : avant sa nomination en qualité de commissaire du Reich à la monnaie, il faisait partie d'une soixantaine de conseils d'administration des plus grandes institutions capitalistes d'Allemagne.

Mais la stabilisation monétaire est la priorité, et Schacht, comme il aime à le rappeler, n'a pas d'états d'âme.

Il a raison, il le sait, et il le fait savoir.

Et il lance son opération.

Tout d'abord, il faut en terminer avec cette circulation monétaire incontrôlée. Schacht fait interdire le remboursement par la Reichsbank des monnaies parallèles, ces « bons d'urgence » émis par les banques privées, par les grandes entreprises, par les organismes d'État qui ne sont pas la Banque centrale. Cette décision lui attire immédiatement les foudres de ces émetteurs de « bons d'urgence », notamment la colère des grands industriels et des banquiers qui étaient ses commensaux. Schacht participe à plusieurs réunions du patronat où il doit subir un feu roulant de critiques assassines, voire même des menaces. Mais il reste inflexible. Il a décidé. Il n'y a pas à discuter. Que ceux qui ont émis ces « bons d'urgence » se débrouillent avec les porteurs : la Reichsbank a désormais interdiction de débourser le moindre pfennig pour les rembourser.

Deuxième priorité, les spéculateurs, les traders, les banques et les officines qui profitent du désordre monétaire pour s'enrichir. Schacht décide de les étrangler. Il sait que nombre d'entre eux contractent des crédits auprès de la Reichsbank afin de financer leurs spéculations, notamment les ventes et achats de devises à découvert, et surtout de dollars américains. Schacht fait interdire ces crédits, du jour au lendemain, alors que tous ces spéculateurs ont des positions ouvertes qu'ils doivent financer à tout prix. Mais tant pis pour eux ! La Reichsbank ne fera plus d'opérations en dollars qu'au cours officiel, celui auquel Schacht veut stabiliser la monnaie. Toutes les demandes de crédit à un autre cours sont refusées. Les traders, les spéculateurs, les financiers sont ruinés, lessivés, laminés ? *Schade* ! Pas question de céder. L'intérêt du pays passe avant tout !

En quelques semaines, Schacht réussit ce que nul n'était parvenu à même envisager dans ses rêves les plus improbables : il stabilise la monnaie, comme par magie. L'inflation se cristallise autour de 10 %.

La bataille est gagnée. Le pays s'apaise.

Mais ce n'est pas tout à fait terminé. L'économie allemande est dans un état de délabrement catastrophique. Il faut une réforme monétaire plus profonde pour la faire repartir sur des bases plus solides. Schacht décide qu'il faut changer la monnaie, en finir avec ce surréaliste mark-papier dont les billets en circulation, exprimés en milliards, sont surchargés de zéros. Il faut recréer le reichsmark, une monnaie qui inspirerait confiance. À cette fin, il lui faut une autre position que commissaire du Reich à la monnaie, avec davantage qu'une secrétaire pour tout personnel dans un débarras du ministère des Finances.

Président de la Reichsbank : voilà le poste qui lui serait nécessaire.

Justement, le vieux Rudolf Havenstein, cet archaïque conservateur qui occupait le fauteuil de président et n'avait strictement rien entrepris d'efficace pour juguler l'hyperinflation, a la bonne idée de mourir soudainement alors que Schacht est en train de mener à bien la stabilisation monétaire.

C'est probablement la meilleure inspiration que Havenstein ait eue pour participer au règlement de la crise, car sa succession à la tête de la Reichsbank est désormais ouverte. Friedrich Ebert, le président de la République, se met en quête d'un remplaçant. En bonne logique, il songe à Schacht qui lutte au moment même pour stabiliser la monnaie et en finir avec l'inflation.

Mais le directoire de la Reichsbank ne veut surtout pas de Hjalmar Schacht à sa tête. Il préférerait un autre, un député, économiste discret et malléable, professeur d'économie ayant publié nombre de livres savants et soporifiques sur les questions monétaires. Les membres du directoire, pour empêcher la nomination de Schacht, font courir des rumeurs sur sa rigidité, son caractère... et son honnêteté. N'y a-t-il pas une vieille affaire, en Belgique, à l'époque où Schacht était conseiller pour les affaires monétaires ? Une fraude au profit de la banque dont il était issu, la Dresdner Bank, et que son supérieur hiérarchique, un dénommé Lumm, ancien de la Reichsbank, avait percée à jour ? Lumm avait dirigé le département des études de la Reichsbank ; c'était donc forcément quelqu'un d'avisé... et il n'avait guère d'estime pour cet arrogant poseur de Schacht...

Hjalmar Schacht n'est pas né de la dernière pluie. À sa demande, au moment de sa nomination de commissaire à la monnaie, une enquête interne a été menée sur cette soi-disant fraude signalée par Lumm. Le chancelier Stresemann lui a écrit en personne une lettre l'exonérant de toutes charges. Lors d'un entretien avec le président Friedrich Ebert, il brandit ce document.

— Monsieur le président, ainsi que vous le constaterez à la lecture de cette lettre du chancelier lui-même, ces insinuations sont des calomnies !

— Fort bien, j'en prends note. *Herr* Schacht, interroge le président, vous avez déjà fait beaucoup pour la stabilité de notre monnaie. Mais il reste encore à obtenir des résultats définitifs. Pensez-vous réaliser cette stabilisation ?

— Monsieur le président, je m'accorde assez de confiance pour croire que je viendrai à bout de cette tâche ! J'y consacrerai toutes mes forces.

La nomination du président de la Banque centrale n'est cependant pas une simple formalité. Lorsqu'il consulte le directoire de la Reichsbank, le président Ebert reçoit une fin de non-recevoir : un rapport d'expertise établi par les membres du directoire eux-mêmes se prononce à l'unanimité contre Schacht. De plus, la commission consultative de la Reichsbank, qui comprend une quarantaine de grands patrons de l'économie allemande, vote aussi contre lui : trente-sept voix contre, trois voix pour : ils ont fort peu apprécié d'avoir été autant malmenés par les décisions de Schacht pour la stabilisation monétaire. Inversement, la chambre des députés, grâce aux voix paysannes, se prononce pour Schacht, à l'exception des députés de Bavière, unanimement hostiles.

Décidément, ce Dr Schacht provoque des réactions diamétralement opposées...

Et divine surprise : dans un sursaut inattendu d'autorité, le président Ebert passe outre toutes les oppositions et les avis contraires.

Le 22 décembre 1923, trois jours avant Noël, Hjalmar Schacht est nommé président à vie de la Reichsbank.

Chapitre 4. Le négociateur

Messieurs ! Vous êtes aujourd'hui mes collaborateurs. Je n'ignore pas qu'aucun d'entre vous ne s'est prononcé en faveur de cette situation. Au contraire, je prends aujourd'hui les fonctions de président à vie de la Reichsbank contre votre vœu unanime. Je ne vous en tiens pas rigueur, car en somme, vous me connaissez peu. Donc, si vous souhaitez rester à la Reichsbank et travailler loyalement avec moi, vous y êtes les bienvenus. Dans le cas contraire, j'apporterai volontiers mon concours à ceux d'entre vous qui auraient le désir de trouver une situation à l'extérieur de la Reichsbank. Faites-moi savoir avant demain votre décision. Au revoir, messieurs !

C'est ainsi que dans les derniers jours de 1923, j'ouvris ma première réunion du directoire de la Reichsbank en qualité de président à vie de cette prestigieuse institution. Une demi-heure après la fin de la séance, une délégation vint me voir dans le vaste bureau envahi de lumière de président de la Reichsbank, que j'avais troqué contre mon débarras obscur dans la cour du ministère des Finances. Tous les membres du directoire venaient à résipiscence et restaient à la Reichsbank en me promettant fidélité.

L'institution la plus puissante de l'économie allemande était à ma main.

Il me restait pourtant beaucoup à faire pour stabiliser définitivement l'économie et la monnaie allemandes. Et, malgré ma détermination, je ne pouvais y arriver seul.

Je partis donc pour l'Angleterre le 31 décembre 1923. En dépit de l'heure tardive de mon arrivée à la gare de Liverpool Station, le gouverneur de la Banque d'Angleterre, Montagu Norman, que je ne connaissais pas encore mais qui allait devenir mon grand ami, était là, sur le quai, pour m'accueillir. Dès le lendemain, bien que ce fût le 1er janvier, il me reçut dans son magnifique palais médiéval de la Banque d'Angleterre, sur Threadneedle Street. Je lui dévoilai mon plan :

— Il me faut remettre en marche l'économie allemande. Pour cela, nous avons besoin d'une monnaie stable qui permette de restaurer des échanges économiques avec l'extérieur. Mais j'ai un problème : je n'ai aucune réserve, ni d'or ni de devises. En bref, je ne dispose d'aucun moyen !

— Vous venez chercher des crédits à Londres ? Je doute qu'en ce moment, compte tenu du désordre de votre pays, vous en trouviez, objecta Norman.

— Je ne cherche pas un crédit, monsieur le gouverneur. Je veux créer une rupture. Je vais fonder un second institut monétaire à côté de la Reichsbank, qui émettra de la monnaie entièrement basée sur l'or. Cette nouvelle banque, que j'appellerai la Golddiskontbank, aura pour mission de financer les échanges extérieurs de l'Allemagne.

— Et comment comptez-vous constituer le capital de cette banque, si vous n'avez aucun moyen ?

— Elle aura un capital entièrement constitué en devises étrangères. Je fais mon affaire d'en trouver une partie en Allemagne, en raclant

tous les fonds de tiroir. Le reste, je suis venu le trouver ici. La Golddiskontbank aura un capital en livres sterling.

Le lendemain, Montagu Norman me reçut à nouveau. Sur la seule foi de mon nom et de ma réputation, il avait décidé que la Banque d'Angleterre accepterait de prêter à l'Allemagne, pour permettre la création de la Golddiskontbank, cent millions de livres sterling, au taux particulièrement bas de 5 %, alors que je m'attendais plutôt à payer 10 %, qui était le taux des marchés internationaux à cette époque. Cher Montagu Norman, il m'avait consenti un prix d'ami ! De plus, il avait trouvé le temps de convaincre quelques-unes de ses connaissances banquiers londoniens de participer à l'opération : la Golddiskontbank pourrait démarrer avec un capital d'un demi-milliard !

Je n'étais pas totalement dupe de l'accord rapide des Anglais dans cette affaire. Certes, je leur avais inspiré confiance et ils avaient été séduits par mon plan. Mais il faut signaler aussi qu'à cette époque, ils étaient en froid avec leurs alliés français dont ils jugeaient avec sévérité le comportement scandaleux à l'égard de l'Allemagne. Entre l'invasion de la Ruhr, le rudoiement des populations germaniques et l'exigence intraitable du paiement des réparations, les Français s'ingéniaient à faire naître les conditions d'un nouveau conflit. Les Anglais avaient donc aussi été tentés par l'idée de décocher aux froggies un coup de pied de l'âne en portant secours à l'Allemagne.

Quoi qu'il en soit, en quelques semaines, j'avais réalisé le plan que j'avais méticuleusement préparé dans la pénombre poussiéreuse du débarras des femmes de ménage du ministère des Finances : j'avais stabilisé la monnaie, jugulé l'inflation, rétabli une certaine confiance dans les autorités en charge de la conduite des affaires économiques – en l'occurrence, moi ! – et mis en place les conditions d'une reprise graduelle de l'activité du pays.

Bien sûr, il ne faut pas nier les dégâts collatéraux qu'avait occasionnés ma politique. Contraintes de rembourser elles-mêmes les « bons d'urgence » qu'elles avaient émis, beaucoup d'entreprises allemandes avaient subi de lourdes pertes. Quant aux spéculateurs et aux financiers, pris à contre-pied par ma décision d'interdire tout financement de leurs opérations hors des cours officiels, nombreux étaient ceux qui avaient tout simplement mis la clé sous la porte ! Mais ils n'avaient à s'en prendre qu'à eux-mêmes.

Le pays redémarrait, et cela seul importait. Il restait toutefois entravé dans sa progression par le poids de sa dette : la gigantesque dette qui lui avait été imposée au titre du paiement des réparations de guerre s'additionnait à la formidable dette privée des entreprises allemandes vis-à-vis de banques étrangères, essentiellement anglaises et américaines. Certains de ces créanciers se voulaient intraitables, tels les Français, qui prirent prétexte d'un retard dans la livraison en nature de poteaux télégraphiques pour envahir la Ruhr. D'autres, comme les Anglais et les Américains, étaient plus compatissants.

Mais tous, en réalité, commirent de graves erreurs d'analyse dans la capacité de l'Allemagne à payer, car la problématique de la dette est chose éminemment complexe à comprendre.

La dette, les réparations, les paiements annuels à faire en or ou en devises... Autant de paramètres à considérer avec circonspection, même lorsqu'on n'est pas économiste.

Bien peu réalisèrent à quel point le dispositif imaginé par le traité de Versailles, s'il avait été appliqué, aurait ruiné l'Europe tout entière. En effet, l'Allemagne devait payer, au titre des réparations de guerre, cent trente-deux milliards de marks-or, à raison de deux à trois milliards de marks-or par an. Soixante années de paiements ! Bien évidemment, ces paiements devaient se faire en devises ou en or. Comme l'Allemagne n'avait pas de devises, il fallait qu'elle s'en procurât par ses exportations, et donc qu'elle redevînt une puissance économique très fortement exportatrice. Ce faisant, elle devait inéluctablement faire concurrence aux pays à qui elle devait payer les réparations, et gagner des marchés extérieurs à leur détriment. Les Français, les Anglais et les Américains exigeaient de l'Allemagne qu'elle payât les réparations ? Il fallait donc pour cela que l'Allemagne ruinât les exportateurs français, anglais et américains.

C'était absurde et bien évidemment, cela ne fonctionna jamais.

En réalité, sur les cent trente-deux milliards prévus initialement, l'Allemagne en versa au total une dizaine ; et je dois préciser que cet argent provenait d'emprunts, contractés par les entreprises allemandes en Amérique ou en Angleterre, et non du produit de notre activité économique. Nous avons payé les Alliés avec leur propre argent ! Et nous avons interrompu tout paiement dès que je revins au pouvoir avec Hitler, en 1933.

Mon sentiment profond a toujours été qu'il ne fallait pas payer ces réparations. Certes, il fallait donner le sentiment que l'Allemagne ne manquerait pas de le faire, mais sans jamais s'exécuter tout à fait. Voilà à quoi je me suis employé en discutant les plans Young et Dawes de renégociation des réparations, et en créant la Banque des règlements internationaux : faire croire que nous étions disposés à payer, mais en ne versant jamais que des sommes symboliques, ou quelques milliards empruntés à nos créanciers eux-mêmes !

La question de la dette des pays est une problématique sur laquelle j'ai beaucoup été interrogé lorsque après la Seconde Guerre mondiale, j'ai entamé une carrière de consultant au profit de nombreux pays émergents. La thèse que j'ai toujours défendue est la suivante : quand une dette devient excessive, que ce soit pour un pays ou pour une institution comme une banque ou une entreprise, alors elle constitue un problème, non seulement pour le débiteur, mais aussi pour les créanciers.

Et les créanciers, au même titre que le débiteur, doivent participer à la solution de ce problème. Je l'ai souvent démontré à mes interlocuteurs de la manière suivante.

Imaginons un pays endetté à hauteur de la richesse qu'il produit chaque année, cet indicateur magique qu'on appelle en économie le produit intérieur brut ou PIB. Son taux d'endettement est donc de 100 % du PIB.

C'est une situation dans laquelle beaucoup de pays peuvent se trouver, à un moment ou à un autre de leur histoire.

Imaginons à présent que l'on estime que ce taux d'endettement de 100 % doit tomber, par exemple, à 60 %, pour être soutenable par l'économie.

Sauf à demander aux créanciers une remise partielle de cette dette, la seule solution consiste alors à imposer à la population du pays de payer un surcroît d'impôts, ou de subir une baisse de la richesse distribuée par l'État afin de rembourser aux créanciers une fraction plus importante de cette dette excessive. En considérant que cet effort de rigueur et d'austérité s'élève à 2 % du PIB, ce qui est véritablement considérable, on constate immédiatement qu'il faut vingt ans d'efforts pour parvenir à l'objectif. Et sans doute encore davantage que vingt années : en effet, les restrictions imposées à la population vont probablement occasionner des épisodes récessifs au cours desquels la richesse produite, le PIB, va se contracter, d'où un allongement encore plus grand de la période prévisible d'austérité.

Les créanciers doivent participer à la solution du problème qu'ils ont créé ! Il n'y a pas d'autre issue lorsqu'une dette devient insoutenable !

Soumettre la population à vingt ans ou plus d'austérité et de privations ? Autant dire l'éternité ? C'est ce que les vainqueurs de la

Première Guerre mondiale cherchèrent à imposer à la population allemande.

L'idée était économiquement stupide et historiquement mortifère.

Car, en définitive, il en résulta Adolf Hitler.

Hjalmar Schacht, lorsqu'il prend ses fonctions de président à vie de la Reichsbank en cette période de Noël 1923, peut savourer son succès. Lui, l'enfant pauvre des faubourgs de Hambourg, le fils d'émigrant qui ne savait pas de quel côté de l'Atlantique il devait s'établir, l'écolier en pantalon de *shoddy* qui défendait à coups de poing sa dignité dans la cour du *Gymnasium*, a collectionné les titres de gloire depuis qu'il s'est lancé dans la vie.

Il a brillé dans les milieux financiers où il s'est enrichi.

Il a pris pied dans la vie politique grâce au parti qu'il a fondé juste après la guerre.

Il est le recours ultime du gouvernement pour sauver le pays de la ruine.

Il est devenu le président de la Reichsbank ; à 46 ans, il est désormais l'homme le plus puissant de l'économie allemande et parle à égalité avec un Thyssen, un Krupp ou un Schröder, les plus grands des patrons allemands.

Mais il lui reste beaucoup à faire pour imprimer définitivement sa marque sur le pays.

Hjalmar Schacht se rappelle les études qu'il a faites à la Sorbonne, en France, et le jugement qu'il avait porté sur l'état de l'économie française : une économie en retard de développement par rapport à ses compétiteurs immédiats, comme le Royaume-Uni ou l'Allemagne.

Il en avait tiré deux conclusions qui se sont toutes deux révélées exactes.

Tout d'abord, le poids de la dette française, autrement dit des réparations imposées après la guerre de 1870, était la cause de ce retard de développement, tout comme le poids des réparations est aujourd'hui le boulet qui freine l'économie allemande.

Ensuite, le retard économique français s'était bel et bien communiqué à l'appareil militaire tricolore, qui s'était révélé assez faible : les armées allemandes, au début de la guerre, avaient facilement bousculé les divisions d'infanterie françaises. Si l'équilibre des forces avait fini par se rétablir, puis pencher en faveur des Alliés, la puissance industrielle du Royaume-Uni et, surtout, des États-Unis, en recueillaient l'essentiel du mérite. Seules les usines de l'oncle Sam avaient permis que l'Allemagne fût finalement vaincue.

Reproduire l'erreur française consistant à payer les réparations de guerre n'était donc tout simplement pas envisageable pour Hjalmar Schacht, dans l'esprit de qui la renaissance de l'Allemagne était une mission sacrée. De plus, Schacht avait suffisamment lutté afin de rétablir un semblant d'ordre économique dans le pays pour laisser le paiement des réparations rompre le très fragile équilibre qu'il avait eu tant de mal à restaurer.

Il fallait donc trouver un moyen de négocier avec les créanciers des modalités de paiement qui annuleraient de facto l'obligation de payer.

En 1924, sous la pression des Allemands et des Américains, la commission Dawes, chargée de renégocier les réparations de guerre dues par l'Allemagne, ouvre ses travaux à Paris. Pour Schacht, c'est une opportunité à ne pas laisser passer ! Il va embobiner ces Alliés qui saignent à blanc son pays !

Schacht, à ses heures perdues, était poète ; il n'eut donc pas de difficulté à s'entendre avec Charles Dawes, qui était musicien, pour alléger la charge financière pesant sur l'Allemagne. Et quel musicien ! Si l'on ajoute que le personnage en question fut plus tard Prix Nobel de la paix et vice-président des États-Unis, on mesure quel allié Hjalmar Schacht avait dans sa manche : un partenaire aussi éclectique que lui-même.

Charles W. Dawes, le président de la commission qui porta son nom, a composé la *Mélodie en la majeur* qui devint l'un des « bis » favoris de la légende du violon Fritz Kreisler jusqu'à sa mort dans les années 1960, et que la star de la chanson Elton John, et d'autres avant lui, transformèrent en standard connu mondialement sous le titre de *It's all in the game* : une jolie mélodie nostalgique qui parle de larmes qui vont tomber et d'amoureux qui vont se retrouver. Dans le classement des cent plus jolies chansons jamais écrites, elle occupe la trente-cinquième place.

Mais Charles Dawes était surtout avocat et financier. Son parcours éclectique le mena aussi à un épisode militaire en qualité de général de brigade dans l'armée américaine au cours de la Première Guerre mondiale. Par la suite, tout comme le général Sherman après la Seconde Guerre mondiale, il fut chargé par le président des États-Unis Calvin Coolidge d'éviter l'effondrement de l'économie européenne. À l'instar de Hjalmar Schacht, Charles Dawes était convaincu que l'exécution du plan de paiement imposé à l'Allemagne au titre des réparations de guerre conduirait au collapsus économique de l'Europe. Et comme l'Europe était le premier client de l'industrie américaine, ce musicien amateur et financier professionnel ne souhaitait pas que cela arrivât.

Lorsque Dawes ouvre à Paris les travaux de la commission des réparations alliée (Allied Reparations Commission), c'est avec une opposition ouverte des Français, qui restent fermes sur leur diktat : aucune concession ne doit être consentie à l'Allemagne. Ce pays a perdu la guerre, il doit payer ! Point final.

Hjalmar Schacht, nouveau président de la Reichsbank, est « convoqué » devant la commission Dawes en janvier 1924, tel un accusé devant un tribunal.

L'Allemagne ne paie pas ?

Pourquoi ?

De quel droit ?

Veuillez vous expliquer, *Doktor* Schacht !

Schacht est installé comme un satrape en Perse antique, en bout de table face à tous les délégués. Mais on n'impressionne pas le grand Hjalmar Schacht avec de si pauvres expédients. Le *Herr Doktor* expose ses vues avec vigueur et clarté. Il n'est à la tête de la Reichsbank que depuis quelques semaines, mais déjà il peut inscrire à son actif la stabilisation monétaire, réalisée de surcroît avec les seuls moyens de l'Allemagne. Il force donc le respect des membres de la commission Dawes, même lorsqu'il expose quels risques tragiques, de son point de vue, le paiement des réparations ferait courir à l'économie européenne tout entière.

On l'écoute. La commission auditionne Schacht à de multiples reprises. La force de conviction de Schacht est telle que même le représentant français, de temps à autre, semble ébranlé.

Négociateur hors pair, Schacht finit par remporter la partie.

Si l'on établit le bilan de ceux qui ont gagné et de ceux qui ont perdu, le plan Dawes est en effet un grand succès pour Schacht. Le paiement des réparations est rééchelonné, la dette est réduite et ne doit plus être remboursée que sur trente-six ans au lieu de soixante, et surtout, le plan impose une réorganisation de la Reichsbank qui donne à l'institution une totale indépendance par rapport au pouvoir politique. On peut donc dire que les Banques centrales d'aujourd'hui, si elles ont gagné leur indépendance par rapport aux gouvernements, le doivent en grande partie à Hjalmar Schacht, le banquier de Hitler !

Satisfait de lui, le nouveau président de la Reichsbank profite également de son séjour à Paris pour faire la tournée des hauts responsables politiques français : il est reçu par le président de la République, Alexandre Millerand, par le ministre des Affaires étrangères et par le gouverneur de la Banque de France. Mais ces incorrigibles Français cherchent parfois à humilier l'arrogant Allemand, ce perdant de la guerre qui vient leur donner des leçons d'économie ! Dans l'antichambre de Raymond Poincaré, le président du Conseil, on le fait attendre.

Cinq minutes.

Dix minutes.

Puis encore davantage.

Schacht s'impatiente, ses doigts tambourinent sur le bras du fauteuil, ses pieds sont animés de mouvements spasmodiques. « À qui croit-on avoir affaire ? » bougonne-t-il.

Il se lève, interpelle l'huissier :

— Cher ami, vous aviserez le président du Conseil que je ne peux l'attendre plus longtemps !

Et Schacht, le perdant de la guerre, de tourner les talons et de s'éloigner à pas furibards. Tandis qu'il sort du ministère, l'huissier le rattrape.

— Docteur Schacht ! Docteur Schacht ! Monsieur le président du Conseil va vous recevoir immédiatement !

Schacht jubile intérieurement. Il entreprend de remonter majestueusement l'escalier du ministère pour regagner l'antichambre, l'huissier accroché à ses basques comme un petit chien à la remorque de son maître. Raymond Poincaré, rouge de colère et de confusion, est sur le seuil de son bureau à attendre l'Allemand. Celui-ci s'avance lentement, dominant le Français de sa haute stature. Il lui tend la main pour un *shake-hands* un peu condescendant. Comme il triomphe, le grand Hjalmar Schacht, en serrant longuement la main du chef du gouvernement français !

Alors, semble dire sa personne tout entière, qui est le perdant, à présent ?

Après le plan Dawes, Schacht n'est plus seulement outre-Rhin l'homme le plus puissant de l'économie. Face à un pouvoir de la république de Weimar toujours aussi faible et vacillant, il est désormais devenu, lui, Schacht, le président à vie de la Reichsbank, l'homme le plus puissant d'Allemagne. Certes, le plan Dawes lui adjoint un représentant étranger, Seymour Parker Gilbert, chargé de veiller au paiement des réparations, ainsi qu'un conseil de surveillance : composé de sept Allemands et de sept étrangers, il est en théorie chargé de contrôler les faits et gestes de ce président de la Reichsbank, décidément trop soucieux d'avoir les mains libres de toutes contraintes. Mais Schacht s'en accommodera avec une satanique habileté : en six ans d'existence, jamais le conseil de surveillance ne se prononcera contre une de ses décisions, même lorsqu'il décida de couper tout crédit à l'économie, lors d'un épisode de crise qui menaçait son grand œuvre, la stabilisation monétaire.

Et surtout, Schacht ne versera jamais un centime supplémentaire au titre des réparations ! Tout ce qui fut payé pendant cette période, c'est-à-dire quelques milliards de marks-or, fut dûment emprunté, notamment aux banques américaines. Payer les créanciers avec leur propre argent : d'excellents films de gangsters ont été tournés sur ce thème. Eh bien, le scénario était écrit par *Herr Doktor* Hjalmar Schacht !

Mais évidemment, au fil des années, les Alliés finissent par se rendre compte de la manœuvre.

Ils arrivent à ce constat : l'Allemagne ne s'acquitte pas de ses obligations avec de l'argent provenant de ses exportations, mais avec de l'argent emprunté à eux-mêmes ! C'est une entorse au traité de Versailles ; un grave problème à résoudre !

Trouver la solution est une autre affaire...

Chacun sait bien que pour enterrer un problème et éviter de s'y attaquer frontalement, il suffit de créer une commission. Tous les gouvernements, y compris de nos jours, usent et abusent de cette manœuvre dilatoire qui consiste à faire semblant de prendre à bras-le-corps une problématique. On en discute longuement les tenants et aboutissants entre gens fort savants et de bonne compagnie, confortablement installés dans une salle de réunion à l'atmosphère feutrée, en espérant que le temps et l'oubli serviront de substitut au courage de prendre les décisions qui s'imposent. Comme le disait avec finesse un politicien français des années 1950, Henri Queuille, ci-devant président du Conseil, dont l'œuvre politique rigoureusement inexistante est totalement oubliée aujourd'hui : « Il n'est pas de problème qu'une absence de solution ne puisse, à terme, contribuer à résoudre. »

En février 1929, la commission de négociation des réparations de guerre fait donc sa réouverture à l'hôtel George V, dans le quartier des Champs-Élysées. Hjalmar Schacht reprend le chemin de Paris. Parmi les participants à la commission, les banquiers américains sont représentés par Jack Pierpont Morgan Jr, fils aîné de John Pierpont Morgan, fondateur de la grande banque Morgan, acteur majeur de la finance du xxe siècle et qui a toujours pignon sur rue aujourd'hui.

Le président de la commission est l'Américain Owen D. Young.

Charles Dawes était musicien ? Tel n'est pas le cas de Young, mais sans doute ce dernier a-t-il aidé Dawes à cultiver la popularité de sa *Mélodie en la majeur*, car il est le fondateur de la célèbre station de radio RCA – Radio Corporation America – qui deviendra plus tard un gigantesque empire de la télévision américaine. Young a aussi été, pendant près de vingt ans, le président du groupe géant américain General Electric. Il présenta également sa candidature à l'élection présidentielle américaine de 1932, mais échoua à obtenir l'investiture du parti démocrate et se rallia à Franklin Roosevelt qui fut élu à la fonction suprême.

Owen Young, qui a participé à la commission Dawes, veut changer de tactique par rapport au cycle de négociations précédent qui n'a donné aucun résultat probant. Selon lui, il est inutile d'imposer à nouveau à l'Allemagne un montant de réparations qu'elle ne peut payer. Mieux vaut demander aux Allemands des données économiques mesurables et objectives, afin de déterminer combien, selon une approche rigoureuse et économétrique, ils peuvent débourser, puis essayer de bâtir un échéancier de paiement sur cette base.

Immédiatement, Schacht s'adapte à cette tactique.

Les membres de la commission veulent savoir combien l'Allemagne veut payer ?

Fort bien ! Il va leur fournir des chiffres ! Des centaines de chiffres ! Des milliers et des milliers de chiffres qui se multiplient encore et encore, tels les blés au vent d'été.

Schacht fait préparer par les services de la Reichsbank des volumes et des volumes de documentation. Une masse considérable de chiffres, de tableaux, de graphiques, de notes, d'études, de statistiques, en bref, des dizaines de milliers de pages à lire et à intégrer ! Hjalmar Schacht invente une stratégie qui rencontrera un grand succès : surtout, ne jamais refuser de délivrer une information. Au contraire, fournir de l'information, encore de l'information, toujours de l'information, en bref, noyer les interlocuteurs sous un déluge de données, de datas, de chiffres, de concepts, de documents, les uns utiles, les autres, beaucoup d'autres, énormément d'autres, parfaitement inutiles… et miser sur le découragement, la lassitude, la propension de l'esprit humain à aller à la solution la plus rapide, la plus simple et la moins conflictuelle. Le pari est en général gagnant à tous les coups.

D'ailleurs, en parlant de lassitude… Au bout de quelques semaines de ces discussions techniques sur des suites sans fin de chiffres, encore une fois Schacht sort vainqueur de la confrontation : J. P. Morgan, Jr, le représentant américain, n'y tient plus. Il part en Méditerranée se reposer sur son yacht.

Fin de l'histoire.

Schacht remporte le combat par K.O.

Il y aura un nouveau rééchelonnement et une réduction de la dette – l'Allemagne s'engage à payer trente-quatre milliards de reichsmarks sur cinquante-neuf ans, soit jusqu'en 1988 –, mais sans plus de résultat que lors du plan Dawes : l'Allemagne ne paiera jamais qu'avec de l'argent emprunté, et pour des montants très inférieurs aux annuités prévues. Les paiements cesseront définitivement à l'arrivée de Hitler au pouvoir, avec le retour de Schacht en qualité de président de la Reichsbank.

Mais Hjalmar Schacht, en esthète, souhaite que la commission Young clôture ses travaux de manière élégante : avec une délicate subtilité, il mitonne une dernière entourloupe.

— Voyez-vous, monsieur Young, lance-t-il un jour, le principal problème de ces réparations, c'est qu'il est impossible d'identifier qui paie quoi, et comment il le paie. Les flux financiers empruntent divers canaux fort complexes à analyser. Dans ces conditions, reconstituer les montants de paiement est une gageure.

— Certes, *Herr Doktor* Schacht, répond Young. L'impres-sionnant volume de la documentation que vous nous avez produite démontre la pertinence de votre point de vue. Mais quelle solution proposez-vous ?

— Il faudrait créer un nouvel institut monétaire. J'ai l'expérience d'une telle création avec la Golddiskontbank. À la différence de cette dernière, cet institut monétaire d'un genre nouveau devra être supranational. Il tiendrait les comptes des Banques centrales du monde entier et servirait aussi de canal de transmission des réparations de guerre que nous serions en mesure de payer. Voilà une solution moderne et efficace !

— L'idée paraît séduisante, concède Owen Young. Elle aurait aussi l'avantage de laisser une trace tangible des travaux de notre commission ; une marque dans l'histoire, en quelque sorte... Où pensez-vous que cet institut pourrait être établi ?

— Je laisse cela à l'appréciation de la commission, répond Schacht. J'avais pensé à Bruxelles, mais comme la Belgique fait partie du camp des Alliés, le peuple allemand apprécierait sans doute davantage si cet institut était installé dans un pays neutre. La Suisse, par exemple...

En 1930 est donc inaugurée, à Bâle, en Suisse, la Banque des règlements internationaux (BRI en français, ou BIS en anglais : Bank for International Settlements).

Les fonctionnaires qui travaillent dans cette estimable institution sont redevables de leur emploi au banquier du diable, Hjalmar Schacht. Mais réalisent-ils que la création de la BRI n'était rien d'autre qu'une gigantesque arnaque ? Car si Schacht, en suggérant la création de cet institut, affichait ostensiblement une évidente bonne volonté de payer, ce démiurge de la communication avait la très ferme intention de continuer comme avant, c'est-à-dire à disputer le moindre pfennig qui sortirait du pays. Son intention n'était certainement pas de saigner l'économie allemande pour honorer les échéances des réparations d'une guerre qui s'était achevée dix ans plus tôt.

Bravo ! Magistralement joué ! Respect à Hjalmar Schacht, maître négociateur... Et roi des arnaqueurs !

Quatre-vingts années se sont écoulées depuis l'ouverture des portes de la BRI. Certains commentateurs ironiques affirment parfois que l'arnaque perdure. La Banque des règlements internationaux abrite les comités, dits « de Bâle », chargés d'établir les normes imposées aux banques pour garantir la stabilité financière mondiale. Ces normes étaient en vigueur lors du déclenchement de la crise financière de 2008, qu'elles ont été dramatiquement impuissantes à enrayer. L'économie mondiale mettra sans doute vingt ans à s'en relever, si toutefois elle s'en relève un jour.

Constat démoralisant, car la probabilité que Schacht sorte de sa tombe afin d'imaginer les solutions pour en terminer avec cette crise du XXIᵉ siècle est, hélas, infinitésimale...

CHAPITRE 5. LE NAZI

J'ai démissionné de la présidence de la Reichsbank le 7 mars 1930.

La chancellerie était alors occupée par Heinrich Brüning, un centriste, assez honnête homme, mais d'une telle irrésolution et dont la politique était d'une telle inefficacité qu'elle plongea le pays dans une nouvelle crise presque aussi grave que celle de l'hyperinflation. Les conséquences sociales étaient plus dramatiques encore. Brüning n'en était pas tout à fait responsable : en octobre 1929, l'effondrement de la bourse de Wall Street avait plongé le monde dans une terrible récession et le pauvre Brüning était fort mal armé pour affronter un événement de cette ampleur dans notre Allemagne en difficulté.

Le grand écrivain américain Mark Twain le disait avec justesse : « Octobre est un mois particulièrement dangereux pour jouer en bourse. Mais il y en a d'autres ; novembre, décembre, janvier, février... »

Et ces mois s'écoulaient avec une accumulation de calamités pour l'Allemagne prise dans l'étau de la crise mondiale, avec un Brüning à sa tête, incapable de gouverner.

Brüning jouait volontiers à l'homme normal, bourgeois moyen d'une province moyenne, avec une carrière politique moyenne dans un parti moyen, aux idées moyennes et aux capacités à prendre des décisions fortes qui étaient, elles aussi, des plus désespérément moyennes. Autant dire qu'il n'était pas l'homme de la situation. Durant son mandat, ses décisions erratiques et désordonnées causèrent beaucoup plus de mal que de bien. Outre qu'elles aggravèrent la crise au lieu de lui apporter une ébauche de solution, le désordre social qui en résulta favorisa la montée des extrêmes, aussi bien à droite qu'à gauche, de sorte que le pays se retrouva ingouvernable.

En tout cas ingouvernable par lui.

Pour ma part, je pressentais que des événements encore plus graves allaient se produire dans l'économie. Mes craintes étaient du côté du système bancaire. Il me semblait évident que la croissance des dettes extérieures allait, à un moment proche, se traduire par des faillites bancaires. La Reichsbank, faute d'en avoir les pouvoirs institutionnels, voire même les moyens financiers – notamment les ressources nécessaires en devises – n'était pas en capacité de les empêcher.

Mes avertissements au gouvernement Brüning restaient lettre morte. Si les choses n'avaient pas été si dramatiques, j'en aurais presque été amusé : Brüning prétendait à une certaine compétence en économie – il avait été ministre des Finances – mais sa cécité face aux signaux d'alerte était proprement stupéfiante.

Brüning mettait en œuvre une politique économique tout à fait étrange. Alors que le chômage augmentait tragiquement jour après jour, il s'était mis en tête de rétablir les comptes de l'État. Le moment, le timing comme disent les Américains, était des plus mal choisis. Il aurait évidemment fallu faire l'inverse, relancer des investissements, créer des activités, mais cela, Brüning le normal, Brüning le moyen, ne le comprenait que fort moyennement. Il se lança au contraire dans une politique déflationniste : ajouter de la déflation à la récession, voilà quelle était sa recette pour rétablir l'équilibre des finances publiques... L'entendre expliquer pourquoi était une expérience renversante !

J'aurais pu m'accommoder de sa politique économique, voire tenter, à la tête de la Reichsbank, d'en limiter les effets nocifs afin d'essayer de sauver ce qui pouvait l'être dans le pays.

Mais le jour vint où Brüning se montra incapable de montrer un minimum de caractère face aux exigences des membres européens du camp allié, France, Belgique et Royaume-Uni ; les Américains restaient mieux disposés à notre égard. Ces pays européens remettaient en cause ce que j'avais si âprement négocié, et obtenu, dans le cadre du plan Young. Je décidai que la mesure était comble. Brüning, tout empreint de sa normalité et de sa médiocrité, ne se sentait pas la force de résister aux injonctions extérieures ? Pour forcer sa nature, je mis ma démission dans la balance : j'avais négocié pied à pied face à la commission Young pour préserver les intérêts de l'Allemagne, il était donc pour moi hors de question que le gouvernement allemand ne me soutînt pas, moi, Hjalmar Schacht, son représentant officiel. Mais peine perdue : Brüning était trop normal, trop moyen et donc trop mou pour ne pas céder face aux Européens.

J'en tirai les conclusions qui s'imposaient ; j'aurais pu jouer l'entêtement et demeurer en poste à la tête de la Reichsbank, mais ma place n'était plus aux côtés de ces gens-là. Autant les laisser face à leurs responsabilités. Et qui sait ? Peut-être avaient-ils raison et moi tort ? L'avenir le démontrerait...

Le 7 mars 1930, le maréchal Hindenburg, chef de l'État, accepta ma démission de la présidence de la Reichsbank en me demandant expressément de ne pas rendre publiques les raisons de mon départ.

Je déférai à sa requête et restai discret sur mes désaccords avec le gouvernement : mon but n'était évidemment pas d'ajouter du désordre au désordre.

Les années suivantes démontrèrent à quel point j'avais vu juste.

La crise bancaire que je redoutais se déclencha au printemps 1931. Une banque autrichienne, le Kreditanstalt, fit faillite. L'Allemagne n'aurait pas dû être affectée par cette banqueroute, mais comme dans l'esprit confus des Américains, les deux pays étaient analogues, les banques américaines retirèrent violemment leurs capitaux de nos établissements, rendant presque impossible le financement de leur activité. Sans crédits américains, l'économie que j'avais remise en marche s'arrêta. La Reichsbank dut alors épuiser ses réserves de devises afin d'empêcher que le reichsmark ne s'effondrât ; elle y parvint acrobatiquement, mais le résultat était un système bancaire allemand hautement fragilisé et des capacités d'action de la Reichsbank devenues inexistantes.

Nous étions encore vivants, mais au bord du précipice, priant pour que le sol ne se dérobât point sous nos pieds.

Un deuxième événement entraîna le pays dans la crise.

Partout dans le monde, depuis que la finance existe, des chevaliers d'industrie, des escrocs de haut vol, des affairistes douteux ont occupé les premières pages de l'actualité. Ils bâtissent des empires sur des montagnes de dettes, compromettent les hommes politiques par leur prévarication, fréquentent le gotha et la haute société en offrant des réceptions somptuaires, et cultivent leur image auprès du public grâce à leur charme et leur aplomb. Il suffit de lire les pages économiques des journaux pour identifier ces néfastes personnages qui hantent toutes les époques ; ils finissent généralement par quitter les feux de l'actualité en laissant derrière eux un paysage de catastrophe.

Nous avions en Allemagne un tel bandit en costume d'homme d'affaires respectable : Carl Lahusen était le patron de la plus grande entreprise textile du nord de l'Allemagne, le groupe Nordwolle de Brême. Il l'avait développée grâce à un ingénieux, mais parfaitement illégal système de cavalerie bancaire, qui s'écroula avec la faillite du Kreditanstalt autrichien dont le groupe Nordwolle était l'un des premiers clients. La Nordwolle fut alors déclarée en faillite. Mon ancienne banque, la Danat Bank, celle que je dirigeais avant de présider la Reichsbank, était engagée à hauteur de cinquante millions de reichsmarks avec la Nordwolle. Elle fit faillite à son tour, provoquant dans tout le pays un bank-run, une ruée des épargnants pour retirer en espèces leur argent de leurs comptes. Nous étions alors le 13 juillet. Dans les jours qui suivirent, terriblement fragilisée par ces retraits et malgré la fermeture des guichets de l'ensemble des banques du pays pendant deux jours, un autre établissement, la Dresdner Bank, première banque allemande, celle-là même où j'avais connu mes glorieux débuts dans la finance, se déclara à son tour en cessation de paiements. Vinrent ensuite la Deutsche Bank et la Kommerzbank qui furent in extremis sauvées par l'État.

Parfois jaloux des réalisations des hommes, les dieux les punissent en détruisant impitoyablement leurs plus grands chefs-d'œuvre...

Le dieux avaient été particulièrement sévères avec moi.

Le destin avait étendu son bras vengeur sur tout ce que j'avais bâti depuis ma jeunesse par mon travail acharné : la Danat Bank était morte, la Dresdner Bank était morte, la Reichsbank était exsangue, l'économie allemande était à nouveau au fond du gouffre, et plus de six millions de chômeurs couraient les rues à la recherche de subsistance, prêts à suivre un guide providentiel qui les sortirait de leur misère.

Quand je repense à cet animal de Brüning, cet homme normal, je reste sidéré ! Il montra derechef une compréhension de la situation qui défiait l'entendement en choisissant ce moment pour accentuer encore sa politique de déflation, tout préoccupé qu'il était par son seul objectif : à tout prix, parvenir à l'équilibre des finances publiques ! Il souhaitait probablement que le pays mourût, mais en bonne santé...

Heureusement, Hindenburg finit par congédier Brüning, que le peuple avait surnommé « le chancelier de la faim ». Nous étions en mai 1932. Trop tard ; le mal était fait.

Pour ma part, j'avais assisté à cet effondrement le cœur serré par tant d'incompétence qui provoquait tant de détresse. Bien choisir ses gouvernants est réellement d'une importance cruciale pour la conduite d'un pays, surtout en période de crise. Les Allemands s'en rendaient compte et la leçon de « l'homme normal » était extraordinairement cher payée.

Les élections législatives de septembre 1930 avaient conduit à la chambre des députés, le Reichstag, cent sept élus d'un nouveau parti, le NSDAP, Nationalsozialistische Deutsche Arbeiterpartei, autrement appelé parti nazi. Son leader était un Autrichien, un certain Adolf Hitler, dont j'avais lu les écrits : un livre intitulé Mein Kampf, *d'une qualité littéraire assez médiocre au demeurant. Le programme économique de cet individu n'était pas très précis ; de toute évidence, il restait à définir. Je me posai quelques questions sur les chances de Hitler d'arriver un jour au pouvoir, d'autant qu'il n'était pas allemand ; il n'obtiendra officiellement la nationalité qu'en février 1932. J'étais, je l'avoue, assez circonspect. Je rencontrai Adolf Hitler incidemment à quelques reprises, chez une connaissance commune, Hermann Göring, lui aussi membre du parti nazi. L'homme me plut modérément. Pour autant, son énergie, ses qualités d'orateur et sa détermination frappaient les esprits.*

La détermination, voilà ce qui nous rapprochait. Je n'étais pas séduit par Hitler, mais la conviction naquit en moi que cet homme, correctement conseillé, adroitement guidé, pourrait être un atout dans la nouvelle renaissance de l'Allemagne, cette renaissance dont j'avais été l'architecte en qualité de président de la Reichsbank et que d'autres, par leur incurie, étaient parvenus à euthanasier.

Pour autant, moi, Hjalmar Schacht, je ne suis vraiment pour rien dans l'arrivée d'Adolf Hitler au pouvoir !

Contrairement aux accusations odieuses dont on m'a accablé, jamais je n'ai cherché à le favoriser !

Une fois son départ de la Reichsbank consommé, Schacht disparaît quelque temps de la vie publique. Il a acquis, quelques années plus tôt, un vaste domaine à Gühlen, non loin de Berlin ; le grand financier consacre son temps à l'élevage des porcs, au fonctionnement de sa briqueterie et à organiser pour ses connaissances des chasses dans les quelques forêts qui subsistent autour de sa propriété : l'essentiel des arbres a en effet été abattu pour fabriquer les poteaux télégraphiques, destinés à être livrés aux Alliés dans le cadre des réparations de guerre. Décidément, Schacht est poursuivi par ces maudites réparations !

Hjalmar Schacht ne quitte pas totalement la vie publique : des tournées de conférences en Europe et aux États-Unis lui permettent de rencontrer les personnalités politiques en vue, notamment le président américain Herbert Hoover. Il se mêle à la vie mondaine de Berlin, dînant avec ses anciennes relations d'affaires.

Jusqu'au 5 janvier 1931.

Ce soir-là, Hjalmar Schacht et son épouse sont invités chez les Göring. Outre Hermann Göring et sa femme, il y a là le couple

Goebbels et l'industriel Fritz Thyssen : l'armée avec Göring, la propagande avec Goebbels et le capital avec Thyssen entourent Schacht le financier.

Les quatre piliers du futur régime nazi sont réunis.

Entre alors Adolf Hitler.

Rien d'étonnant à cela : Hitler est ici comme chez lui. Hermann Göring, héros de la Luftwaffe pendant la Première Guerre mondiale, et Joseph Goebbels, le journaliste devenu maître de la presse hitlérienne, sont des nazis de la première heure. Tous deux ont rejoint le parti en 1922 ; Göring s'est immédiatement attaché aux basques de Hitler, tandis que Goebbels, initialement, était plutôt proche des frères Strasser, Otto et Gregor, avec qui Hitler était en concurrence pour la direction du mouvement nazi. Mais Goebbels s'est ensuite rallié à Hitler et fait maintenant partie du premier cercle des fidèles.

La présence de Fritz Thyssen est tout aussi naturelle : dès 1923, ce très riche industriel a sympathisé avec le parti nazi, au point d'en être l'un des premiers donateurs. Les cent mille marks-or que Thyssen donna à Hitler en 1923 permirent au leader nazi de financer sa tentative de coup d'État à Munich. Plus tard, en 1930, Thyssen acheta personnellement, en compagnie d'autres fortunes allemandes, l'immeuble de Munich, la *Braune Haus* (« Maison brune »), qui deviendra le siège du parti nazi ; Thyssen la rénovera entièrement à ses frais. Curieux destin que celui du nazi Fritz Thyssen, car ce soutien fidèle de Hitler n'était pas antisémite et croyait plutôt en la cohabitation entre les religions et les peuples. De surcroît, parce qu'il était imprégné d'une éthique personnelle forte, Thyssen voulait vivre en accord avec cette foi personnelle de respect vis-à-vis d'une religion honnie par ses condisciples. Ce genre de schizophrénie était difficile à assumer au cœur du Troisième Reich. La « Nuit de cristal », le 9 novembre 1938, au cours de laquelle les magasins tenus par les juifs sont dévastés dans toute l'Allemagne, tandis que les familles juives sont victimes partout de violents pogroms, agit sur Fritz Thyssen comme une révélation : il s'enfuit en Suisse, puis en France. Hitler confisque tous ses biens en Allemagne. Deux ans plus tard, Thyssen est réfugié à Nice. À la fin de l'année 1940, la police de Vichy l'arrête et le livre, le 26 décembre, à la Gestapo. Tout comme Schacht quelques années plus tard, il fera partie des prisonniers « spéciaux » de Hitler, ceux qui vivront de longs séjours dans les camps de concentration en y bénéficiant d'un régime de faveur qui laissait quelques chances de survie.

Schacht et Thyssen, les représentants du grand capital, survivront à l'aventure nazie.

Les trois autres convives du dîner, Göring, Goebbels et Hitler lui-même, y laisseront leur peau, tous par suicide. Témoignage, peut-être, de la supériorité immémoriale de la puissance de l'argent sur le pouvoir de la politique, même au cœur des époques d'une extrême violence...

Quoi qu'il en soit, en ce lundi soir du 5 janvier 1931, dans la glaciale nuit berlinoise, cinq hommes, deux futurs prisonniers et trois futurs suicidés, sont donc réunis pour déguster en toute urbanité la soupe de pois au lard qui constitue le frugal souper offert par *Frau* Göring, cette sylphide suédoise blonde qui traîne langoureusement sa santé fragile de fauteuil en sofa.

Adolf Hitler, qui touche à peine à son assiette, n'est pas un homme qui étale richesse et puissance, à l'instar de Hjalmar Schacht. Il est habillé d'une simple vareuse marron, aussi sobre que le traditionnel costume sombre de Schacht. Non, pareil à Schacht, il n'a pas besoin de signes extérieurs pour impressionner son entourage.

Il lui suffit de parler.

Et Hitler prend la parole.

Schacht est impressionné par la résolution du leader nazi et par le sentiment d'absolue confiance qu'il dégage. Hitler occupe entièrement l'espace et captive l'auditoire : Goebbels et Göring ne font qu'écouter, sans une parole, se contentant de souligner par un signe de tête leur approbation des propos de Hitler. Thyssen intervient, mais très brièvement, et seulement quand Hitler commence à aborder les questions financières.

Schacht est attentif aux propositions du chef nazi ; celles-ci ne contiennent rien de déraisonnable, elles sont exprimées avec mesure et ne présentent pas de non-sens économique, comme Schacht pouvait le redouter. Hitler ne tient pas un discours de propagande, mais il expose, avec calme, pédagogie et une détermination presque palpable, quelle serait son action pour redresser l'Allemagne s'il était appelé au pouvoir.

Schacht n'est pas véritablement convaincu par les idées d'Adolf Hitler. Le chef nazi explique qu'il veut en finir avec ce chômage endémique qui mine la société allemande – six millions de chômeurs à l'époque – en lançant des programmes de grands travaux d'infrastructure et de rénovation industrielle.

Soit.

Au plan des principes, c'est plutôt une bonne idée.

Mais c'est insuffisant.

Car Hitler n'a guère d'idées sur la manière de faire. Il ne mesure pas les risques sur l'équilibre monétaire que présente une politique de relance : le retour de l'inflation signifierait la ruine de tous ces beaux projets. De même, Hitler n'a pas la moindre opinion sur la manière de financer son plan d'investissement.

Emprunter ?

Mais à qui ?

Aux Allemands eux-mêmes, par le biais d'une grande souscription nationale ?

Avec six millions de sans-emploi dans le pays, Hjalmar Schacht sait bien que toutes les familles allemandes comptent au moins un chômeur, soit en leur sein même, soit parmi leurs proches. La population entière souffre de ce chômage et restreint sa consommation ; en outre, l'épargne des ménages allemands a été laminée par les crises financières successives. Peu d'espoir, en conséquence, du côté de la mobilisation des ressources propres de l'Allemagne.

Emprunter aux Américains et aux Anglais ?

Ils ont aidé l'Allemagne, par le passé, notamment à l'époque où Schacht était aux affaires. La présence du grand argentier allemand à la tête de la Reichsbank leur inspirait alors confiance. Cette confiance a aujourd'hui disparu : les banques étrangères cherchent à tout prix à récupérer leurs capitaux. Pour inverser cette tendance et faire revenir les investisseurs américains, il faudrait un homme qui rétablisse cette confiance. Hitler n'est certainement pas celui-là et les économistes dont il dispose dans son parti, comme Walther Funk, un journaliste sans grand talent, ou Gottfried Feder, cet antisémite compulsif, n'ont aucune audience en dehors du cercle étroit du parti national-socialiste.

Non, il faudrait un véritable économiste, à la stature internationale, et qui saurait orienter le programme nazi dans le sens approprié...

— Alors, *Doktor* Schacht, qu'en pensez-vous ? interroge Adolf Hitler.

— *Herr* Hitler, votre programme est séduisant, mais il reste à régler de nombreux préalables. Par exemple...

— *Gut !* coupe Hitler. Vous avez sans doute raison ! Après tout, c'est vous le spécialiste. Mais je prends note que vous approuvez mes propositions.

— Mais, *Herr* Hitler, tente de reprendre Schacht, il y a tout de même un problème de moyens...

— Vous avez raison à nouveau, *Doktor* Schacht ! interrompt Hitler. Les moyens ! Les ressources ! Le financement ! Nous devons impérativement trouver les moyens nécessaires, d'abord pour arriver au pouvoir, puis pour mettre en œuvre notre programme. Fritz qui est là saura nous aider, ajoute Hitler en désignant Fritz Thyssen. De plus, le parti enregistre chaque jour de nouvelles adhésions. Nous allons être la première force politique d'Allemagne aux prochaines élections. Mais il faut faire davantage, plus vite et plus fort. Le redressement de la nation allemande en dépend ! Vous pouvez jouer un grand rôle, Dr Schacht !

— Certes, *Herr* Hitler, mais tout cela est un peu prématuré et...

— *Jawohl, Doktor* Schacht ! Nous verrons les détails plus tard ! Dans l'immédiat, je vous propose d'agir ainsi...

Et Hitler de poursuivre son discours, avec Göring et Goebbels qui, de temps à autre, opinent silencieusement du chef pour marquer leur approbation.

Cet autre trait de caractère du chef nazi frappe Hjalmar Schacht : une discussion avec Hitler est constituée de 95 % de monologue, et 5 % de dialogue. Mais c'est égal : au bout des discussions de la nuit, Schacht sent germer en lui la conviction que Hitler, correctement accompagné et orienté, peut devenir le leader dont le pays a besoin pour sortir des sables mouvants dans lesquels il se noie un peu plus chaque jour.

En bas de l'immeuble des Göring, les pieds dans la neige de cette nuit de janvier, Hitler et Schacht se serrent la main. Schacht salue

Fritz Thyssen et les Goebbels, puis aide sa femme à monter dans la voiture et prend le volant pour regagner son hôtel. Il est cinq heures du matin ; depuis qu'il a quitté la Reichsbank, Schacht n'a plus de chauffeur, et il est trop tard pour regagner sa propriété de Gühlen, distante d'une soixantaine de kilomètres. Parcourir cette distance dans la nuit glacée, sur des routes couvertes de verglas, serait imprudent.

Tandis qu'il pénètre dans le hall brillamment éclairé de l'hôtel Adlon, Hjalmar Schacht, resté silencieux depuis leur départ de l'appartement des Göring, est interrompu dans ses pensées par sa femme.

« Tu sais, Hjalmar, tu dois l'aider ! Cet Hitler est l'homme dont nous avons besoin. J'ai rencontré beaucoup de grands dirigeants avec toi ; jamais je n'avais senti un tel magnétisme chez aucun d'entre eux. Y compris Hoover, l'Américain ! »

Schacht ne répond rien.

Dans les années qui suivirent, Louise, la jolie patineuse sur glace qu'il avait épousée deux décennies plus tôt et qui est devenue, au fil des grossesses et des dîners de gala, une femme un peu épaisse, deviendra une égérie enthousiaste du nazisme, adoratrice féroce d'Adolf Hitler.

Pas Hjalmar Schacht, dont le mode de fonctionnement est centré sur la raison, et non sur l'affect.

Mais, pour cette fois, il est d'accord avec sa femme.

Cet Hitler peut constituer une solution.

Il présente cependant des aspects bizarres, pour ne pas dire inquiétants, comme les sentiments hostiles qu'il nourrit à l'égard des juifs ou des populations slaves. Il ne s'en cache pas : il exprime ouvertement ces opinions contestables dans son livre *Mein Kampf*. Mais avec un Schacht à ses côtés, cet agitateur à l'indéniable énergie et à la détermination évidente pourrait permettre d'en finir avec ces dirigeants inconsistants dont la faiblesse conduit le pays à la faillite...

C'est décidé.

Il va aider Hitler !

Lui, Hjalmar Schacht, sera la cheville ouvrière de l'accession d'Adolf Hitler à la chancellerie, et ainsi il sauvera la nation de la ruine qui la menace à nouveau !

Un étrange phénomène de déni a frappé Hjalmar Schacht à propos de sa responsabilité et de son rôle dans les arcanes du pouvoir hitlérien.

Pendant une demi-douzaine d'années, après la Seconde Guerre mondiale, il fut traîné de tribunal en prétoire, de cour de justice en prison, en vue de sa dénazification. Jamais il n'admit qu'Adolf Hitler lui devait son accession au poste de chancelier. Jamais il ne concéda que la consolidation du pouvoir nazi était son œuvre. Jamais il ne convint que l'armée allemande lui était redevable de sa puissance guerrière.

« Jamais je n'ai dit le moindre mot ni écrit la moindre ligne afin d'aider Hitler à arriver au pouvoir ! »

Ce leitmotiv fut l'immuable ligne de défense de Hjalmar Schacht. Il utilisait alors une stratégie bien connue et souvent efficace : nier, nier toujours, nier contre l'évidence, nier même lorsque les preuves contraires sont produites, là, sous les yeux. Nier et nier encore.

Et toujours répéter la même chose.

« Jamais je n'ai dit le moindre mot ni écrit la moindre ligne afin d'aider Hitler à arriver au pouvoir ! »

Mensonge. Énorme mensonge !

En effet, le puissant financier va se dévouer à la cause hitlérienne. Bien plus, il va tenter de rassembler autour de lui le grand capital allemand pour que le parti nazi parvienne au pouvoir.

Dans les semaines qui suivirent ce dîner, Hjalmar Schacht intervint auprès des hommes politiques avec lesquels il était en rapport, et même auprès du chancelier Brüning, qu'il connaissait depuis plus de vingt ans, afin de faire entrer les nationaux-socialistes au gouvernement. Peine perdue ; gouverner avec des extrémistes, pour Brüning « l'homme normal », n'était simplement pas envisageable. Certes, il s'agissait d'extrémistes de droite ; les extrémistes de gauche, autrement dit les communistes, l'effrayaient encore davantage. Mais malgré tout, Brüning n'était pas encore suffisamment désespéré ni sa popularité à ce point anéantie pour que cet « homme normal » et humaniste soit contraint d'accepter que des extrémistes fanatiques partagent le pouvoir.

Brüning refusa.

Après tout, à ses yeux, le NSDAP, même s'il constituait avec ses cent sept députés la deuxième force du Reichstag, n'était jamais qu'une formation fraîchement et très provisoirement consacrée par les urnes. Pendant des années, les nazis n'avaient été qu'un groupuscule d'agitateurs portés à la violence, qui ne réussissait pas à s'imposer sur la scène politique allemande. Le passé récent de ces trublions laissait espérer qu'ils puissent disparaître ou s'effacer progressivement.

Brüning se référait aux quelques années qui venaient de s'écouler et pendant lesquelles le parti nazi n'avait pas remporté de réels succès électoraux. Aux élections de 1924, le NSDAP avait obtenu deux millions de voix et vingt-quatre sièges. Mais le scrutin s'était déroulé six mois après la tentative ratée de putsch à Munich ; l'insurrection avait assuré aux nazis une publicité tapageuse, d'où leur succès électoral inattendu. Quelques mois après ce succès initial, de nouvelles élections législatives eurent lieu ; cette fois, les nazis furent laminés. Ils n'obtinrent que neuf cent mille voix.

Aux élections suivantes, en 1928, pas davantage de succès : huit cent mille voix.

La même chute de popularité du parti nazi allait forcément se reproduire un jour ou l'autre, pensait Brüning.

Le chancelier ne voulait pas l'admettre, mais ces années-là étaient révolues.

Aux élections de septembre 1930, le parti national-socialiste réunit près de six millions et demi de voix et cent sept députés. Les nazis constituent alors le deuxième groupe parlementaire du Reichstag, derrière la droite traditionnelle. Adolf Hitler devient un homme dont les paroles comptent dans le débat politique ; il n'est plus le chefaillon agressif et volubile d'un groupuscule composé d'extrémistes illuminés, mais un politicien avec le vent en poupe et en qui les Allemands, désespérés par leurs dirigeants incapables d'enrayer la crise, commencent à croire.

Le dîner chez les Göring renforce cette conviction chez Hjalmar Schacht.

Le chancelier Brüning ne se laissera jamais gagner à ce point de vue : pour une fois, il fait preuve de résistance face aux recommandations de Schacht lorsque celui-ci vient le voir pour intercéder en faveur d'une participation, même minime, des nazis dans son gouvernement.

Il refuse net.

Mais Schacht ne s'avoue pas vaincu. Il faut persévérer.

Malgré l'échec de ses tentatives pour métamorphoser le parti nazi en formation apte à s'associer au gouvernement, Hjalmar Schacht continue à cultiver ses contacts avec les proches de Hitler. Il s'entretient plusieurs fois avec Gottfried Feder, député nazi, qui se présente comme un économiste. Feder, autodidacte, a inspiré à Hitler nombre de ses théories sur les méfaits de la « finance juive ».

Dans *Mein Kampf*, Hitler cite à plusieurs reprises Feder. Tous deux partagent la même détestation des juifs ; la seule différence est que Feder essaie de donner un fondement scientifique à cette haine primaire et viscérale. Le livre qu'il écrit en 1934, *Die Juden*, est à cet égard particulièrement détestable.

Schacht est édifié : non, vraiment, si jamais les nazis gouvernent un jour, il faut impérativement que la politique économique soit confiée à sa personne et à nul autre. Et surtout pas à ce Feder dont Hitler semble s'être entiché. Décidément, il faut que Hitler arrive au pouvoir, mais avec lui, Hjalmar Schacht ; sans quoi le pays court à la catastrophe.

Encore un peu de patience.

En mai 1932, son impopularité est telle que le chancelier Brüning est congédié par le maréchal Hindenburg. Malgré une nouvelle intervention de Schacht en faveur de Hitler, le vieux chef de l'État confie la chancellerie à Franz von Papen, un démagogue de droite, dont le premier geste est de dissoudre le Reichstag pour provoquer de nouvelles élections et essayer d'obtenir une majorité favorable au parlement.

Mauvaise inspiration : le 31 juillet, le parti nazi emporte plus de treize millions et demi de voix. Il est désormais la première force politique d'Allemagne et compte deux cent trente députés au Reichstag : le double de sa précédente représentation. Pourtant, Hindenburg refuse à nouveau d'en tirer les conséquences. Le vieux maréchal est attaché aux valeurs traditionnelles prussiennes ; gouverner avec cet Autrichien mal dégrossi de Hitler, qui n'a rien d'un démocrate et tout d'un dictateur, n'est tout simplement pas envisageable.

Il maintient Franz von Papen à la chancellerie.

Un drôle de pistolet, ce Franz von Papen !

Retors, manipulateur, n'hésitant pas à trahir ses amis et à rallier ses ennemis, cet aristocrate est aussi fervent catholique extérieurement que dénué intrinsèquement de toute valeur chrétienne. Papen a embrassé dans sa jeunesse une carrière où son goût du complot, son aptitude au mensonge et sa capacité à la dissimulation font habituellement merveille : l'espionnage. Jeune officier, il entre en effet dans la diplomatie : il est nommé attaché militaire à l'ambassade d'Allemagne à Mexico, puis à Washington, dont il est expulsé manu militari en 1915, alors même que les États-Unis ne sont pas encore en guerre. Le jeune espion avait manqué de discrétion : il s'était livré à des activités de sabotage sur le territoire américain et la police de l'oncle Sam, dont le sens de l'humour, à l'époque, était aussi défaillant qu'aujourd'hui, n'avait que modérément goûté la plaisanterie. Renvoyé dans ses pénates, Papen est alors affecté à Madrid, puis détaché auprès de l'État-Major de l'armée turque qu'il suit dans sa conquête du Moyen-Orient. Ses aptitudes au complot et aux manœuvres douteuses trouvent ensuite à s'exprimer dans la carrière de politicien qu'il entame après le premier conflit mondial, et qui le conduira jusqu'à la chancellerie d'Allemagne. Il occupera le poste de chancelier pendant six mois. Après son départ du pouvoir, il acceptera des postes d'ambassadeur à Vienne, puis en Turquie où, pendant la Seconde Guerre mondiale, il se rappellera sa jeunesse, lorsqu'il était un maître espion : Papen sera l'agent traitant d'Elyesa Baza, alias « Cicéron », le valet de chambre qui espionnait l'ambassadeur du Royaume-Uni à Istanbul et faisait parvenir à l'Allemagne les secrets diplomatiques des Alliés. Enfin, en compagnie de Schacht, Papen sera l'un des accusés du procès de Nuremberg et, tout comme Schacht, il sera acquitté, grâce notamment au témoignage du cardinal Roncalli, le futur pape Jean XXIII.

Voilà le parcours hors norme, dans une période hors norme, d'un personnage hors norme, archétype presque caricatural du politicien rompu à toutes les traîtrises et à toutes les compromissions.

Après les élections du 31 juillet 1932 qui consacrent les nazis comme première force politique d'Allemagne, Papen parvient à convaincre Hindenburg de ne pas confier la chancellerie à Hitler. Pour lui, mieux vaut prendre le risque de dissoudre la chambre une nouvelle fois et miser sur une chute de ces extrémistes. Dans l'intervalle, Papen est maintenu au fauteuil de chancelier d'Allemagne.

Le pays est dans l'attente d'une vraie issue porteuse d'espoir. Chacun retient son souffle lors des élections de novembre : pourvu que cette nouvelle dissolution, la deuxième en quelques mois, apporte enfin une solution !

Espoir déçu.

Le 6 novembre 1932, les élections se déroulent dans une atmosphère de résignation. Le parti nazi voit son audience s'éroder : il passe de treize millions sept cent mille voix à onze millions sept cent mille voix, soit une chute de 37 à 33 % des électeurs du pays. Mais l'érosion est insuffisante. En perdant deux millions de voix et trente-quatre sièges au Reichstag, le NSDAP reste néanmoins le premier parti d'Allemagne.

Mauvaise inspiration, à nouveau, que cette manœuvre électorale. Brüning, dont la normalité tranchait avec la personnalité sombre et douteuse de son successeur, avait tout raté. En cet automne 1932, Franz von Papen, le politicard sans scrupule, est en train de prendre le même chemin. Quelle est cette fatalité qui frappe l'Allemagne ?

Hindenburg comprend qu'il n'arrivera à rien avec Papen qui vient de perdre deux élections législatives en moins de quatre mois. Il faut le remplacer.

Mais surtout, qu'on ne lui parle pas de Hitler ! Le vieux Prussien n'en veut à aucun prix !

Franz von Papen est évincé de la chancellerie au profit de son ennemi intime, le général Kurt von Schleicher.

Le nouveau chancelier essaie de former un gouvernement avec quelques nazis, mais sans Hitler dont il redoute à juste titre qu'il veuille installer une dictature. Schleicher obtient la nomination au poste de vice-chancelier de Gregor Strasser, l'ancien concurrent de Hitler à la tête du parti national-socialiste. Schleicher pense aussi avoir la confiance d'Ernst Röhm, le chef suprême des SA, les *Sturmabteilungen*, l'organisation paramilitaire du parti nazi. Ainsi croit-il museler les velléités nazies de renverser son gouvernement.

Dans cette atmosphère pré-insurrectionnelle, avec les troupes nazies, les SS et les SA, qui font régner la terreur dans le pays, Papen est dans son élément ; retournant sa veste à nouveau, il complote maintenant pour renverser Kurt von Schleicher et amener Hitler au pouvoir. Hindenburg, malade, fatigué, cède sous la pression et signe la nomination d'Adolf Hitler. Il est las de résister aux pressions qui s'intensifient. Après tout, des personnalités fort respectables sont intervenues auprès de lui en faveur de Hitler : Hjalmar Schacht, par exemple, ou Thyssen, ou Krupp. Des gens dont l'avis a du poids. Des gens en qui il a confiance. Des grands patriotes allemands.

Alors, pourquoi ne pas essayer Hitler ?

Papen, Schacht et tous ceux qui militent pour Adolf Hitler ont fini par emporter la décision. Le leader nazi est reçu par Hindenburg qui lui annonce la démission du gouvernement et lui signifie qu'il va lui confier le pouvoir.

Le gouvernement Schleicher n'aura tenu que huit semaines.

Le 30 janvier 1933, Hitler est officiellement intronisé chancelier d'Allemagne.

Quelques semaines après la prise du pouvoir, les nazis mettent le feu au Reichstag, le parlement allemand. Le but de l'opération orchestrée par Göring et Goebbels est que le parti nazi apparaisse comme le sauveur de la nation menacée par le danger que constituent les extrémistes de gauche. Un bouc émissaire est désigné comme l'incendiaire ; il s'agit d'un jeune chômeur d'origine hollandaise, Marinus van der Lubbe. Il se présente comme communiste. Il sera condamné à mort et décapité, mais cela n'a déjà plus d'importance. L'essentiel était d'alerter la population contre le péril rouge et de renforcer l'image de Hitler comme sauveur du pays.

Le plan est d'ailleurs couronné de succès, mais pas autant que l'espéraient ses promoteurs.

En mars 1933, de nouvelles élections législatives, les troisièmes en moins d'un an, donnent au parti nazi dix-sept millions trois cent mille voix et 43,9 % des suffrages. Les nazis n'auront jamais obtenu en Allemagne la majorité absolue lors des scrutins populaires ; mais c'est égal, car deux jours après son intronisation, le nouveau parlement vote les pleins pouvoirs à Hitler.

La dictature peut commencer.

Un an et demi plus tard, au cours de la « Nuit des longs couteaux », du 29 au 30 juin 1934, Adolf Hitler éliminera tous ceux qui lui disputèrent le pouvoir pendant les quelques semaines cruciales qui conduisirent à sa nomination au poste de chancelier.

Schleicher est abattu dans sa maison avec sa femme.

Gregor Strasser, le concurrent de Hitler au sein du parti nazi qui avait accepté le poste de vice-chancelier dans le gouvernement Schleicher, est arrêté et emmené dans les geôles de la Gestapo à Berlin ; il y est exécuté d'une balle dans la nuque.

Ernst Röhm, qui avait soutenu Schleicher, est capturé au milieu d'une partouze homosexuelle avec de très jeunes éphèbes appartenant aux SA. Il subit le même sort fatal ; Röhm est assassiné après quelques jours d'hésitation de Hitler qui répugnait à signer l'arrêt de mort de son vieux compagnon de lutte. Hitler, compatissant, lui avait laissé le choix de se suicider. Röhm s'y étant refusé, une balle dans la nuque régla la question. Détail amusant (si l'on peut dire…) : vingt-trois ans après, en 1957, son bourreau, un policier SS, sera inculpé par la justice allemande pour le meurtre de Röhm. Mais il ne sera jamais jugé.

À l'issue de la « Nuit des longs couteaux », tous les opposants à Hitler au sein du parti nazi ont été impitoyablement éliminés : plus de quatre cents morts.

Adolf Hitler, le Führer, règne alors sans partage.

Ce règne qui débute, il le doit beaucoup à Hjalmar Schacht.

À deux titres.

Tout d'abord, au plan politique : Schacht a pesé de toute son influence en faveur de Hitler, notamment auprès du maréchal Hindenburg. Or, Schacht est un homme qui compte, tant à l'intérieur de l'Allemagne qu'au plan international. Le seul Allemand en qui ont confiance les milieux d'affaires internationaux, américains ou anglais, est Hjalmar Schacht. Qu'un tel homme s'engage en faveur de Hitler est évidemment un signal fort.

Hitler est aussi redevable à Schacht pour le soutien qu'il reçut des milieux de la finance. L'ancien président de la Reichsbank n'a pas ménagé sa peine pour fédérer autour de Hitler les grands patrons du capitalisme allemand. Hjalmar Schacht a été l'un des piliers du cercle Keppler, le Cercle des amis de l'économie (Freundeskreis der Wirtschaft), cette organisation d'une vingtaine des plus puissants hommes d'affaires, conglomérat de grands patrons réactionnaires ou d'extrême droite qui demanda solennellement à Hindenburg de nommer Hitler chancelier.

Schacht a aussi fédéré autour de lui les donateurs du parti nazi. Un fonds de trois millions de reichsmarks avait ainsi été constitué par les Krupp, Thyssen, Schröder, Flick et autre Kirdorf, pour financer les campagnes du NSDAP lors des élections. Qui sera l'administrateur de cette fortune ? Hjalmar Schacht.

Plus encore, qui, en tournée de conférences à travers l'Europe, fait l'éloge des propositions nazies ? Hjalmar Schacht. Qui, lors des manifestations de Bad Harzburg auxquelles participe Hitler, expose longuement le programme économique d'un futur gouvernement hitlérien ? Hjalmar Schacht.

Qui emporte, finalement, la décision du maréchal Hindenburg ? C'est plus difficile à dire, car les pressions venaient de toute part. Mais Hjalmar Schacht est auréolé de ses succès dans la lutte contre l'hyperinflation, la renégociation des réparations de la Grande Guerre ou la conduite scrupuleuse de la Reichsbank. La voix d'un tel sage qui se prononce en faveur d'Adolf Hitler a certainement plus joué dans la décision du chef de l'État que les manœuvres ténébreuses de Papen dont la réputation était déjà nauséabonde.

Schacht, Schacht, et encore Schacht...

Bien sûr, au sein du capitalisme allemand, Schacht n'est pas le seul à avoir milité pour Hitler. Est-ce une circonstance atténuante pour le banquier du diable ? Probablement pas. Il n'a pas été le seul, mais il a été déterminant. Dans la saga hitlérienne, sa responsabilité est fortement engagée, même si elle est partagée par d'autres, et notamment par certains des grands représentants du puissant capitalisme allemand.

Qui sont-ils, les autres coupables, ces maîtres de forges, ces magnats de la chimie, ces nababs de la finance, qui s'associèrent à Schacht afin de porter Hitler au pouvoir ?

On a déjà évoqué Fritz Thyssen, le convive du dîner chez Göring, le nazi qui ne détestait pas les juifs.

On pourrait parler d'Emil Kirdorf, l'empereur des mines allemandes, propriétaire du premier groupe minier européen, qui lui aussi finança Hitler. Il décéda en 1938 ; Adolf Hitler, qui lui avait décerné la plus haute décoration du régime nazi, l'ordre de l'Aigle allemand, organisa pour Emil Kirdorf des funérailles nationales au cours desquelles il vint personnellement déposer une gerbe sur la tombe de son riche protecteur.

N'oublions pas le richissime banquier Schröder, qui finança Hitler et l'effort de guerre nazi : accusé de crimes contre l'humanité, il fut condamné à trois mois de prison seulement. Pendant la guerre, il avait maintenu ses relations financières avec toute l'Europe, ennemie ou amie, et notamment avec la maison Schroder's basée à Londres, qui appartenait à une branche de la famille.

Dans la catégorie des sidérurgistes, on peut aussi s'attarder sur la famille Krupp. Du vieux patriarche, Gustav, jusqu'à ses héritiers, la famille Krupp fournit à Hitler un soutien déterminant au sein du grand capital allemand. Le fils aîné de Gustav, et dirigeant de cet immense groupe industriel, Alfried Felix Alwyn Krupp von Bohlen und Halbach, s'engagea aux côtés de Hitler au point d'entrer dans les SS en 1933. Homme solitaire, travailleur acharné, il compensait dans les affaires ses déboires avec les femmes. Krupp participa à la réunion que Hitler convoqua avec les grands capitalistes allemands, quelques semaines avant le déclenchement de la guerre contre la Pologne qui amena le conflit mondial. Il s'agissait de se répartir, entre membres du « club » capitaliste allemand, les pré-annexions des entreprises qui avaient été perdues à la suite de la Grande Guerre et du traité de Versailles. Krupp fit son choix, comme les autres, parmi les usines de ces pays qui n'étaient pourtant pas encore conquis. Mais son soutien à l'effort d'armement méritait cette récompense : Alfried Krupp s'était fait une spécialité de transformer ses usines en manufactures d'armement. Il resta pendant toute la guerre le principal fournisseur de l'armée allemande ; les millions de morts des campagnes hitlériennes en Europe ou en Afrique doivent le fer qui déchira leur chair aux aciéries Krupp. Pour fabriquer leurs outils de mort, les manufactures du groupe profitèrent d'une main-d'œuvre presque gratuite, déportée des territoires conquis par les nazis. Ces ouvriers condamnés au travail forcé s'épuisèrent dans une centaine d'usines allemandes à l'enseigne de Krupp. Ils y côtoyèrent environ cent mille esclaves issus des camps de concentration, pour lesquels le taux de survie à l'issue de l'expérience du travail chez Krupp était proche de zéro. En 1948, après la guerre, Alfried Krupp fut condamné à douze ans de prison et à la confiscation de sa fortune. Il fut libéré moins de trois ans après, en 1951, et quarante-cinq millions de dollars lui furent restitués. Pas mal... Faible consolation, les femmes continuèrent à le rendre profondément malheureux. Il se maria en 1952 avec une ravissante vamp éprise de mondanités, Vera, mais s'en sépara rapidement quelques mois après. L'appétit de Vera pour les lumières des réceptions mondaines et les amants bien charpentés y était peut-être pour quelque chose. Entre-temps, le sombre et solitaire Alfried Krupp lui avait offert l'un des plus gros diamants du monde appelé depuis « le Krupp ». Cette pierre aux reflets bleus de trente-trois carats fut dérobée à Vera lors d'une agression dans son ranch près de Las Vegas. Retrouvé par le FBI dans des conditions rocambolesques, le diamant fut racheté en 1968 par l'acteur Richard Burton qui l'offrit à Elizabeth Taylor.

Autre sidérurgiste, Friedrich Flick. Homme d'extraction modeste, il avait réussi à bâtir l'un des principaux conglomérats industriels d'Allemagne. Membre fondateur du parti nazi, lui aussi finança généreusement le mouvement et participa activement à la conquête du pouvoir. Il s'illustra dans la captation des biens spoliés aux juifs et dans la production d'armement au profit de la Wehrmacht et des SS : sur les champs de bataille, qui n'était pas tué par une balle « Krupp » était tué par une balle « Flick ». À l'instar de Krupp, ses usines bénéficièrent généreusement de la main-d'œuvre réduite à l'esclavage que lui procuraient les camps de concentration. On estime que quarante mille personnes moururent d'épuisement et de mauvais traitements dans les usines Flick. Condamné à sept ans de prison lors d'un des procès de Nuremberg, il fut libéré au bout de trois ans et se relança dans les affaires. En 1972, à sa mort, Friedrich Flick était de retour dans les cent plus grosses fortunes du monde. La famille Flick n'en avait pas tout à fait fini avec son passé nazi. En 1997, l'université d'Oxford déclina une donation de trois cent cinquante mille livres sterling en raison de l'origine maudite de cet argent ; quelques années plus tard, les autorités suisses refusèrent l'autorisation d'exposer dans un de leurs musées la collection d'art amassée par les Flick. Les héritiers du nom n'en avaient pas non plus tout à fait fini avec la justice : en 1983, le fils Flick fut impliqué dans un procès pour corruption de politiciens allemands, en vue de favoriser son évasion fiscale. Bon sang ne saurait mentir, et les chats ne font pas des chiens...

Wilhelm Keppler, quant à lui, fut l'un des grands directeurs d'IG Farben. Soutien de Hitler de la première heure, le régime nazi lui en sera reconnaissant : IG Farben aura le redoutable privilège de fabriquer le Zyklon B, ce gaz qui sera employé dans les chambres à gaz des camps d'extermination. Pour l'expérimenter, les nazis « livrèrent » tout simplement cinq cents prisonniers de guerre russes à IG Farben. L'expérience ayant été concluante sur ces malheureux

« sous-hommes », car les Slaves étaient considérés comme tels par les nazis, IG Farben et les SS de Heinrich Himmler passèrent au processus industriel dans les camps de la mort ; au moins trois millions de victimes innocentes respirèrent le gaz fabriqué par IG Farben, initialement conçu pour lutter contre les insectes. Mais IG Farben tira d'autres bénéfices mirifiques de la guerre : le groupe de Keppler annexa de multiples complexes chimiques dans les pays occupés, Tchécoslovaquie, Pologne, Hollande, Belgique et France, où le groupe Kuhlmann devint sa propriété. IG Farben bénéficia aussi de la main-d'œuvre des camps de concentration. À Auschwitz, deux usines destinées à IG Farben furent construites par les prisonniers, l'une pour produire du caoutchouc synthétique, l'autre pour fabriquer du pétrole synthétique. Les conditions de travail étaient épouvantables : réveillés à trois heures du matin pour une longue marche jusqu'au chantier de construction, les prisonniers, soumis à la violence des kapos, travaillaient sans interruption jusque tard dans la soirée, sans repos et nourris avec des rations de misère. Vingt-cinq mille d'entre eux laissèrent leur vie dans la seule construction du complexe d'IG Auschwitz. Ensuite, un accord pour l'emploi de la main-d'œuvre que représentaient les populations déportées dans les camps fut dûment signé entre IG Farben et les SS de Heinrich Himmler : ces derniers encaissaient trois marks par jour par ouvrier, mais seulement un mark et demi pour les enfants travailleurs. L'idée même laisse un profond malaise : penser que des dirigeants d'IG Farben, des hommes sérieux, en costume cravate, qui sans doute revenaient le soir dans leurs foyers embrasser leurs femmes et leurs enfants, se sont rendus à des réunions avec l'État-Major SS pour discuter du prix de journée d'enfants esclaves destinés à mourir à la tâche ! On les imagine : « Deux marks pour un enfant ? Non, c'est trop cher. Notre marge brute d'exploitation serait affectée ! Et si nous retenions un mark et demi ? »...

Infâme !

Les conditions de vie, ou plutôt de mort, de ces ouvriers chez IG Auschwitz étaient à peine meilleures que dans le camp d'Auschwitz lui-même ; les dizaines de milliers de victimes étaient si faciles à remplacer par les nouvelles fournées de misérables qui arrivaient chaque jour en wagons plombés... Keppler a aidé Hitler à obtenir le pouvoir, mais Hitler a largement payé sa dette à IG Farben. Jugé à Nuremberg, non pas au procès des criminels contre l'humanité, mais au procès dit « des ministres », Wilhelm Keppler fut condamné à dix ans de prison et finalement libéré en 1951.

On pourrait poursuivre longtemps l'inventaire des collusions du capitalisme allemand avec le nazisme. La description de ses effroyables participations à des crimes de guerre et à des crimes contre l'humanité fait froid dans le dos. Terrifiant !

Quant à la punition pour ces crimes contre l'humanité, elle fut plutôt légère.

Parmi tous ces grands capitalistes qui rendirent possible la tragédie hitlérienne avec ses millions de morts, ou dont les entreprises participèrent directement à ces meurtres de masse, aucun ne purgea plus de six ans de prison.

Telle est l'étrange morale de la société capitaliste : le criminel qui tue son prochain est coupable. Celui qui procure au criminel les moyens de commettre ses crimes ne l'est pas, quand bien même aurait-il conscience que les pires horreurs vont se produire.

Pendant la guerre, les affaires continuent.

CHAPITRE 6. LE GÉNIE

J'aime beaucoup les films de cinéma américains.

J'apprécie aussi les pièces de théâtre. À Berlin, pas une semaine ne passait sans que j'assistasse avec ma femme à un spectacle.

Il existe un point commun entre les bons films policiers et les pièces réussies : le minutage, le chronométrage, le rythme. Les Britanniques ont un mot très court qui décrit parfaitement le concept : le timing, l'un des termes préférés de mon cher ami anglais Montagu Norman, le gouverneur de la Banque d'Angleterre.

Le timing, voilà ce qui fait toute la différence entre une réussite brillante et un échec retentissant.

Dans un film de gangsters, que le policier arrive au mauvais moment, et au lieu de tuer les bandits, il tue le suspense.

Dans un vaudeville, que l'amant sorte du placard de la chambre au mauvais moment, et les mots d'esprit les plus drôles ne font plus rire personne.

Le timing, voilà le secret.

C'est vrai aussi en économie.

Quelques jours après son accession à la chancellerie, Adolf Hitler convoqua le Dr Luther, le président de la Reichsbank, celui qui m'avait succédé dans ce poste en 1930, après ma démission. Hans Luther, je le connaissais depuis vingt ans. Il avait été chancelier pendant un peu plus d'une année, en 1925 et jusqu'en mai 1926. Il avait aussi été ministre des Finances, mais n'avait jamais réussi à s'imposer, ni par ses idées ni par son autorité. En cela, il ressemblait beaucoup à Stresemann et à Brüning : des types sérieux, normaux, moyens, assez honnêtes, mais en aucun cas taillés pour faire des dirigeants, surtout en période de crise. Lors des négociations Dawes, auxquelles Hans Luther participait à mes côtés, les délégués des Alliés s'étaient d'ailleurs à peine aperçus de sa présence.

Et surtout, Luther était totalement dénué de sens du timing.

Lorsque Luther entra dans le bureau de chancelier du Reich, qu'il connaissait bien pour l'avoir occupé lui-même, je crois qu'il était assez inquiet. Les informations dont je disposais de collaborateurs de la Reichsbank faisaient état des difficultés que créaient au quotidien son indécision et son appréciation inexacte de la situation économique. En 1933, il suffisait pourtant de traverser Berlin pour appréhender immédiatement où était l'urgence : le pays s'écroulait, miné par un chômage qui touchait six millions et demi de personnes. Plus aucune famille n'était épargnée par cette peste. Les files d'attente devant les soupes populaires n'avaient jamais été aussi longues. Et Luther, en homme scrupuleux, président de la Reichsbank, la Banque centrale d'Allemagne, était comme Brüning, l'ancien chancelier : l'équilibre monétaire, l'équilibre des finances publiques, même au prix d'une douloureuse politique déflationniste ! Voilà, selon lui, ce qui était nécessaire pour le pays.

Adolf Hitler, m'a-t-on rapporté, lui posa une seule question :

— Doktor Luther, quelle somme la Reichsbank peut-elle mobiliser immédiatement afin de relancer l'activité économique et enfin essayer de faire baisser ce chômage ?

— *Euh... monsieur le chancelier, je ne sais pas. Si j'ai bien en mémoire la situation de la Reichsbank, je pense qu'on pourrait mobiliser... disons... entre cent quarante et cent cinquante millions de reichsmarks ?*

— *Mais c'est très insuffisant ! explosa Hitler. Je dirai même que c'est insignifiant !* Doktor *Luther, je ne peux pas croire que le pays en soit là ! Et que les capacités d'intervention de la Banque centrale soient à ce point réduites !*

— *Pourtant, monsieur le chancelier... c'est la réalité. Mobiliser davantage fragiliserait notre situation. Pas seulement la situation de la Reichsbank, mais la situation de la nation tout entière. Les pays extérieurs nous surveillent, monsieur le chancelier, car nous sommes tenus par les conditions du plan Young. Nous devons les respecter. J'ai peur que l'effort demandé à la Banque centrale, même à hauteur de cent cinquante millions, soit mal perçu par les Français... La Reichsbank ne peut vous aider au-delà de cette somme, monsieur le chancelier.*

Je crois que la discussion s'arrêta là.

Luther, comme à maintes reprises au cours de sa carrière d'économiste, faisait plusieurs erreurs d'analyse.

En économie, il n'y a pas de bonnes et de mauvaises idées. Tout est une question de timing.

La meilleure décision à un moment donné peut devenir la pire à un autre.

Une politique déflationniste est parfois indispensable. Moi-même, lorsqu'il s'était agi de stabiliser la monnaie en 1923, j'avais mené une politique déflationniste d'une violence inouïe, n'hésitant pas à couper tous les canaux du crédit. Mon surnom, à l'époque, était « le fossoyeur de l'économie allemande » !

Une politique de stabilité est parfois la seule voie. Dans ce cas, confier les affaires à des Drs Luther est une bonne chose, car leur pusillanimité, leur mesure et leur absence d'initiative font merveille. Ils s'appliquent, sans imagination ni prise de risque, à maintenir le budget de l'État, la valeur de la monnaie et une croissance faible, mais régulière.

Enfin, une politique de déficits, de dépenses publiques d'investissement et de relance économique à tous crins est parfois une solution à envisager, même au prix de la création de déficits abyssaux.

Il faut avoir conscience des avantages et inconvénients de toutes les formules ; une politique déflationniste va créer du chômage mais doper les exportations et éventuellement faire baisser les déficits. Une politique de stabilité va générer çà et là des bulles spéculatives et augmenter le niveau des risques latents. Une politique de relance va dégrader les comptes extérieurs, créer des déficits et accroître le niveau de dette de l'État et des agents économiques, mais si elle est bien menée, elle doit réduire le chômage.

Tous ces avantages sont bons à prendre, tous ces inconvénients sont gérables. Il suffit d'en avoir conscience, de savoir les mesurer et de comprendre les conséquences de ses actions. Et surtout, par-dessus tout, prendre les bonnes décisions au bon moment !

Le timing ! Tout est là !

En faisant à Hitler une réponse tout empreinte de la prudence légendaire des banquiers centraux, qui par tradition autant qu'inclination personnelle sont éperdument épris de stabilité monétaire, de budgets en équilibre et de courbes à long terme légèrement pentues vers le haut, mais pas trop inclinées – surtout pas trop ! – Hans Luther affichait un manque crucial de sens du timing.

En effet, quelle était l'urgence ? Certainement pas la situation monétaire, même si elle était fragile. Certainement pas la situation budgétaire de l'État, même s'il était en déficit et que les dettes s'accumulaient dangereusement.

La priorité, c'était le chômage, qui minait la société allemande.

Promettre la stabilité à long terme des finances de l'État à un chômeur dont la préoccupation était de gagner quelques pfennig pour nourrir ses enfants n'avait tout simplement aucun sens. Le chômeur avait besoin d'un emploi ! Et pas à long terme ! Même pas demain ! Mais le soir même ! Au dîner !

Le Dr Luther aurait pu faire son profit des leçons suivantes, qui sont toutes des leçons de timing.

Premièrement, lorsque de multiples difficultés se présentent à vous, il faut déterminer quelle est la plus grave et la plus urgente, et s'attaquer à celle-là. Vouloir faire baisser le chômage sans faire de la relance, tout en baissant les déficits et en maintenant la stabilité monétaire est un projet insensé. Autant ne rien faire et laisser le bateau voguer à la dérive en implorant la clémence des dieux.

Deuxièmement, pour qu'une politique économique soit efficace contre une situation de crise, elle doit mobiliser tous les moyens disponibles, et même ceux qui ne sont pas disponibles, pour s'attaquer aux causes de la crise. Inutile de mégoter ! Cela ne conduit à rien ! En 1923, il fallait en finir avec l'hyperinflation ? La stabilisation a été ma priorité absolue ; rien d'autre n'a compté, ni les faillites que j'ai provoquées, ni les ruines que j'ai laissées derrière moi. En 1933, le problème était le chômage ? Les déficits, les dettes, la dérive du budget de l'État... Rien de tout cela n'importait ! Tout devait être sacrifié à la lutte pour recréer de l'emploi ; tant pis pour les conséquences financières !

En définitive, vous constaterez que, dans toutes les situations, lorsque vous commencez à engranger des résultats dans le traitement du problème que vous avez ciblé, les effets indésirables finissent par se « gérer » car les capacités d'adaptation des acteurs économiques sont assez fortes ; systématiquement, en ayant résolu le principal problème, une manière de cercle vertueux se mettra en place pour résoudre les autres.

Troisièmement, la politique économique que vous décidez doit avoir un horizon visible. La durée maximale est de cinq ans : les résultats de votre action doivent être obtenus au bout de cinq ans, pas davantage, et de préférence au bout de deux ou trois. Il est inutile de prévoir, dans quelque domaine que ce soit, des plans économiques à vingt ou trente ans. Mettre en place une réduction du chômage sur un horizon de vingt ans ? Rembourser la dette de l'État sur un horizon de trente ? C'est de la science-fiction : la seule certitude que vous ayez, c'est que dans un tel intervalle de temps, de nombreux événements vont se produire qui vont remettre en cause votre beau projet : vous perdrez le pouvoir, une nouvelle crise arrivera, des bouleversements géopolitiques vont se produire, des innovations technologiques vont modifier le paysage économique, etc.

Déterminer quelle est la priorité ; consacrer tous les moyens possibles et impossibles à la régler ; avoir une stratégie à moins de cinq ans. Voilà les trois paramètres d'une équation économique ayant quelques chances de réussir. Et l'on constate que ces trois paramètres sont tous des questions de timing. CQFD !

Le Dr Luther n'avait rien compris de tout cela. D'où d'ailleurs son manque de réussite, comme ministre des Finances, comme chancelier ou comme président de la Reichsbank.

Quelques jours plus tard, Adolf Hitler me convoqua à mon tour.

— Herr Doktor Schacht. Vous avez l'expérience de président de la Reichsbank. Combien, à votre avis, puis-je attendre de cette institution pour financer mes projets de relance par l'investissement ?

— Monsieur le chancelier, je l'ignore ! répondis-je.

— Vous l'ignorez ? Mais je pense que la Reichsbank peut vous fournir des chiffres...

— Quand bien même j'aurais en main les données chiffrées de la Reichsbank et de toutes les grandes institutions financières du pays, ma réponse serait toujours la même : je l'ignore.

— Je ne comprends pas. Expliquez-vous, Doktor Schacht.

— Monsieur le chancelier, je dis que j'ignore combien de reichsmarks peuvent être mobilisés, car compte tenu de la gravité de la situation du pays et du nombre de chômeurs qu'il compte, tous les moyens imaginables doivent être consacrés à lutter contre ce fléau. J'estime qu'il faut vaincre à tout prix le chômage et, dans ces conditions, la Reichsbank doit mettre à la disposition de l'État toutes les ressources nécessaires pour arracher à la rue le dernier des sans-travail !

Ma réponse le laissa pantois. Pour une fois, Hitler restait silencieux. Cet homme chez qui la logorrhée était une seconde nature, au point qu'il était presque impossible de dialoguer avec lui, ne trouvait plus ses mots. Et puis enfin :

— Herr Doktor Schacht, accepteriez-vous de reprendre la présidence de la Reichsbank ?

Six semaines s'étaient écoulées depuis l'arrivée de Hitler au pouvoir quand, le 17 mars 1933, je repris donc possession du vaste bureau si clair et si lumineux de président de la Reichsbank.

Je fus néanmoins soucieux du sort de Hans Luther. Il faisait partie de ces hommes moyens, normaux, à qui l'on demande de se sublimer pour régler des problèmes qui les dépassent. Il n'était pas responsable de ne pas disposer des qualités nécessaires ; tout simplement, il n'aurait jamais dû se trouver là à ce moment de l'histoire : question de timing, encore une fois. On ne pouvait lui en tenir rigueur. Il fut nommé ambassadeur d'Allemagne à Paris.

Dix jours après mon retour à la Reichsbank, je décidai de consentir deux prêts à l'État : un milliard pour le plan Reinhardt de rénovation *des usines et des logements, et six cents millions pour le plan de construction des Autobahnen, ce merveilleux réseau d'autoroutes qui fut un atout déterminant, dans les années qui suivirent et jusqu'à la fin du XXe siècle, pour faire de l'Allemagne la première puissance économique d'Europe. On était déjà bien loin des cent cinquante millions de reichsmarks de ce brave Luther !*

Quelques mois plus tard, mon projet pour la réduction du chômage donnait ses premiers résultats. Le pays allait un peu mieux. Hitler, qui était si inquiet, commençait à être rassuré. Pour accélérer les choses, il me nomma ministre de l'Économie en juillet 1934, tout en me maintenant à la présidence de la Reichsbank.

Auréolé de mes premiers succès, j'avais désormais tous les leviers de l'économie en main.

Car ce n'était qu'un début !

En 1931, en plein cœur des années Brüning, marquées par une politique déflationniste sévère qui aboutit à six millions et demi ou sept millions de chômeurs, des voix commencèrent à se faire entendre pour réclamer un changement d'orientation politique. Brüning y resta sourd, préoccupé qu'il était par la réduction des déficits de l'État et par le poids de la dette. De plus, il jugeait sa liberté de mouvement trop contrainte par les conditions très restrictives imposées de l'extérieur de l'Allemagne par les Alliés qui s'appuyaient sur le plan Young ; l'inclination naturelle de Brüning consistait à rechercher en permanence les compromis qui lui permettaient d'échapper aux décisions radicales que la situation économique appelait.

Mais au sein de l'appareil d'État, certains s'élevaient pour que des changements intervinssent. Wilhelm Lautenbach était l'un d'entre eux.

Haut fonctionnaire du ministère de l'Économie, il préconisait une relance par le crédit productif. Cinq ans avant que l'Anglais John Maynard Keynes ne publie sa *Théorie générale* qui le rendra célèbre, Wilhelm Lautenbach développa ce qui fera le corps des théories de Keynes dans un document, « Les possibilités de relancer l'activité économique au moyen de l'investissement et de l'expansion du crédit ».

Lautenbach était un haut fonctionnaire. Il était donc tenu à un devoir de réserve et, en vertu des règles déontologiques applicables à sa position, il se devait d'approuver publiquement la politique de Brüning ou, en tout cas, il devait s'abstenir de la contester.

Dans son ouvrage, Wilhelm Lautenbach en prenait systématiquement le contre-pied.

Tout d'abord, il insistait sur la désagrégation continuelle de l'économie que provoquait la politique déflationniste de Brüning et sur la catastrophe sociale que la trajectoire imposée à l'Allemagne n'allait pas manquer de provoquer. Sur ce point-là, la suite de l'histoire allait évidemment lui donner raison.

Ensuite, Wilhelm Lautenbach préconisait d'avoir recours à un fort accroissement de la dette publique à court terme, afin d'utiliser ce crédit pour des tâches productives, pour de l'investissement, pour des infrastructures, et ainsi rétablir un fonctionnement de l'économie qui permettrait, plus tard, de générer les recettes budgétaires nécessaires pour équilibrer les finances publiques à nouveau. En bref, l'inverse d'une politique déflationniste.

Les théories keynésiennes de relance par l'investissement et l'augmentation des dépenses publiques sont aujourd'hui bien connues. Elles sont étudiées en première année d'économie dans toutes les universités du monde, de la plus modeste des facultés de province de l'Ouzbékistan ou du Burundi jusqu'à Oxford et Harvard.

À l'époque, elles constituaient une rupture, et de cette rupture, Wilhelm Lautenbach en a été le précurseur. Haut fonctionnaire, il aurait dû faire l'objet d'une procédure disciplinaire et d'une sanction pour avoir osé contester le dogme déflationniste dont Brüning était l'apôtre. Mais deux ans après son ouvrage, la suite de l'histoire allait, là encore, lui donner raison.

L'esprit de Keynes est invoqué, y compris aujourd'hui, par tous les vrais et faux gourous de l'économie, soit pour l'agonir d'insultes, soit pour l'adorer publiquement. Question de mode, sans doute. Wilhelm Lautenbach, quant à lui, ne rencontra jamais la célébrité. Il est vrai qu'il recherchait moins la publicité que le désir de servir son pays, à la différence de Keynes qui ne pouvait vivre loin des feux de la rampe. Lautenbach mourut en 1948 à Davos, en Suisse, ce village qui est aujourd'hui La Mecque annuelle des stars de l'économie et des *chairmans of the board* des grandes entreprises du monde ; le destin s'amuse parfois à de curieuses ironies.

Quand Hjalmar Schacht lit l'ouvrage de Lautenbach, il comprend que ses idées visant à introduire une rupture dans la trajectoire économique de l'Allemagne sont partagées par d'autres, notamment au ministère de l'Économie. Le moment venu, il aura donc des alliés dans la place pour mettre en œuvre un plan de relance productif. Mais lui, Schacht, est un génie. Les idées de Keynes, les idées de Lautenbach, il va les mettre en œuvre, mais « à la Schacht » : avec génie.

Une fois nommé à la Reichsbank et au ministère de l'Économie, Hjalmar Schacht fait ce qu'il sait si bien faire : rien.

Il fume.

Il fume le cigare.

Toute la journée.

Il analyse et réfléchit.

Les termes de l'équation « schachtienne » sont les suivants : comment lancer un gigantesque plan d'investissement pour créer six à sept millions d'emplois dans l'industrie, le bâtiment et les services, lorsqu'on n'a pas un sou vaillant ? Car à la différence de Keynes au Royaume-Uni et de Roosevelt aux États-Unis, qui vont aussi lancer des plans de relance à la même époque et disposent pour cela de quelques liquidités, Schacht, lorsqu'il arrive à la Reichsbank et au ministère de l'Économie, trouve des caisses désespérément vides. Certes, à la Reichsbank, il a fait tourner la planche à billets et consenti un emprunt d'un milliard six cents millions de reichsmarks pour financer les premiers besoins de Reinhardt et de Todt ; mais il sait que c'est très insuffisant. Or, la Reichsbank ne peut pas indéfiniment ouvrir des lignes de crédit, sauf à recréer une inflation galopante, comparable à celle que lui, Schacht, a dû combattre en 1923, et qui annihilerait tous les efforts. Reinhardt, pour la rénovation industrielle, et Todt pour les autoroutes, vont bientôt se manifester pour obtenir d'autres fonds ; de plus, il faudra trouver encore davantage pour les multiples projets d'investissements dont les dossiers arrivent avec une belle régularité sur le bureau du président de la Reichsbank.

Faire comme Luther et refuser les crédits ? Pas possible.

Faire du crédit à tous crins au risque de recréer l'hyper-inflation ? Pas possible non plus.

Pourtant, il faut bien trouver une solution. Roosevelt a lancé son *New Deal* aux États-Unis avec ses dollars, Schacht lancera son *Neue Plan* en Allemagne sans un reichsmark en poche ! Rien ne l'arrêtera !

Hjalmar Schacht a une illumination : le préfinancement. Tous les investissements productifs de l'Allemagne seront préfinancés par un mécanisme extérieur au crédit classique de la Reichsbank. En procédant ainsi, Schacht conservera à la monnaie, le reichsmark, une certaine « pureté » qui le garantira contre la dérive monétaire qu'un endettement incontrôlé ne manquerait pas de provoquer. Pour réaliser ce préfinancement, dont les besoins se chiffrent à plusieurs milliards par an, Schacht va créer un mécanisme exceptionnellement ingénieux : les bons MEFO.

MEFO est l'acronyme de Metallurgische Forschungsgesellschaft. La MEFO est une très petite société au fort modeste capital de un million de reichsmarks, fondée par quatre géants de l'industrie allemande : Krupp, décidément omniprésent dans l'histoire nazie, Siemens, Rheinmetall et Gutehoffnungshütte. Le mécanisme de préfinancement va faire en sorte que les investissements dans l'industrie ne seront pas financés par l'État, ni par la Reichsbank, mais par la MEFO.

Mais, objectera-t-on, la MEFO, avec son capital dérisoire de un million de reichsmarks, n'a pas de trésorerie ; or, c'est par milliards de reichsmarks que se comptent les besoins.

Hjalmar Schacht a la réponse : les investissements ne seront pas réglés en argent sonnant et trébuchant, c'est-à-dire en reichsmarks, mais au moyen de titres, les « bons MEFO », qui bénéficieront d'une part, d'une rémunération de 4 %, et d'autre part, d'une garantie inconditionnelle : une garantie apportée par l'État, qui s'engage à rembourser les bons MEFO à leur échéance, et une deuxième garantie apportée par la Reichsbank, qui s'engage à les réescompter. Les bons MEFO pourront circuler au même titre que la monnaie classique : comme leur remboursement est garanti par l'État et la Reichsbank, leur valeur sera identique à celle de la monnaie en circulation.

Les porteurs de bons MEFO le comprendront bien : ils feront circuler les bons MEFO, ils se les échangeront, ils se comporteront avec les bons MEFO comme avec des reichsmarks.

L'opération est un succès.

En réalité, Schacht a créé une masse monétaire « bis » uniquement dédiée à la relance économique. L'aura personnelle de Hjalmar Schacht est telle que même en cette période de crise, le système inspire confiance. Or, en économie, la confiance est la clé de la réussite. Sans Schacht, les porteurs se seraient précipités à la Reichsbank pour se faire rembourser les bons MEFO, qui n'auraient sans doute pas été mieux accueillis que les bons de réquisition en Belgique pendant la Première Guerre mondiale, ou les monnaies parallèles lors de l'hyperinflation : en effet la société Metallurgische Forschungsgesellschaft aurait été bien incapable de rembourser les engagements MEFO qui se chiffreront à plus d'une douzaine de milliards à leur maximum. Mais avec la garantie de l'État, ajoutée à celle de la Reichsbank, et ce magicien de Schacht pour surveiller l'ensemble, les bons MEFO ont une valeur aussi stable que l'or.

Le pari de Hjalmar Schacht est gagné : il était persuadé qu'en installant une confiance durable dans les bons MEFO, les entreprises, les industriels, les banques, et même les investisseurs étrangers préféreraient conserver ces titres dans leurs portefeuilles, car ils rapportent des intérêts, plutôt que les présenter au remboursement ou à l'escompte. Les billets cachés sous les matelas, les pièces d'or abritées dans les coffres, tout cet argent qui ne circulait plus va, au fil des années, se transformer en bons MEFO et participer à l'effort de relance.

Superbement joué !

Le mécanisme des MEFO ne sera pas le seul expédient imaginé par Schacht pour financer les crédits productifs, mais il en sera le principal vecteur. Il permettra d'amorcer la pompe, de créer ce cercle vertueux de la confiance qui donne de la dynamique à une politique économique. Entre 1934 et 1938, douze milliards de reichsmarks en bons MEFO seront émis. Le projet que Schacht avait imaginé se réalise comme par miracle, et sans dérives pernicieuses : pas d'inflation, la monnaie est stable, le chômage se réduit...

En 1938, les sept millions de chômeurs ne le sont plus : ainsi que Schacht l'avait promis à Hitler, il a arraché à la rue le dernier des sans-emploi. Il n'y a plus de chômage en Allemagne.

La confiance est telle que les grandes entreprises étrangères, qui avaient fui l'Allemagne à l'époque de Brüning, accourent pour participer à la fête. La croissance revient dans le Troisième Reich ? Les capitalistes du monde entier, et surtout américains, veulent en avoir leur part.

La famille Rockefeller, au travers de la Chase National Bank et de la Standard Oil of New Jersey, investit dans la production de pétrole synthétique et dans l'armement. Les nazis bénéficient aussi d'investissements de Ford et de General Motors.

ITT, l'entreprise de télécommunication et d'électricité, s'engage dans l'armement allemand, notamment chez le constructeur d'avions de guerre Focke-Wulf, dont les appareils détruisirent en 1940 la moitié de Londres pendant le Blitz. La société ITT est celle-là même qui s'illustra trente ans plus tard dans le coup d'État au Chili en aidant le général Pinochet à renverser et assassiner le président démocratiquement élu Salvador Allende : le grand capital aime bien la dictature.

Pour le blindage de leurs chars et pour les coques de leurs bateaux de guerre, les nazis utilisent massivement l'acier suédois du conglomérat industriel Bofors, la société possédée, en son temps, par Alfred Nobel, laquelle installe plusieurs sites de production en Allemagne.

Plus de la moitié des roulements à billes qui équiperont les machines de guerre de l'armée allemande, les tourelles, les moteurs, les canons, proviendront d'usines suédoises du groupe SKF installées sur le territoire allemand.

Jusqu'au riche financier Prescott Bush, fondateur d'une dynastie célèbre : il est le père du futur président de la République américaine George Bush et le grand-père du fils de ce dernier, également devenu président, George Walker Bush : l'homme qui plongea le Moyen-Orient dans le chaos en écrasant l'Irak et qui justifia son méfait avec des mensonges aussi outranciers que ceux de Hitler lorsqu'il attaqua la Pologne. Grand-père Prescott Bush, au travers sa banque, l'Union Bank, investit dans plusieurs *joint-ventures* avec des entreprises nazies, notamment celles du groupe de Fritz Thyssen parmi lesquelles figuraient nombre de manufactures d'armement. La famille Bush participa ainsi à l'effort de guerre nazi ; les canons financés par Prescott Bush ont contribué à bombarder les GI's pendant leur reconquête de l'Europe.

En bref, l'effort d'armement de l'armée allemande n'aurait sans doute jamais été si rapidement réalisé sans l'appui du grand capitalisme international.

La détermination de Schacht à faire repartir l'économie est une brillante réussite.

Le premier exploit remarquable est d'avoir imaginé ce système de préfinancement qui a permis à Schacht de dépenser de l'argent qu'il n'avait pas, et de l'avoir consacré uniquement au redressement productif. Schacht s'est d'ailleurs attiré un grand nombre d'inimitiés en critiquant, voire en interdisant les projets de tel ou tel édile nazi local qui voulait doter sa ville de piscines, de stades, ou autres investissements non directement créateurs d'emplois.

L'autre exploit est d'avoir réussi cette relance sans provoquer les désagréments habituellement constatés dans une situation de reprise économique : dérive des comptes extérieurs, inflation, instabilité monétaire. Schacht y parvient en mettant en place de multiples contraintes réglementaires, contrôlées par une administration dévouée et intraitable. Il contingente drastiquement toutes les importations de produits non indispensables à l'industrie. Dans le même temps, les matières premières, et notamment celles utiles aux manufactures d'armement, sont privilégiées. De plus, la Reichsbank opère un rationnement sans faille des demandes de devises étrangères ; aucun passe-droit n'est toléré. Un haut responsable nazi veut se rendre à Londres, soi-disant pour négocier un accord commercial avec les Anglais, et réclame pour cela des livres sterling ? Schacht lui fait répondre par sa secrétaire, la dévouée *Frau* Steffeck, que régler la question depuis Berlin avec un télégramme coûtera au plus cinq reichsmarks ; des bons reichsmarks allemands, de surcroît. Pas de devises étrangères pour les voyages inutiles et coûteux ! Ce jour-là, Hjalmar Schacht, avec sa rigidité et sa condescendance, s'est encore fait un ami...

Mais qu'importe ! Les règles sont les mêmes pour tous, fait savoir Schacht. Chaque exception aux règles, c'est un chômeur qui reste plus longtemps sans emploi. Alors il faut de la discipline, même au sein du parti nazi, que Schacht tient à impressionner par son exemplarité.

Exemplarité ? En arrivant à la Reichsbank, le nouveau président a immédiatement renégocié son salaire. Le Dr Luther avait des appointements annuels de deux cent mille reichsmarks. Schacht soumet sa propre rémunération à un collège de trois ministres, qui proposent la reconduite de cette somme.

— Non ! Il n'en est pas question ! leur jette Schacht avec un sourire goguenard.

— Bon, concède l'un d'entre eux. On pourrait peut-être faire mieux. Après tout, votre renommée est très supérieure à celle du Dr Luther. Que diriez-vous d'une augmentation de 30 % ?

— Je refuse !

— 40 %, alors ? Nous ne pouvons pas vous offrir davantage…

— Inacceptable ! martèle Schacht.

— Alors dites-nous un chiffre, *Herr* Schacht, transige un autre. Nous verrons s'il est possible d'aller jusque-là.

— Soixante mille ! répond Schacht.

— Pardon ?

— Ma rémunération sera de soixante mille reichsmarks par an ! Je pense que c'est acceptable ?

— Mais… votre prédécesseur touchait deux cent mille…

— Soixante mille ! C'est mon dernier mot !

— …

La proposition de Schacht est évidemment entérinée. Les trois ministres nazis ont pris, ce jour-là, une vraie leçon d'exemplarité.

Hitler est euphorique. Il est infiniment reconnaissant à son grand financier d'avoir tracé la ligne directrice qui permet enfin au Reich de sortir de quinze années de difficultés économiques. Grâce à Schacht, la prospérité revient en Allemagne ; le peuple est au travail et ne songe plus à contester le régime nazi, en dépit de ses aspects dictatoriaux. Le pouvoir de Hitler doit à Schacht d'être maintenant installé pour longtemps.

Mais le Führer a d'autres ambitions.

Il faut réarmer l'Allemagne.

La Reichswehr, l'armée allemande, doit retrouver sa puissance d'antan.

En 1935, en plus de ses fonctions de président de la Reichsbank et de ministre de l'Économie, Hjalmar Schacht est nommé haut-plénipotentiaire au Réarmement. Le plan Schacht de relance de l'économie va prendre une coloration plus guerrière : désormais, les manufactures d'armes et de munitions sont prioritaires, la recherche scientifique est orientée vers la création d'armes nouvelles et les achats à l'extérieur de matières premières ont pour objectif principal de rebâtir la logistique de l'armée allemande. Hjalmar Schacht met dans cette entreprise la détermination qui lui est propre, même si un certain inconfort s'installe chez lui. En qualité de ministre, il assiste aux conseils présidés par le Führer. On y parle de guerre. Et pour un économiste, la guerre, c'est la destruction, le désordre, les bouleversements...

Pas de discussion ! Le Führer a ordonné ! Alors Schacht rénove les usines d'armement, finance la recherche pour les fusées porteuses de bombes, les *Vergeltungswaffen*, autrement dit les V1 qui seront lancés sur Londres, pose les bases d'une industrie de production de véhicules orientée vers les besoins militaires, et qui deviendra la future industrie automobile allemande, à la réputation flatteuse et très justifiée de bonne qualité.

Malgré sa participation si efficace à l'effort de réarmement, Hjalmar Schacht n'est pas particulièrement populaire chez les nazis, sans doute parce qu'il n'a jamais voulu adhérer au parti. De plus, fort du soutien de Hitler, il n'hésite pas à se brouiller avec les principaux leaders nazis.

Avec Heinrich Himmler, tout d'abord : cet éleveur de poulets a réussi à s'immiscer dans les bonnes grâces de Hitler au point de devenir le chef suprême des SS et de la Gestapo. Schacht le trouve vulgaire et sans culture : un arriviste, dénué du moindre scrupule ! De son côté, Himmler, malgré sa cupidité sordide, n'a que mépris pour les contingences financières et la science économique de Schacht, qui n'est même pas membre du parti nazi. Le chef SS manœuvre sans succès pour écarter le financier des cercles du pouvoir hitlérien. En 1934, Himmler est furieux que Schacht soit nommé ministre de l'Économie. Il lui envoie un messager pour l'intimider. Schacht, avec son habituel ton hautain et cassant, congédie de quelques phrases méprisantes l'émissaire qui vient le menacer. Il exige même le retrait de la garde SS qui assure la sécurité du ministre. Lui, Schacht, n'a pas besoin de soudards pour sa protection ; il a Hitler.

Il se fâche ensuite avec Goebbels. Le « petit docteur », comme Schacht l'appelle avec dérision, ne supporte pas que Schacht lui fasse concurrence dans l'esprit de Hitler comme premier intellectuel du pays et du mouvement nazi. À l'instar de Himmler, qu'il déteste d'ailleurs tout autant, Goebbels n'a aucune estime pour les qualités d'économiste de Schacht. Il ne comprend d'ailleurs rien aux exposés monétaires et financiers auxquels Schacht s'adonne pourtant avec pédagogie lors du Conseil des ministres. Une haine féroce finit par s'installer entre les deux hommes ; Hjalmar Schacht, malgré sa raideur naturelle, essaie de maintenir les formes lorsqu'ils doivent se rencontrer. Le ministre de la Propagande, quant à lui, n'y songe même pas.

Enfin, il entre en concurrence avec Göring, ce qui est beaucoup plus embarrassant. Hermann Göring, en effet, est le numéro deux du régime, plus ou moins à égalité avec Rudolf Hess. Mais à la différence de Hess, dont les capacités intellectuelles sont très limitées, Göring possède les aptitudes nécessaires à ses ambitions. Certes, les aspects grandguignolesques de sa personnalité, son goût pour les uniformes chamarrés, sa cupidité indécente et l'étalage qu'il fait de ses richesses, tendent à le desservir. Mais Göring est intelligent et manipulateur. De plus, il est dévoré d'ambition ; le poids que Schacht commence à prendre dans l'esprit de Hitler commence à le gêner. Pour Göring, il faut que cela cesse !

Justement, à l'orée de l'année 1936, Hjalmar Schacht commence à s'inquiéter du remboursement des bons MEFO qui vont venir à échéance bientôt, dans trois ans, en 1939. La philosophie initiale de son *Neue Plan* consistait à favoriser des investissements productifs dont les revenus, par la suite, permettraient de rembourser ces bons. Mais avec les instructions de Hitler de favoriser les industries de l'armement afin de redorer le blason de la Wehrmacht, le compte n'y est pas. En effet, équiper une armée est certes une bonne chose, mais cela ne produit pas de valeur. Une armée apporte de la protection, de la capacité d'intervention ou des possibilités de conquête, mais tant qu'elle est l'arme au pied, elle ne représente que des coûts.

Dans le courant de l'année 1936, Hjalmar Schacht commence donc à peser, au sein du Conseil des ministres, pour que les dé-penses destinées à la Wehrmacht et aux SS soient contingentées.

Tollé parmi les ministres !

Hitler refuse.

Göring est ravi ; c'est l'occasion qu'il attendait. Il aimait bien Schacht. Mais c'est du passé. Le passé ne compte pas pour les ambitieux sans scrupule.

Lorsqu'ils firent connaissance, Hermann Göring et Hjalmar Schacht sympathisèrent ; ou plutôt, ils se fréquentèrent courtoisement. Ils ne parvinrent jamais à un degré très élevé d'intimité, s'appelant toujours, même plusieurs années après leur première rencontre, « *Herr* Schacht » et « *Herr* Göring », mais il n'était pas rare de voir Schacht et sa femme en visite à Karinhall, la somptueuse résidence du chef nazi, où celui-ci recevait ses hôtes déguisé en empereur romain ou en héros wagnérien. Schacht ne se formalisait guère des travers ridicules de Göring ; son avidité exprimée sans scrupule, et même avec une certaine bonhomie rigolarde, avait tendance à l'amuser. Göring était corruptible, c'était un fait, mais le gros homme était intelligent, l'un des rares de cette espèce parmi les hauts dignitaires nazis. Schacht pensait pouvoir s'en faire un allié à l'occasion, lors de ses discussions avec Hitler.

En cette année 1936, la relation entre les deux hommes se dégrade progressivement car Göring prétend se mêler de la politique économique du Reich. Lors du congrès du parti national-socialiste, Hitler décrète un nouvel objectif économique : l'Allemagne doit atteindre l'autarcie dans un délai de quatre ans, et ce nouveau *Vierjahresplan* (« Plan de quatre ans »), qui succède au *Neue Plan* de Schacht, Göring en est chargé. La raison est claire : l'objectif du *Vierjahresplan* est de mettre le Reich en position de mener une guerre victorieuse en Europe. Schacht n'est donc plus l'homme de la situation.

Pour le grand financier, à qui Hitler doit la consolidation de son pouvoir, la pilule est rude à avaler. Göring n'est plus un allié potentiel, mais un concurrent, voire un ennemi. Göring est d'autant plus dangereux qu'à la différence de Schacht, il est l'un des dirigeants du parti nazi au sein duquel il jouit d'une très forte popularité ; de plus, ses relations personnelles avec Hitler le rendent presque inattaquable.

Göring, à peine nommé haut-plénipotentiaire au Plan, s'empresse de mettre sur pied une administration pléthorique de plusieurs centaines de personnes chargées de l'exécution de ce *Vierjahresplan*. Bien entendu, les choses se passent difficilement entre cette nouvelle administration et les services du ministère de l'Économie dont les champs de compétence sont à peu près les mêmes. Le contrôle des devises, dont Schacht avait fait une priorité, devient inexistant, car les dignitaires nazis s'appuient désormais sur Göring pour favoriser leurs médiocres trafics. Göring est aussi chargé de l'adjudication des commandes d'armement : tous les grands chefs d'entreprises, les Krupp, les Flick et autres

Thyssen, font désormais bloc autour de Göring : il faut bien vivre et faire tourner les usines... À vrai dire, Schacht, rompu à l'univers impitoyable des affaires et personnellement peu porté à l'affect, comprend bien la situation et leur en tient à peine rigueur. Une forme de résignation commence à le gagner.

Mais la mesure est comble le jour où Göring crée les Hermann-Göring-Werke pour capter à titre personnel une partie de la production minière allemande, qu'il se met à faire généreusement subventionner par l'État.

Non, trop, c'est trop ! Il n'est plus possible de mener une politique économique digne de ce nom. Göring exagère ! Il faut faire quelque chose !

De son côté, pour consolider sa position dans l'appareil nazi, Göring est arrivé à la conclusion qu'il doit écarter définitivement Hjalmar Schacht. D'autant que Schacht a magnifiquement remis l'économie allemande sur pied ; en reprenant cette œuvre à son compte, Göring deviendra l'incontestable second de Hitler à la tête du grand Reich.

Les deux hommes, devenus ennemis, veulent donc vider leur querelle d'une manière ou d'une autre.

Schacht sollicite un entretien avec le Führer auprès du secrétaire de Hitler, Martin Bormann. Celui-ci, avec sa mauvaise grâce et sa vulgarité habituelles, fait d'abord traîner la demande, puis face à l'insistance de Schacht qui parle de démission, il transmet.

C'est l'été 1937 ; le mois d'août. Hitler est en villégiature dans son « nid d'aigle », au Berghof, sur l'Obersaltzberg, cette belle montagne près de Berchtesgaden. Bormann et Göring, qui possèdent également des résidences à proximité, viennent souvent en voisins. Ce jour-là, plusieurs dignitaires du parti nazi entourent Hitler qui prend le soleil sur la terrasse. Albert Speer, le grand architecte, le nouveau favori de Hitler, est là qui fume une cigarette. Schacht n'apprécie pas beaucoup Speer à qui il reconnaît pourtant du génie et un sens rare de l'organisation. Quelques années plus tard, c'est d'ailleurs Speer qui administrera l'économie de guerre quand Schacht ne sera plus qu'un renégat du Troisième Reich.

Hitler entraîne Hjalmar Schacht dans son bureau, dont les fenêtres sont largement ouvertes et donnent sur la terrasse où sont présents les invités. Tous ont bien vu que Schacht, avec son costume sombre, sa chemise à col dur et ses lunettes d'acier, avait l'air encore plus crispé que d'habitude. Ils tendent l'oreille.

— Monsieur le chancelier, commence Schacht, la politique économique ne peut être menée par deux personnalités aussi différentes que *Herr* Göring et moi. Vous devez vous prononcer et indiquer si vous voulez appliquer ses idées ou les miennes. Mais sachez que je ne me sentirai nullement offensé si vous deviez vous décider en faveur de Göring.

— Mon cher Schacht, objecte Hitler, je vous suis tellement reconnaissant pour ce que vous avez fait. Sans vous, jamais nous n'aurions réussi ! Vous devez vous entendre avec Göring. Faites donc un plan d'action commun !

— Monsieur le chancelier, les conceptions de *Herr* Göring et les miennes apparaissent irréconciliables. Dans la situation de l'Allemagne, un plan ne peut fonctionner qu'avec un contrôle strict des approvisionnements et des devises. De plus, pour satisfaire les demandes de la Wehrmacht, une maîtrise de l'utilisation des ressources tendue vers la seule production est indispensable. *Herr* Göring n'est pas dans cet état d'esprit.

— Vous avez raison, *Herr* Schacht, mais comment pouvez-vous songer à partir et à me laisser ? Pensez à tout ce que nous avons réalisé ensemble !

— Monsieur le chancelier, les liens sont une chose, l'inflexion économique que vous désirez donner au pays en est une autre, martèle Schacht qui ne se laisse pas attendrir. Si les idées de Göring doivent conduire cette politique, ma contribution n'est plus nécessaire. Mais je le répète : je n'en prendrai pas ombrage. Je vous demande donc d'accepter ma démission.

— Mais pourtant, Schacht, je vous aime !

Adolf Hitler ne peut se résoudre à perdre un collaborateur aussi précieux, à la fois pour ses idées économiques brillantes et pour l'influence qu'il possède au sein des milieux d'affaires internationaux. Schacht, tout comme les invités qui écoutent sur la terrasse, est surpris par la curieuse déclaration d'affection du Führer. Un peu déstabilisé par l'inattendu chantage aux sentiments de Hitler, Schacht se laisse provisoirement influencer : d'accord pour une ultime négociation avec Göring.

Dans les deux mois qui suivent, Schacht essaie de trouver un modus vivendi avec Göring. Mais le gros Göring sait qu'il a gagné : que Schacht, l'arrogant Schacht, le maître de l'économie, l'homme qui a tout réussi, mette son mouchoir sur sa fierté pour négocier avec lui, Hermann Göring, est la démonstration de la bascule définitive de Hitler en sa faveur. Göring reste donc inflexible : c'est lui et personne d'autre qui conduira le *Vierjahresplan* et qui dirigera l'économie de guerre.

Hjalmar Schacht comprend qu'il a perdu la partie : le 26 novembre 1937, sa démission du ministère de l'Économie est acceptée par Hitler. Il reste néanmoins président de la Reichsbank, poste dont il sera relevé par Hitler un peu plus d'une année plus tard, le 20 janvier 1939.

Hitler ne peut pas se résoudre tout à fait à perdre Schacht ; il le nomme ministre d'État sans portefeuille, sans attributions précises. On ne sait jamais. Hitler est lucide ; Schacht a été l'homme providentiel de l'économie allemande à trois reprises déjà, il est bon de le conserver en réserve si un quatrième sauvetage est nécessaire un jour. D'autant que le Führer se rend parfaitement compte qu'avec Walther Funk, le protégé de Göring dont ce dernier veut faire son homme-lige à la conduite de l'économie, on n'est plus du tout dans la même catégorie que Schacht.

Ah, ce Göring ! soupire Hitler. Si seulement il avait pu s'entendre avec Schacht !

Le jour où Göring prend possession du ministère de l'Économie, il ne peut résister à l'envie d'une dernière vantardise aux dépens de Schacht. Il le fait appeler au téléphone à la Reichsbank :

« *Herr* Schacht ? Je suis maintenant assis sur votre chaise ! » s'esclaffe-t-il.

Hjalmar Schacht ne répond rien et raccroche.

Il n'y a pas de place dans le mode de fonctionnement de Schacht pour les pitreries. Le grand financier soupire et se remet au travail.

Les deux hommes ne se reverront plus, jusqu'à la fin de l'aventure hitlérienne.

Leurs retrouvailles eurent lieu à Nuremberg, lors de leur procès pour crime contre l'humanité. Dans la prison où ils étaient enfermés, les prisonniers avaient droit à un bain par semaine.

Ce jour-là, un GI guide le vieux Schacht vers la cellule salle de bains où deux baignoires sont installées.

Schacht se déshabille et entreprend de se laver.

La porte s'ouvre ; entre un gardien avec un autre prisonnier.

Hermann Göring.

Son savon à la main.

Chapitre 7. Le complice

Moi, Hjalmar Schacht, je suis toujours resté étranger aux persécutions dont ont été victimes ces pauvres juifs pendant les années hitlériennes. Au contraire, je méprise la haine irréfléchie qui vise ces gens.

Il m'arrivait parfois de m'offrir des plaisirs de fin gourmet aux dépens de ces antisémites compulsifs qui, en cohortes aussi denses que les nuages de moustiques dans les marécages de l'embouchure de l'Elbe, tournoyaient en nuages serrés autour d'Adolf Hitler. L'une de mes têtes de turc favorites était Gottfried Feder, cet « économiste » qui s'octroyait ce titre sans avoir la moindre idée du fonctionnement de l'économie, mais qui avait néanmoins réussi à devenir le conseiller financier de Hitler. Feder était l'inspirateur des indigestes paragraphes de charabia antisémite qui, dans Mein Kampf, *tiennent lieu de programme économique supposé redresser la nation allemande.*

Lorsque j'eus dégagé six cents millions de reichsmarks pour financer la construction d'autoroutes, en 1933, Hitler sollicita mon avis :

— J'ai deux candidats pour diriger la Reichsautobahnen (RAB) *qui construira le réseau d'autoroutes : Todt et Feder. Qu'en pensez-vous ?*

— *Indiscutablement, monsieur le chancelier, je vous recom-mande Todt, affirmai-je avec force.*

— *Comment ? s'étonna Hitler. Vous connaissez Todt ?*

— *Non, pas du tout. Mais je connais Feder !*

C'est ainsi que Fritz Todt devint le grand maître des routes allemandes et, plus tard, le responsable de l'Organisation Todt qui dirigea à partir de 1940 le programme d'armement de la Wehrmacht que, pour ma part, j'avais financé.

Mais ma petite flèche n'avait pas tout à fait abattu Feder que je retrouvai, lorsque je fus nommé ministre en 1934, en qualité de secrétaire d'État au ministère de l'Économie. Il devait donc devenir mon adjoint, mais n'avait guère évolué dans ses convictions : la moindre note en provenance des services supervisés par l'éminent Gottfried Feder transpirait son antisémitisme viscéral. Sans perdre un instant, le jour de ma nomination, je le convoquai dans mon bureau :

— *Herr Feder, je vous prie de noter qu'à compter de ce jour, vos fonctions au ministère de l'Économie prennent fin.*

— *Mais, monsieur le ministre, protesta Feder, je puis vous assurer que je suis prêt à collaborer avec vous avec la plus entière des loyautés !*

— *C'est bien possible, Herr Feder. Mais pas moi !*

Exit Feder l'antisémite. Cette fois, j'avais eu sa peau ; il fut écarté des cercles du pouvoir nazi et partit se faire oublier comme professeur dans une université de province. Je plaignais à distance ses infortunés étudiants ; puissent-ils lui en avoir fait subir de toutes les couleurs, comme les potaches savent si bien y parvenir.

Il ne faut pas me tenir grief de ces petites méchancetés. Elles avaient pour cibles de bien plus méchants encore.

Le Stürmer, le journal dirigé par Julius Streicher, lançait réguliè-rement ses attaques antisémites les plus viles contre moi ou mes collaborateurs. Plus d'une fois, j'ai dû intervenir, au besoin en en appelant à Hitler lui-même pour faire cesser les infamies que répandait le Stürmer *contre tel membre de la Reichsbank ou tel autre du ministère de l'Économie, accusés d'être juifs ou de faire des affaires avec des entreprises juives. Streicher, je l'ai retrouvé bien des années plus tard, à Nuremberg, sur le banc d'infamie des accusés devant le tribunal chargé de juger les crimes contre l'humanité. Malgré le temps qui avait passé, malgré les horreurs de la guerre qui nous avaient tous marqués, il n'avait pas changé d'un iota.*

Effrayant Julius Streicher ! Chaque édition du Stürmer *comportait, en bas de la première page, en grosses lettres, la devise* Die Juden sind unser Unglück, *« Les juifs sont notre malheur ». Son torchon n'était que vulgarité et pornographie. Quand je pense qu'il était lu par un demi-million de mes concitoyens ! Au fond, je crois que Streicher était avant tout un cas pathologique ; sa détestation des juifs relevait plutôt de la psychiatrie. Il était probablement irresponsable et sa personnalité vicieuse exprimait toute sa perversité dans la haine des juifs. Streicher aurait dû être soigné ; on a préféré le pendre. On m'a rapporté que son exécution avait été particulièrement abominable, un peu à l'image du sort qu'il préconisait pour les malheureux Juifs.*

Quant au petit Dr Goebbels, ses discours enflammés contre la juiverie internationale étaient des chefs-d'œuvre d'obscurantisme et d'irrationalité. En 1933, il fit brûler devant l'Opéra de Berlin vingt mille livres qualifiés de « juifs ». À Nuremberg, en 1935, devant les légions nazies paradant avec leurs torches et leurs oriflammes, il proclama qu'une conspiration juive existait au plan international pour détruire la civilisation occidentale. Des rires auraient dû accueillir une profession de foi si outrecuidante. Elle fut au contraire acclamée. Goebbels fut l'inspirateur des manifestations de violence à l'égard de la communauté juive, sans aucune autre raison que sa volonté acharnée d'en finir avec ces gens qu'il n'aimait pas. Et dire que le petit docteur prétendait être le premier intellectuel du pays ! Il me haïssait parce que je lui faisais de l'ombre.

Mais il avait une certaine intelligence de l'absurde dans sa détestation des juifs. Ainsi, pour les exclure des professions artistiques qui relevaient de son ministère, Goebbels n'employa pas la manière directe qui aurait consisté à leur interdire ces activités. Le petit docteur, ministre de la Propagande, exigea que tous les comédiens, écrivains, musiciens, journalistes, adhérassent à la Reichskulturkammer, la Chambre de la culture du Reich. Dans le même temps, il interdisait aux individus non aryens d'adhérer à la Reichskulturkammer. Résultat : plus aucun juif dans les théâtres de Berlin, plus aucune musique de compositeurs juifs jouée par les orchestres. Les artistes choisirent l'exode, à commencer par le grand Kurt Weil, le compositeur de mon spectacle préféré, Die Dreigroschenoper *(« L'Opéra de quat' sous »).*

Pour ma part, j'ai toujours considéré la politique menée par le régime nazi à l'égard des juifs comme une grave erreur. Tout d'abord, parce qu'elle discréditait le régime aux yeux de mes partenaires extérieurs. Lors des tournées que j'ai entrepris aux États-Unis ou en Europe, nombreux étaient ceux qui m'interpellaient en raison des mauvais traitements réservés aux juifs en Allemagne. Moult opportunités de nouer des relations d'affaires nous échappèrent à cause de ces violences. De plus, les destructions de magasins, de domiciles, d'écoles, étaient autant de pertes de valeur pour l'économie qui n'avait pas besoin de cela. Enfin, certains de ces juifs avaient des fonctions importantes pour l'économie. Les en chasser revenait à priver le système productif d'une force de travail substantielle ainsi que de savoir-faire précieux. Même si les juifs n'avaient plus leur place dans notre société, il fallait songer à toutes ces conséquences économiques avant de se prononcer en faveur de leur exclusion.

J'ai plaidé cette thèse devant Hitler. Je pensais avoir été écouté, mais en réalité, je n'ai pas été entendu. Hitler m'avait garanti, à ma nomination en qualité de ministre de l'Économie, que je n'aurais pas à me préoccuper du problème juif. L'expérience démontra que le problème était moins économique que philosophique et le haut responsable que j'étais ne pouvait y échapper.

J'ai cherché des solutions ; mon plan pour l'émigration des juifs en dehors du territoire allemand aurait pu sauver de nombreuses vies ; on s'en rend compte aujourd'hui, mais on ne m'en rend guère justice.

Hjalmar Schacht n'aime pas les juifs.

Il n'a rien de particulier à leur reprocher, mais il ne les aime pas. C'est comme ça. Cela n'a rien de rationnel.

Les juifs sont différents, ils sont mal intégrés dans la société allemande, ils cultivent leur spécificité religieuse, ils ont des habitudes sociales qui les mettent à part.

Alors ils gênent un peu.

On ne les aime pas.

Donc Schacht ne les aime pas.

Oh, à vrai dire, si l'on prenait le temps d'objectiver l'examen, on se rendrait compte qu'en réalité, ils ne gênent pas beaucoup. Et surtout pas Hjalmar Schacht ; d'ailleurs, Schacht cultive beaucoup de relations parmi les juifs. Comment pourrait-il en être autrement dans la finance ? Les juifs sont partout. Son patron à la Danat Bank était un juif, Jakob Goldschmitt. Plusieurs de ses directeurs à la Reichsbank sont des juifs. Nombre de fonctionnaires au ministère de l'Économie sont juifs. Schacht travaille en bonne intelligence avec eux. Il apprécie leur exactitude au travail, leur bonne compréhension des affaires financières, leur fidélité à ses instructions. D'excellents collaborateurs ! Schacht n'a qu'à se féliciter de leurs services. Au demeurant, lorsque ses connaissances personnelles ou professionnelles parmi les juifs sont attaquées, Schacht prend toujours leur défense, n'hésitant pas à s'adresser au plus haut de l'État pour faire cesser les tracasseries qu'on leur impose.

Mais c'est égal ! Dès qu'on lui parle des juifs en général, Schacht ne peut cacher qu'il ne les aime pas.

Il faut se rappeler le contexte de l'époque.

À juste titre, l'antisémitisme, cette manifestation imbécile d'hostilité à l'égard d'une personne ou d'un peuple en raison de sa religion, est aujourd'hui un délit. Dans les années 1930, c'était presque une norme, et pas seulement en Allemagne. En France, l'affaire Dreyfus avait dressé une partie du pays contre l'autre ; elle n'était rien qu'une manifestation d'antisémitisme. En Pologne, l'antisémitisme était endémique. Les juifs vivaient traditionnellement séparés du reste de la population, dans des villages qu'ils étaient seuls à habiter ou dans des quartiers des villes, les ghettos, qui leur étaient réservés. En Russie, il en allait de même, et des pogroms, c'est-à-dire des chasses aux juifs où les victimes étaient souvent nombreuses, avaient lieu de temps à autre. Dans toutes les grandes villes d'Europe, Prague, Bucarest, Venise, Rome, des quartiers étaient réservés aux juifs à qui l'on imposait ainsi une sorte d'ostracisme ordinaire.

Dans la presse, la « juiverie internationale », ce terme odieux et stupide, était un concept repris dans de nombreuses publications, l'*Action française* à Paris, *Avanti !* à Rome, et bien sûr dans les journaux nazis en Allemagne.

En bref, l'antisémitisme était un état d'esprit largement partagé, voire toléré, qui s'exprimait le plus souvent de manière plus ou moins neutre, tout simplement en imposant une certaine séparation sociale, mais parfois aussi avec animosité, voire une extrême violence, comme en Allemagne, mais aussi en Pologne ou en Russie.

Hjalmar Schacht, à cet égard, s'inscrit dans l'air du temps. Dans ses écrits, lorsqu'il évoque tel ou tel personnage de confession israélite, ces derniers sont presque systématiquement qualifiés de « juifs », comme si ce trait de personnalité avait une importance particulière. On chercherait en vain dans ses livres la même référence pour les catholiques, les protestants, les orthodoxes, les unionistes, les baptistes, les anglicans, les musulmans, etc. Pourtant, au cours de ses voyages, Hjalmar Schacht a côtoyé des représentants de toutes les religions et de toutes les ethnies ; mais seuls les « juifs » sont ainsi ostracisés, et Schacht met systématiquement en avant les prétendus défauts de cette population.

Schacht insiste fréquemment sur le problème qu'ils représentent. D'où, souvent, son ambivalence à l'égard de la question juive et l'ambiguïté de sa conduite à leur égard. Pour Hjalmar Schacht, il y avait bien un « problème juif » ; et ce problème, il fallait le résoudre.

Mais de manière raisonnable.

D'autres avaient beaucoup moins de retenue.

Particulièrement ceux qui se réunirent à Wannsee, un jour de janvier 1942, tandis que Schacht, à soixante kilomètres de là, dans sa propriété de Gühlen, se morfondait dans l'ennui, car à l'époque Hitler le tenait éloigné des centres du pouvoir.

Le quartier de Wannsee, au sud-est de Berlin, est sans doute la plus jolie banlieue de la capitale allemande. Un réseau de lacs, d'îles et de forêts forme un petit paradis à quelques minutes de la vie trépidante de la grande ville. Luxe, calme et volupté règnent là ; quand vient l'été, les Berlinois adorent se rendre à Wannsee pour profiter des longues soirées de juin sous les feuillages des bouleaux et des saules pleureurs. Les familles pique-niquent et les amoureux s'embrassent, allongés sur les pelouses en bord de lac.

L'hiver, Wannsee s'endort sous la neige en attendant le printemps.

Le 20 janvier 1942, Reinhard Heydrich, l'adjoint de Heinrich Himmler, grand chef des SS, organise à Wannsee, dans la villa Marlier, une conférence avec quatorze autres dignitaires du Troisième Reich.

Le jour-même, beaucoup plus à l'est, le maréchal soviétique Joukov mène une offensive victorieuse autour de Moscou. Il met en déroute la Wehrmacht qui recule de deux cents kilomètres. Voilà sept mois que l'opération Barbarossa a été lancée par Hitler contre l'Union soviétique, et trois mois que la bataille de Moscou est engagée. Jusqu'à présent, les forces de l'Axe ont bousculé les armées communistes, conquérant coup sur coup l'Ukraine et la Biélorussie et arrivant aux portes de Moscou. Ce jour de janvier 1942 est le tournant de la guerre : poursuivies par les bataillons sibériens, affaiblies par ce froid si intense auquel elles n'étaient pas préparées, les forces allemandes commencent une retraite qui ne s'arrêtera que trois ans plus tard, dans les ruines de Berlin, à quelques kilomètres de la villa Marlier. La bataille de Moscou, qui trouve son épilogue en cette journée de janvier, reste comme la plus gigantesque bataille de l'histoire de l'humanité, loin devant Stalingrad : six cent quinze mille soldats allemands et neuf cent cinquante-huit mille soldats russes y perdirent la vie.

Le 20 janvier 1942 est donc un jour essentiel dans le cours de la guerre.

Cette même journée est aussi une date essentielle du génocide juif.

Pourtant, à bien y réfléchir, pour les populations juives d'Europe, cette date historique ne change rien à leur sort, car depuis plusieurs années, elles sont soumises à un terrible martyre qui ne s'achèvera qu'à la défaite finale du régime nazi. Mais le 20 janvier 1942, jour de gloire russe et de défaite allemande à Moscou, reste gravé dans la mémoire commune de l'humanité comme l'un des jours les plus honteux de son histoire : le jour de la « conférence de Wannsee ».

Ce jour-là, Reinhard Heydrich est bien loin de la frénésie et du bruit assourdissant des bombes qui, autour de la capitale soviétique, pleuvent dans l'air glacial en salves serrées sur les armées allemandes. La villa Marlier est parfaitement tranquille dans l'air froid de Wannsee. Confortablement installé dans le grand salon chauffé par un bon feu de bois, Heydrich commande au maître d'hôtel du thé pour tous les participants.

Puis il ouvre les débats.

Il y a là des représentants de la plupart des ministères ; l'Intérieur, les Affaires étrangères, l'Économie, le ministère des Territoires de l'Est, la chancellerie du parti, la chancellerie du Reich, et les différents services de la Gestapo chargés des affaires juives : Adolf Eichmann, le fonctionnaire de la solution finale, est là, de même que Heinrich Müller, le grand chef de la Gestapo. Deux SS représentent le Gouvernement général de Pologne, ce pays où les juifs sont si nombreux. Le ministère de la Justice a dépêché le sinistre Dr Roland Freisler, un demi-fou qui, quelques mois plus tard, présidera le « tribunal du peuple » (Volksgerichthof) une sorte de cour spéciale de justice du Reich, plus précisément un tribunal politique chargé de condamner pour haute trahison et atteinte à la sûreté de l'État les opposants au régime nazi. Les conjurés du dernier des attentats contre Hitler (20 juillet 1944), ceux de l'opération Walkyrie du colonel comte von Stauffenberg, seront livrés à l'hystérie de Freisler.

Pourquoi ce rassemblement de fonctionnaires et de juristes ?

La conférence de Wannsee n'a pas pour objet de décider de l'extermination des juifs, autrement dit de « la solution finale de la question juive ». L'anéantissement des juifs a déjà été décidé et commencé à être mis en œuvre. Déjà, cinq cent trente mille juifs ont émigré d'Allemagne. Déjà, deux participants à la réunion, le *SS-Sturmbannführer* Rudolf Lange, chef du service de Sécurité (Sicherheitsdienst) en Lettonie et le *SS-Oberführer* Schöngarth, chef de la Sicherheitspolizei en Pologne, ont personnellement participé à la « Shoah par balles », le massacre à coups de pistolet ou de mitrailleuse des populations juives qui se trouvent derrière les lignes de front des territoires conquis par l'armée. Une horreur sans nom, cette « Shoah par balles ». « Très pénible pour nos troupes ! » déclarent Lange et Schöngarth à leurs compagnons : l'assassinat de masse d'hommes, de femmes et d'enfants provoque des troubles psychologiques chez les SS chargés des exécutions. Fort regrettable !

Non, il ne s'agit pas de décider.

Les décisions d'en finir définitivement avec les juifs d'Europe sont déjà prises par Hitler, Himmler et les autres. Il s'agit d'organiser et d'administrer. Pour exterminer les onze millions de juifs des pays que le Troisième Reich a conquis, ou que Hitler entend encore conquérir, le principe général consiste à les transférer à l'Est. Ils seront déportés de préférence au-delà de la Pologne, c'est-à-dire en Russie, lorsque ce pays sera conquis et occupé. Puis l'idée consiste à mettre ces *Untermenschen* au travail. Dans un premier temps, après une première élimination physique des plus faibles selon un processus adéquat à définir, les valides seront utilisés pour construire des routes, avec des conditions de travail et de vie qui devraient permettre une réduction substantielle de leur nombre. Puis il conviendra d'éliminer le reliquat avec des méthodes adaptées.

Un schéma directeur bien charpenté, qu'Adolf Eichmann est chargé de mettre en musique avec les moyens logistiques pertinents.

Parmi ces zélés fonctionnaires, quelques débats s'élèvent à propos des situations particulières : que faire des demi-juifs, des quarts-de-juifs, des juifs convertis à d'autres religions ? Comment traiter les juifs mariés à des non-juifs ? Il faut prévoir les différents cas de figure, avoir des procédures pour chaque situation, envisager le traitement des exceptions. Les juristes du groupe discutent de ces points de détail, échangent des arguments, puis conviennent de compromis sur le sort que l'on réservera à ces cas marginaux.

La machine à broyer les hommes a désormais un cadre administratif et réglementaire qui contente les ministères.

Satisfaits, les participants à la conférence se séparent. Les hauts fonctionnaires s'emmitouflent dans leurs pardessus et les SS dans leurs manteaux d'uniforme. Ils sortent dans le froid de Wannsee, contents de cette réunion où l'on a discuté et décidé avec efficacité. Heydrich et Eichmann restent seuls dans la villa Marlier. Ils soupirent devant l'ampleur de la tâche : tous ces millions d'hommes, de femmes et d'enfants à faire disparaître, quelle immense intendance à prévoir ! Que de cadavres à brûler !...

En réalité, la conférence de Wannsee n'a véritablement rien changé. Ni au sort des juifs, dont l'extermination finale était déjà entérinée par le Führer et ses abominables thuriféraires, ni à la pratique nazie du traitement des juifs. Le Troisième Reich s'appliquait juste à donner une apparence juridique à ses effroyables crimes ; question, sans doute, de tradition. En Allemagne nazie, il fallait que les choses fussent organisées, documentées, procédurées, y compris dans les aspects les plus sombres de ses crimes.

Ceux commis contre les populations juives dépassent l'imagination.

Il y eut trois grandes périodes dans l'intensité antisémite du régime hitlérien.

L'arrivée au pouvoir, en 1933, marque une première phase : boycott des magasins, passages à tabac des propriétaires, vitrines brisées, maisons couvertes de croix gammées... C'est la phase initiale, la levée des inhibitions, l'expression des frustrations : un type de comportement que l'on trouve fréquemment lorsque l'extrême droite arrive au pouvoir, et ce dans tous les pays.

On reviendra sur la deuxième phase, celle à laquelle le nom de Schacht est mêlé.

La troisième phase visait à être terminale : elle s'ouvrit avec la « Nuit de cristal », en 1938, et se prolongea avec la Shoah, la conférence de Wannsee et l'industrialisation du processus de destruction des populations juives dans les camps de la mort. L'événement déclencheur fut l'assassinat, à Paris, d'un attaché d'ambassade allemand par un jeune juif. Goebbels lança les légions nazies et tous leurs sympathisants à l'assaut des populations : magasins dévastés, familles molestées, spoliations, assassinats, premières déportations... jusqu'à la systématisation de la politique d'extermination à laquelle la conférence de Wannsee donna une enveloppe juridique qui satisfaisait l'esprit cartésien des fonction-naires de la mort.

À l'époque de Wannsee, Hjalmar Schacht n'était plus qu'un ministre sans portefeuille et sans pouvoir, qui ne sortait plus guère de sa propriété de Gühlen. Il n'a donc pas été associé, ni de près ni de loin, à cette réunion, non plus qu'à la politique d'extermination.

Mais il y a la deuxième phase.

Celle qui débute alors que Schacht est ministre de l'Économie et président de la Reichsbank, et de surcroît l'un des conseillers les plus écoutés de Hitler.

Celle à laquelle le puissant financier, qui ne voulait surtout pas se salir les mains, participera pour préserver son pouvoir.

La deuxième phase de l'antisémitisme actif du régime nazi s'ouvre avec les lois de Nuremberg et le congrès du parti nazi qui se tient dans cette ville en 1935, sept ans avant Wannsee. Hjalmar Schacht est alors au faîte de sa puissance, de son influence sur le Führer et de sa gloire de plus grand financier du siècle. Dans la salle de conférences de l'immeuble qui abrite le siège du parti, Schacht est assis à la tribune et préside.

« Messieurs ! Je déclare la réunion ouverte ! » proclame Hjalmar Schacht. « Nous allons examiner aujourd'hui les lois qui permettront la séparation des juifs de la population allemande du Reich. »

La fine fleur du gotha nazi est rassemblée à Nuremberg : dans l'assemblée présidée par Schacht, on reconnaît Reinhard Heydrich, l'adjoint de Himmler, qui représente les SS, Wilhelm Frick, le ministre de l'Intérieur, Franz Gürtner, ministre de la Justice, Johannes Popitz, ministre des Finances de Prusse, Adolf Wagner, ministre de l'Intérieur de Bavière, et d'autres encore.

Sous la direction de Schacht, le seul d'entre eux qui n'appartienne pas au parti, ces hauts-plénipotentiaires nazis sont rassemblés pour discuter des lois raciales préparées pour mettre fin aux flambées de violence antijuives qui ont eu lieu depuis quelques mois : des marchés juifs ont été ravagés par les SA et les SS, des écoles juives ont été saccagées par des membres des Jeunesses hitlériennes, des juifs ont été rossés, parfois à mort. Dans certaines villes administrées par des nazis particulièrement virulents, les juifs sont interdits de bibliothèques, de cinémas ou de transports publics. En bref, une atmosphère de pogroms s'installe en Allemagne à quelques mois des Jeux olympiques de Berlin, prévus à l'été 1936.

À l'étranger, de nombreuses voix s'élèvent pour protester contre les mauvais traitements dont sont victimes les juifs en Allemagne. Or, Hitler est très soucieux du succès des Jeux olympiques de Berlin qui doivent consacrer la renaissance de l'Allemagne éternelle, renaissance dont lui, le Führer, est le héros.

Les lois raciales ont pour but de substituer aux violences incontrôlées une violence d'État : désormais, les mariages entre juifs et citoyens de sang allemand sont interdits, les relations sexuelles extraconjugales sont un délit, les juifs ne peuvent plus employer de personnel de maison allemand, les juifs ne sont plus des « citoyens » (*Staatsbürger*) allemands mais seulement des « ressortissants » (*Staatsangehörige*).

Par la suite, une série de décrets vont compléter ces lois et progressivement interdire l'exercice par les juifs de nombreuses professions : dentiste, fonctionnaire, taxi... Plusieurs de ces décrets sont signés par Hjalmar Schacht.

L'attitude de ce dernier est très équivoque. D'un côté, le politique ne peut refuser d'obéir aux injonctions de Hitler et aux pressions du parti nazi. Mais d'un autre, le financier ne peut consentir à déséquilibrer l'économie en arrêtant purement et simplement les pans entiers de l'activité du pays qui sont réalisés par les juifs. Alors il tempère, il retarde, il laisse subsister des commerces, des professions libérales, pour quelques mois de plus, avant de céder.

Ambivalence, ambivalence... Schacht n'aime pas les juifs, mais il n'a rien d'un antisémite enragé. Dans ses discours, il plaide en faveur d'un départ des juifs, qui n'ont plus selon lui leur place dans la société allemande, mais pour un départ organisé de manière ordonnée. Il est résolument hostile à ceux qui massacrent les familles juives de manière barbare, comme lors de la *Kristallnacht*, la « Nuit de cristal » déclenchée par Goebbels. Dans cette nuit du 10 au 11 novembre 1938, deux cent quatre-vingt synagogues sont brûlées, sept mille cinq cents entreprises ou commerces juifs sont dévastés et trente mille personnes sont arrêtées et déportées. La communauté juive est soumise à une amende collective d'un milliard de reichsmarks et toutes les entreprises qu'elle contrôle encore doivent être « aryanisées ».

Un désastre pour les affaires, déplore Schacht : outre les dégâts dans le pays, les partenaires économiques de l'Allemagne, scandalisés, annulent leurs commandes à l'industrie, mettent un terme aux contrats d'approvisionnement, retirent leurs capitaux des banques allemandes. Une catastrophe économique, cette « Nuit de cristal » !

Mais que peut-il faire ? En 1938, Schacht a perdu presque toute son influence dans la conduite de l'économie allemande au profit de Hermann Göring ; après la « Nuit de cristal », ce dernier prend d'ailleurs les derniers décrets qui interdisent définitivement aux juifs toute activité économique et professionnelle en Allemagne.

C'est le point de non-retour.

Se souvenant qu'il est un économiste, Hjalmar Schacht, qui est encore pour quelques mois président de la Reichsbank, amorce une dernière tentative pour tenter de régler la question juive de manière « ordonnée ». Avec l'accord de Hitler, sous le prétexte d'une visite privée à son ami Montagu Norman, le gouverneur de la Banque d'Angleterre, il rencontre en Angleterre deux délégués de la communauté juive, un Américain de New York, Samuel Rubbee, et l'Anglais Lord Berstead, un riche homme d'affaires. Schacht propose l'émigration de tous les juifs d'Allemagne en Palestine ; seuls les vieillards seraient autorisés à demeurer sur le territoire allemand. Le financier a tout prévu : le coût des opérations logistiques serait financé au moyen d'un emprunt international gagé sur les biens que les juifs laisseraient en Allemagne.

À vrai dire, ce plan n'est pas une nouveauté. Plusieurs projets avaient été préparés, plus ou moins sérieusement, pour déporter la population juive allemande, soit vers la Rhodésie, soit vers Madagascar, soit vers d'autres destinations exotiques comme la Nouvelle-Guinée britannique (l'actuelle Papouasie-Nouvelle-Guinée). Reinhard Heydrich, l'homme de Wannsee, avait lui-même été le promoteur d'un projet de déportation vers Madagascar qui avait finalement été abandonné face au refus de la France. Après la défaite française de juin 1940, l'adjoint de Heydrich, Adolf Eichmann, essaiera un moment de relancer le projet – les autorités françaises ayant été rendues plus malléables par les forces d'occupation – mais sans persister dans la démarche. La solution finale était lancée et plus rien ne pouvait l'arrêter.

La proposition de Schacht, quant à elle, avait le mérite d'avoir été préparée « à la Schacht », c'est-à-dire d'être parfaitement réaliste, financée, organisée, administrée. Les deux délégués juifs l'écoutèrent. Mais pouvaient-ils faire confiance à cet homme, fidèle soutien du régime nazi, signataire des lois antisémites de Nuremberg et des décrets antijuifs et, au surplus, dépêché par Hitler ?

Ils repoussèrent l'offre.

Ultime camouflet : le prétexte qu'ils trouvèrent pour décliner le plan Schacht était d'ordre financier. Les Anglais indiquèrent qu'à leur sens, l'équilibre des ressources et des besoins établi par Schacht était déséquilibré et que, faute de financement adéquat, il n'était pas possible de donner suite. Un financement déséquilibré ! Lui dire cela à lui, Hjalmar Schacht, le plus grand financier du siècle ! Il n'y avait donc plus aucune valeur en ce bas monde ?

Mais finalement, le banquier du diable ne fut que modérément étonné. Y croyait-il lui-même, à ce plan ? Son aura chez Hitler était singulièrement vacillante, son influence dans le gouvernement disparaissait au profit de Göring et Funk, il était donc compréhensible qu'il n'ait pas emporté la conviction des juifs.

Schacht se rendit à Berchtesgaden pour rendre compte de son échec au Führer qui l'écouta à peine.

Quelques mois après, démis des fonctions de président de la Reichsbank, il partit en voyage en Orient pour se changer les idées, loin de l'Allemagne et des persécutions antijuives qui s'amplifiaient dramatiquement. En Turquie, en Iran, en Inde, il fut reçu avec le faste d'un souverain, lui qui n'était plus rien. Il avait donc gardé dans ces pays l'image d'un grand homme. Schacht revint en Allemagne. Montagu Norman lui conseilla d'émigrer en raison des risques qui pesaient sur sa sécurité : l'Angleterre ou les États-Unis seraient probablement heureux de l'accueillir. Mais non, pas question : rasséréné par le succès de son voyage, il préféra demeurer en Allemagne.

Il se retira à Gühlen. La question juive, pour lui, n'était plus une préoccupation. Sans doute en fut-il soulagé.

En définitive, il reste difficile aujourd'hui de se forger une opinion sur la responsabilité de Hjalmar Schacht dans le traitement inique des juifs par le régime nazi et dans l'Holocauste.

Innocent ? Coupable ? Complice ?

Est-ce si simple ? Devant le tribunal de Nuremberg et lors des procès de dénazification, Schacht a invariablement exprimé son déni de responsabilité quant à l'arrivée de Hitler au pouvoir. De même, il a toujours affirmé avoir été parfaitement étranger à la politique antisémite.

Il n'a pas été le seul.

Au procès de Nuremberg, tous les accusés, sans exception ou presque, ont affirmé n'avoir jamais eu connaissance des horreurs des camps d'extermination : même Göring, même Kaltenbrunner, l'adjoint de Himmler qui remplaça Heydrich après son assassinat à Prague, tous ont affirmé n'avoir jamais eu connaissance de ce qui se passait dans les camps. Seul Hans Frank, le *gauleiter* de Pologne, promoteur des camps d'extermination de Majdanek, Treblinka, Sobibor et Belzec, reconnut qu'il n'ignorait pas que ces camps servaient à la destruction massive d'êtres humains. Il convient toutefois de préciser que ces dénégations générales intervenaient après la projection, dans la salle du tribunal, des terribles images de ces charniers, de ces squelettes vivants, de ces enfants décharnés, de l'abomination barbare que certains hommes avaient fait subir à d'autres hommes, à leurs femmes et à leurs enfants. Les psychiatres qui étudient les grands criminels ont souvent écrit sur la question : face à l'horreur des actes commis, l'esprit humain, dans une réaction de défense, refuse d'admettre l'existence d'une responsabilité, voire même l'existence du crime, tellement celui-ci est insoutenable.

Cet incroyable déni généralisé s'étendait d'ailleurs à toute la population allemande : les responsables, les vrais, étaient Hitler et Himmler. Ils étaient morts. Les autres ignoraient tout. La ligne de défense était assez pratique.

C'était évidemment faux.

Hjalmar Schacht, le financier de Hitler, ce responsable si important dans l'appareil gouvernemental, ne pouvait rester à l'écart d'un aspect aussi crucial de l'exercice du pouvoir nazi. Mais quel était son degré de responsabilité personnelle ? Schacht, au regard des critères de l'époque, n'était pas un antisémite militant. Il n'aimait pas les juifs, c'est tout. Lorsque le Führer lui demanda de présider au lancement des lois raciales de Nuremberg ou de signer les ordonnances excluant les juifs de certaines professions, il s'exécuta. Dans le même temps, il prit la défense de collaborateurs ou de connaissances juives et s'efforça de bonne foi de lancer son plan de sauvetage du peuple juif allemand. Davantage que l'exclusion elle-même, il déplorait plutôt les conséquences économiques de l'exclusion trop brutale des juifs de la société, à laquelle il n'était pas foncièrement opposé. Au demeurant, à plusieurs reprises il avait affirmé que la place des juifs n'était plus en Allemagne et il le réaffirmera devant le tribunal de Nuremberg.

Pour autant, il déplorait les méthodes employées.

Connaissait-il la réalité exacte de l'extermination ? Pourquoi n'avait-il pas suivi le même chemin que Fritz Thyssen, la fuite vers la Suisse ? En 1938, au moment de la *Kristallnacht*, Schacht était déjà en demi-disgrâce. Il aurait donc pu fuir, afin de ne pas cautionner les méfaits des hordes sauvages de Goebbels et consorts. Il ne l'a pas fait. La faute, sans doute, en revient à la si haute opinion qu'il avait de lui-même : Schacht ne pouvait croire que sa disgrâce allait devenir totale et qu'il n'allait plus être en capacité de peser sur les événements.

Mais il savait.

À n'en pas douter, Hjalmar Schacht était informé des emprisonnements arbitraires, des déportations, des exécutions. À la tête de la Reichsbank, il finançait les programmes de la Reichswehr et des SS. Il finançait les trains, il finançait les achats de terrains, de matériaux, en bref la logistique nécessaire pour le fonctionnement des camps. Schacht avait un souci minutieux du contrôle, au point que la moindre sortie de devises faisait l'objet d'un examen par son administration. Celle-ci a inévitablement fait remonter des informations à son plus haut responsable. Comment Schacht, qui de surcroît assistait aux conseils des ministres, aurait-il pu ignorer le drame qui se nouait ?

Le même raisonnement prévaut pour la nation allemande. La légende d'un peuple allemand ignorant tout des camps et de l'Holocauste a longtemps circulé. Sans doute n'avait-on pas conscience de la réalité exacte de la tragédie qui se jouait à Dachau ou à Auschwitz. Mais peut-on imaginer une population totalement atteinte de cécité ? Car en plus d'être une satanique entreprise d'extermination, l'Holocauste organisé par le gouvernement nazi était une immense administration. Il fallait des moyens considérables et une organisation toute germanique pour parvenir à ce bilan inouï : six millions de morts. Six millions ! Combien d'Allemands ont travaillé pour atteindre ce résultat ? Combien de dactylos ont tapé des listes de noms, combien de policiers les ont lues en allant arrêter les malheureuses victimes, combien de cheminots ont conduit les trains chargés de bétail humain en route pour l'abattoir, combien de secrétaires ont organisé le planning des transports, combien de chefs de gare ont vu passer les convois, combien de comptables de la Reichsbahn ont établi les factures, combien de chimistes ont produit et livré le Zyklon B, combien de fournisseurs ont apporté leurs marchandises à Treblinka ou Flossenbürg, combien de bourgmestres ont saisi les appartements des juifs pour les réattribuer, combien de facteurs sont repartis en gardant le courrier de familles qu'on ne reverrait plus, combien de contrôleurs des impôts ont rayé les disparus des registres de contribuables, combien de boulangers se sont étonnés que le petit garçon des Goldberg, ce gamin si souriant, ne vienne plus du jour au lendemain chercher le pain, combien, combien, combien ?... Tous ces braves gens, associés de près ou de loin au génocide juif ou à ses conséquences, avaient eux-mêmes des familles, des amis, des enfants, des parents. Peut-on imaginer qu'en privé, ils n'aient jamais partagé leurs interrogations, fait état de leur témoignage, discuté de leur expérience ? Et que de loin en loin, l'étonnement face à l'évanouissement dans l'éther de centaines de milliers de compatriotes, de voisins, d'amis, n'ait pas suscité la moindre curiosité ?

Personne n'avait rien remarqué ?

Personne n'avait compris ?

Personne ne savait ?

Il n'est pire aveugle que celui qui ne veut pas voir...

Évidemment, l'époque n'était pas sûre. Il fallait éviter de se faire remarquer. Non loin, le *blockleiter* nazi, cet immonde salaud avec sa croix gammée, n'attendait qu'une occasion pour vous dénoncer... Alors silence !

Hjalmar Schacht, pendant ce temps, dans la tranquillité de Gühlen, se rappelait qu'au milieu d'immondes salauds du même genre, il avait présidé aux lois raciales de Nuremberg. Il avait signé les ordonnances interdisant aux juifs d'exercer leur profession.

Comme un salaud ordinaire.

Chapitre 8. Le conjuré

Lorsque j'ai été relevé de mes fonctions de ministre de l'Économie au profit de Göring, et que celui-ci a commencé à sacrifier mon œuvre de stabilisation de l'Allemagne à l'effort de guerre, j'ai compris à quel point la dictature d'Adolf Hitler était néfaste pour le Reich. J'ai décidé que moi, Hjalmar Schacht, je mettrais fin à son règne. J'ai donc pris les contacts qui s'imposaient avec quelques personnes afin de préparer les conditions d'un coup d'État.

Le moins qu'on puisse dire, c'est que je n'ai pas été aidé par les circonstances. Ni, au demeurant, par les autres participants au complot. J'ai été frappé par l'amateurisme et le manque de résolution de certains hauts responsables sur lesquels, pourtant, je pensais pouvoir compter.

Carl Goerdeler, par exemple. Ce politicien était un homme charmant, honnête, dévoué à la cause du bien public et doté de solides convictions personnelles, autant religieuses que politiques et économiques. Certaines étaient très défendables, comme son opposition au nazisme. D'autres étaient parfaitement absurdes ; je me rappelle avec amusement l'opposition ouverte qu'il me témoigna, lorsque j'étais ministre de l'Économie et lui commissaire aux prix, à propos de ma politique qu'il jugeait inflationniste. Venir me reprocher, à moi, Hjalmar Schacht, de mener une politique inflationniste ! Vraiment, à cette époque, certaines gens n'avaient plus de sens commun !

Mais je ne lui en tins pas rigueur ; lorsqu'en 1938 je commençai à préparer le complot contre Hitler, je pris contact avec lui. J'avoue qu'il m'arriva de le regretter : cet incorrigible bavard mettait en danger l'opération avec ses imprudences. Il ne pouvait s'empêcher d'écrire des lettres où il parlait à mots à peine couverts de nos projets, ou de tenir des conversations, y compris en public, pendant lesquelles il évoquait avec son éternel optimisme la fin prochaine du régime nazi. Qu'il soit pardonné : son martyre, torturé pendant des mois par la Gestapo, et sa mort par décapitation, trois mois à peine avant que la guerre prenne fin, auraient justifié qu'il fût canonisé.

Ceux qui me déçurent le plus furent les militaires. Nous avions évidemment besoin d'eux pour renverser Hitler et je comptais sur le général Erwin von Witzleben, ce grand soldat, alors gouverneur militaire de Berlin, pour mettre la capitale du Reich sous contrôle. Le regard droit et clair de Witzleben était d'un grand réconfort pour moi : tiraillé entre mes fonctions à la Reichsbank, mes obligations de ministre, même sans portefeuille, et les préparations de la conjuration, j'étais soumis à une tension nerveuse véritablement inhumaine. Parfois, quand je rencontrais Hitler ou Funk, j'avais le sentiment qu'ils me regardaient en pensant : « Je sais ce que tu mijotes ! » Heureusement, la détermination de Witzleben confirmait que notre chemin était le bon.

Il me fit rencontrer Halder. Ce fut une terrible déconvenue. Pourtant, Franz Halder était général de division et numéro deux de l'État-Major de la Wehrmacht. Il était rigoureusement incapable de prendre une décision. À force de le voir tergiverser, nous ne savions plus si nous pouvions le compter dans nos rangs ou non. Son seul apport fut de nous introduire auprès de son supérieur, Walther von Brauchitsch, le commandant en chef de l'armée de terre, mais qui ne nous apporta pas davantage de soutien :

— Je ne ferai rien pour vous, messieurs, nous assura-t-il. Je ne vous empêcherai pas d'agir, mais ne comptez pas sur l'aide de mes troupes.

— Nous ne vous demandons pas de mobiliser la Wehrmacht ! objecta Witzleben. La question est de savoir ce que vous, Brauchitsch, vous ferez lorsque nous déclencherons l'opération.

— Vous allez assassiner Hitler ?

— Non, il n'est pas question de cela ! Il sera arrêté et un nouveau gouvernement avec le Dr Schacht à sa tête sera nommé ! Il s'agit d'empêcher la guerre, Brauchitsch !

— Dans ces conditions, vous connaissez ma réponse : je ne m'opposerai pas à votre action, mais je ne ferai rien pour la favoriser.

Nous ne pûmes en tirer autre chose.

Brauchitsch était terrorisé par Hitler. Chaque entrevue avec le Führer était pour lui une épreuve ; pour un militaire de son rang, sa capacité à lutter était des plus microscopiques. Il se comportait comme une carpette et s'étonnait que le Führer le piétinât. Pourtant, l'homme était intelligent : il conçut le plan de guerre éclair qui mit la France à genou au printemps 1940. Mais jamais il ne nous aida ; au contraire, il nous trahit finalement en exigeant par écrit de tous ses généraux qu'ils cessassent toute critique à l'égard de Hitler. Il fut récompensé par une promotion au grade de Generalfeldmarschall. Mais il ne nous dénonça pas, sans doute par respect pour Witzleben.

En définitive, ceux qui sabotèrent notre complot s'appellent Neville Chamberlain et Édouard Daladier. En signant les accords de Munich, en septembre 1938, qui autorisaient Hitler à annexer la région des Sudètes, en Tchécoslovaquie, les premiers ministres anglais et français rendirent impossible toute action politique contre Hitler : celui-ci était devenu un héros national et sa popularité en Allemagne était à son zénith. La lâcheté des Français et des Anglais avaient permis qu'il dépeçât la Tchécoslovaquie sans tirer un seul coup de feu. La guerre n'était plus une perspective immédiate et Hitler sentait qu'il avait les mains libres en Europe.

Il triomphait.

Nous renonçâmes.

Notre action aurait permis d'arrêter la marche vers la guerre et de rétablir en Allemagne une république démocratique. Mais Hitler avait bénéficié des faveurs du destin. La bonne étoile ne quitta plus ce démon. Pendant les années suivantes, tandis que je demeurai le plus souvent dans mon domaine de Gühlen, je restai en contact avec la résistance contre Hitler et fus mis au courant de quelques-uns des complots. Mais aucune des tentatives pour mettre fin à son pouvoir n'aboutit. À chaque fois, les militaires qui m'avaient tant déçu lors du projet que j'avais organisé en 1938 échouèrent dans les projets qu'ils fomentèrent sans moi.

J'en tirai une conviction : les militaires ne sont pas taillés pour les conjurations. Ils savent obéir, ils savent transmettre des ordres, mais prendre des initiatives qui sortent de leurs schémas mentaux préétablis et inscrits dans leurs gènes depuis leurs classes comme élèves-officiers est une autre histoire. Un général sait bâtir un plan de bataille : déploiement des forces, mise en place de la logistique, exécution du plan et, en fonction du succès ou de l'échec, option ultérieure : poursuite de l'avancée ou retrait tactique sur des positions préparées à l'avance. Mais rares sont les généraux qui savent pratiquer comme un économiste ; j'entends, un bon économiste, et non un demi-sel comme ceux qui peuplent malheureusement les gouvernements. Pour réussir, il n'existe qu'une méthode : opérer un choix drastique bâti sur la seule conviction que le schéma envisagé va fonctionner et y consacrer tous ses moyens sans possibilité de retour en arrière. Dans le domaine économique, lorsque j'ai vaincu l'hyperinflation en ruinant une partie du secteur financier, lorsque j'ai relancé l'économie allemande et mis fin au chômage en créant des milliards de bons MEFO, il n'y avait pas de retour en arrière possible. La marche en avant était la seule alternative.

On dit que Hernán Cortès, lorsqu'il débarqua en Amérique du Sud avec ses conquistadors, fit brûler ses bateaux pour interdire tout retour en arrière.

Un militaire ne peut raisonner ainsi. Il doit prévoir des échappatoires, des issues de secours, des positions de repli. Son schéma mental lui impose d'envisager l'échec et de calculer les conséquences de cet échec ; en pratiquant ainsi, il multiplie aussi ses chances d'échouer.

Hitler survécut à seize attentats. Un autre grand dirigeant bénéficia de la même chance : le général français Charles de Gaulle. J'étais un vieil homme lorsqu'il parvint au pouvoir en France, en 1958. Après qu'il accorda son indépendance à l'Algérie, des militaires se constituèrent en organisation secrète et tentèrent à de multiples reprises de l'assassiner. Mais ils échouèrent à chaque tentative, car leur stratégie était typiquement militaire : à trop prévoir l'évacuation des troupes et les voies de fuite, la retraite finit par prendre dans la conjuration une place plus importante que l'objectif lui-même. En conséquence, les chances de ne pas l'atteindre se multiplient.

Brûler ses vaisseaux.

Brauchitsch s'y refusa et entra dans l'oubli.

Cortès, quant à lui, entra dans l'histoire.

La stratégie hitlérienne était annoncée dans *Mein Kampf*, le livre dans lequel Adolf Hitler livrait sa *Weltanschauung*, sa « vision du monde ». Pour le Führer de ce grand Reich qui devait durer mille ans, il était impérieux de donner à l'Allemagne et à son peuple, cette race aryenne qui devait dominer les sous-hommes environnants, le *Lebensraum*, l'espace vital nécessaire à son développement. La conquête de nouveaux territoires, précédée de la reconquête de territoires perdus, était la seule voie d'avenir que Hitler traçait pour les forces germaniques.

Première étape, l'annexion de l'Autriche, l'Anschluss, en mars 1938. Peu après, en septembre 1938, l'annexion des Sudètes, cette partie de la Tchécoslovaquie peuplée de familles allemandes. Ensuite, Hitler envahit la Pologne le 1er septembre 1939, puis la France en juin 1940 et l'Europe du Nord, tout en soumettant l'Angleterre à des attaques aériennes meurtrières dirigées presque exclusivement contre les populations civiles de Londres et des grandes villes du sud de la Grande-Bretagne. En juin 1941, Hitler lance l'opération Barbarossa et attaque la Russie ; en quelques mois, la Wehrmacht est aux portes de Moscou.

L'expansion s'arrête là. Les armées nazies n'iront jamais plus loin.

Les envahisseurs seront progressivement repoussés jusqu'à Berlin, mais il faudra trois années aux Alliés pour parvenir à ce résultat. Trois longues années de combat.

Les ambitions expansionnistes de Hitler s'exportent aussi en Extrême-Orient. En décembre de l'année 1941, le Japon attaque les États-Unis en bombardant par surprise la flotte américaine rassemblée à Pearl Harbor, dans l'archipel de Hawaï.

Le monde entier entre alors en guerre. Ainsi l'auront voulu le Troisième Reich d'Adolf Hitler et les forces de l'Axe fédérées derrière lui : soixante et une nations luttent les unes contre les autres dans un déluge de fer, de feu, de sang et de mort. Au total, plus de soixante millions de personnes laissèrent leurs vies dans ce conflit, le plus meurtrier de l'histoire de l'humanité. Plus de la moitié de ces victimes étaient des civils, des femmes, des enfants et des vieillards, anéantis par des ambitions criminelles qui ne les concernaient pas.

Tel fut le coût gigantesque du renoncement de Munich face à Hitler, en septembre 1938 : la rançon exorbitante et inhumaine de la lâcheté, de la compromission et de la naïveté. Car si, à ce moment précis, les Anglais et les Français avaient eu le courage de tenir bon face à Hitler qui voulait dépecer la Tchécoslovaquie, l'histoire du XXe siècle aurait été profondément différente.

Dans l'avion qui le ramène de Munich, en ce jour de septembre 1938, Édouard Daladier, « le taureau du Vaucluse », n'a rien du grondant homme politique dont la voix de stentor couvre les chahuts les plus vindicatifs de l'opposition à l'Assemblée nationale française. Depuis le décollage du sol allemand, il rumine.

« Berné ! J'ai été berné ! » grommelle-t-il.

Son ressentiment s'adresse moins à Hitler, dont les intentions d'annexer une partie de la Tchécoslovaquie étaient parfaitement claires, qu'à Neville Chamberlain, le Premier ministre britannique. Le dictateur nazi n'a pas caché qu'il enverrait ses troupes envahir les Sudètes, même si une guerre devait en résulter. Au moins savait-on à quoi s'en tenir. Mais Chamberlain ! « À la fois fuyant, lâche et faux jeton, comme savent si bien l'être les Anglais », fulmine Daladier. Des rumeurs qui parvinrent jusqu'à ses oreilles, Daladier a compris que Chamberlain et son âme damnée, Lord Halifax, ont un moment envisagé de signer un accord séparé avec les Allemands comprenant la cession d'une colonie en Afrique : vraisemblablement le Congo belge. Juste en face du Congo français et de sa capitale, Brazzaville ! Et sans en référer au gouvernement français ! « Où est-elle, l'alliance franco-anglaise ? » bout intérieurement le président du Conseil !

Édouard Daladier a parfaitement compris la rationalité de la stratégie de Hitler, sa *Weltanschauung* ainsi qu'il l'invoque à tout bout de champ. L'Allemagne a besoin d'espace, de *Lebensraum*, pour abriter et nourrir sa population, et de matières premières, pour alimenter son industrie. Il lui faut donc en trouver à tout prix. Alors, pour Hitler, les Sudètes ou le Congo belge ne seraient en tout état de cause qu'un premier pas pour renforcer les ressources du Grand Reich.

Daladier voulait arrêter ces ambitions expansionnistes sans attendre. Quitte à faire la guerre, autant commencer maintenant ; l'armée française n'est pas prête, notamment l'aviation, mais l'armée allemande l'est encore moins !

Chamberlain et Halifax ne l'ont pas entendu de cette oreille. Ils ont passé des heures à plaider l'apaisement, invoquant les mânes de l'Entente cordiale pour obtenir l'assentiment du Français. Daladier a cédé. Il a signé l'arrêt de mort de la Tchécoslovaquie, sans autre contrepartie que la seule parole du dictateur nazi d'en rester là.

L'avion de Daladier a maintenant quitté le territoire allemand. Encore deux heures de vol et il approchera de l'aérodrome du Bourget.

— Qu'en pensez-vous, Bonnet ? demande Daladier à Georges Bonnet, le ministre des Affaires étrangères.

— Nous avons sauvé la paix. Les socialistes seront satisfaits, déclare Georges Bonnet, fataliste, d'un ton qui manque de conviction.

— Je me fous des socialistes ! Je parle des Français !

— Là, je l'ignore. Je n'ai jamais compris les Français. Personne ne comprend les Français. C'est le peuple le plus incompréhensible du monde, affirme calmement le ministre.

— Et vous, Leger ? Quel est votre avis ? Ils vont nous écharper ? demande Daladier à Alexis Leger, l'expérimenté diplomate qui accompagne la délégation française.

— Monsieur le président, répond Alexis Leger, nous avons sombré avec ces Allemands dans un travers bien français : la pactomanie. Nous adorons signer des pactes, le pacte de ceci, le pacte de cela, le pacte avec les uns, le pacte avec les autres... Signer un pacte nous dédouane de ne pas respecter ce qui est à l'intérieur de ce pacte. Les Allemands nous ont circonvenus grâce à notre propre travers. Nous n'avons aucune illusion sur le respect de ce pacte, et nous l'avons signé quand même. Si les Français réalisent que nous n'avons fait qu'appliquer une stratégie nationale, ils ne nous en tiendront pas rigueur. Mais bien sûr, il n'y a pas plus inconstant qu'un Français. Alors attendons-nous à être conduits à l'échafaud !

Le diplomate conclut sa tirade avec un sourire entendu. Alexis Leger, connu sous son nom de poète de Saint-John Perse, est égal à lui-même : nébuleux.

— Leger, l'interrompt Georges Bonnet, vous êtes un vrai Français : parfaitement incompréhensible !

Alexis Leger ne répond pas. Il n'apprécie pas Georges Bonnet, cet avocat, vieux routier de la politique, qui a occupé presque tous les ministères au cours de sa longue carrière : artisanat, travaux publics, finances, budget, commerce et maintenant le ministère des Affaires étrangères, à la tête duquel cet antisémite a d'ailleurs proposé d'envoyer deux cent mille juifs français dans les colonies. Bonnet a même été ministre des Postes ; il aurait dû rester là ! pense Leger. C'est probablement à cette position qu'il pouvait donner le meilleur de lui-même...

« Ils vont nous écharper, c'est sûr... » bougonne Daladier qui, pour clore la discussion, se tourne en boudant vers le hublot.

L'avion vire maintenant autour du Bourget ; il effectue une approche impeccable. Par le hublot, Édouard Daladier voit une foule considérable amassée autour de l'aérogare.

« Tenez, j'en étais certain ! Ils sont là pour nous lyncher ! J'espère que Sarraut a fait le nécessaire pour nous protéger ! »

Ancien gouverneur de l'Indochine, Albert Sarraut est le ministre de l'Intérieur, vieux compagnon radical-socialiste d'Édouard Daladier, l'un succédant à l'autre à plusieurs reprises en qualité de président du Conseil.

L'avion atterrit. La foule se précipite et cerne l'appareil, poussant des cris, hurlant des slogans, levant les bras, faisant naître dans l'avion une agitation inquiète.

— Allons ! fait Daladier. Courage ! Je sors le premier. Je leur parlerai. Vous aurez le temps de vous esquiver. Allez trouver la troupe !

Le steward de bord ouvre la porte. Une immense clameur s'élève.

« Vive Daladier ! Vive la paix ! Vive le président Daladier ! » hurle la foule enthousiaste.

Édouard Daladier est un moment décontenancé. Il se tourne vers ses compagnons, l'air effaré et désespéré à la fois, en désignant la foule en liesse :

« Ah... les cons ! »

Porté en triomphe par la foule, Daladier s'éloigne, une moue de tristesse sur le visage. Les Français n'ont rien compris ! La guerre est inévitable et ils n'en ont pas conscience ! S'ils savaient...

Ce soir-là, Hjalmar Schacht regagne Gühlen, totalement abattu. Dans la voiture, il n'échange pas un mot avec le chauffeur de la Reichsbank qui le conduit. Le vieux financier regarde le paysage sans le voir vraiment, les yeux perdus dans le vide. Une fois à Gühlen, Schacht s'aperçoit à peine qu'il est arrivé devant sa vaste demeure. Il faut que le chauffeur l'interpelle pour qu'il sorte de sa torpeur.

— Monsieur le président ?

— Hummm ?

— Monsieur le président, nous sommes arrivés.

— Ah !...

Mécaniquement, le grand financier sort de la voiture. Sur le perron, la gouvernante l'accueille, le débarrasse de sa serviette et de son trench-coat.

— Je vais dans la bibliothèque. Qu'on ne me dérange pas. Je ne dînerai pas.

Hjalmar Schacht s'effondre dans son fauteuil habituel. Il ne réalise pas encore totalement l'ampleur de la catastrophe. Son ami Erwin von Witzleben, le général de la Wehrmacht avec qui il a minutieusement préparé un plan pour renverser Hitler et prendre le pouvoir, l'a informé qu'à Munich, contre toute attente, les Français et les Anglais ont signé un accord autorisant l'Allemagne à annexer les Sudètes. Il n'y aura pas de guerre. Pas pour l'instant. Hitler est devenu un héros national.

Avec Erwin von Witzleben, Hjalmar Schacht avait mis au point un complot qui visait à destituer Hitler, mais sans le tuer ; l'ex-Führer aurait été jugé. Schacht et le nouveau pouvoir auraient installé un gouvernement d'union nationale à même de préparer un apaisement des relations avec le reste de l'Europe. Des semaines durant, ils avaient rencontré d'autres hommes dont ils soupçonnaient qu'ils eussent pu être à la fois être des hommes de bien et capables d'un certain concours dans une action déterminée. À la surprise de Schacht, d'assez nombreux militaires s'étaient laissé convaincre.

Mais c'est raté ! Impossible de lancer le coup d'État : toute action contre Adolf Hitler et ses sbires serait maintenant vouée au désastre.

Le désastre est d'ailleurs bien là : la mécanique de précision qui aurait aujourd'hui dû chasser les nazis du pouvoir et empêcher la guerre est devenue un piège mortel pour ceux qui l'ont construite. Et pourtant, la guerre va arriver. Hjalmar Schacht le sait : il a personnellement travaillé comme un damné pour doter la Wehrmacht des meilleures armes et en faire la plus puissante des forces de frappe d'Europe. Et cette force de frappe, Adolf Hitler a la ferme intention de s'en servir ; il s'en cache à peine. Schacht pensait qu'au moins Daladier, le président du Conseil français, en était convaincu. Mais non. En signant ces accords de la honte qui sacrifient la Tchécoslovaquie, les Français et les Anglais n'ont pas empêché la guerre. Ils l'ont juste rendue inévitable, car désormais, chasser Hitler du pouvoir est devenu impossible. Et Hitler, c'est la guerre.

La guerre, les morts, les drames, les pleurs... Le chaos n'est retardé que de quelques mois, Hjalmar Schacht ne l'ignore pas : en tant que ministre, il a accès à des informations privilégiées qu'il sait interpréter. Après les Sudètes, Hitler veut continuer l'expansion à l'Est.

Quelques mois gagnés pour une guerre certaine. Quelle tristesse !

Dans le calme de son domaine de Gühlen, Hjalmar Schacht réalise aussi qu'il est désormais en danger, lui et ses proches. Le complot avorté était connu de beaucoup trop de personnes, et surtout des militaires. Ces gens-là vivent en vase clos et parlent beaucoup ; qui sait si l'un d'entre eux ne va pas les trahir, ou être simplement indiscret ? De quels membres de la conjuration doit-il se méfier ?

Witzleben ? De lui, il n'y a rien à craindre ; ce général est un homme magnifique, tout son être est dévoué à la cause et dans son comportement personnel, il est d'une rigueur de jésuite et aussi causant qu'un moine chartreux. Le général Ludwig Beck ? Il est d'une trempe identique. Même dénoncés, jamais ceux-là ne parleraient. L'amiral

Canaris, le chef de l'Abwehr, le service de renseignement militaire, a trop le goût du secret pour laisser échapper la moindre information sur le complot. Hans Gisevius, avec son expérience de diplomate et d'espion, saura se fondre dans le paysage et disparaître à temps s'il en était besoin. Ulrich von Hassel, autre diplomate, est d'une intelligence si fine qu'il saura se protéger. Mais il y en a d'autres, au sein de la conjuration, qui sont beaucoup plus voyants. Les vieux nobles prussiens, par exemple. Le baron Kurt von Hammerstein, que Schacht a contacté en raison de ses relations au sein du haut commandement militaire, n'est pas toujours très discret, habitué qu'il est à traiter en public les nazis de criminels ; de surcroît, il est de notoriété publique qu'il aide les juifs. Lorsque à la suite des lois de Nuremberg, les juifs ont été exclus du club de la noblesse, Hammerstein en a démissionné avec perte et fracas et en claquant la porte. Non, décidément, il faut se méfier de la personnalité emportée de Kurt von Hammerstein. Karl Heinrich von Stülpnagel est plus rassurant. Général prussien, fils de général prussien, arrière-petit-fils de général prussien, ayant épousé une fille de général prussien, cet aristocrate calme et pondéré, *Generalleutnant* à l'État-Major de l'armée, saura s'informer auprès de sources sûres afin de savoir si le complot vient à être éventé. On peut compter sur lui. Halder et Brauchitsch ? C'est davantage leur indécision que Schacht craignait après les avoir rencontrés et non qu'ils dénonçassent la conjuration. Ces deux soldats ont profondément le sens de l'honneur. Et puis il y a ceux que Schacht connaît moins, mais que Witzleben a recrutés parce qu'il avait confiance en eux. Le général Erich Hoepner, par exemple, surnommé le Vieux Cavalier par ses soldats. Hjalmar Schacht l'a rencontré une fois. De toute son âme, Hoepner a fait sienne la devise des écuyers expérimentés : « En avant, calme et droit ! » Le rôle que Witzleben lui avait assigné dans l'organisation était crucial : le général Hoepner, à la tête de ses troupes, qui l'adorent, comme on adore un grand chef, devait neutraliser les SS stationnés à Berlin. Hoepner était taillé pour ce défi : rassurant, déterminé, autoritaire, ses soldats l'auraient suivi comme un seul homme. Un tel leader ne trahit jamais. Reste Carl Goerdeler, le politicien épris de valeurs chrétiennes ; si cet intarissable discutailleur tient sa langue, ça devrait aller.

En y réfléchissant longuement dans le calme de sa bibliothèque, Schacht est un peu rasséréné. En raison des circonstances, de l'incroyable naïveté des Anglais et de la résignation fatale des Français, la conjuration est morte. Il a échoué, ses amis ont échoué, mais ces hommes avec lesquels il avait minutieusement préparé la mécanique du coup d'État sont de vrais compagnons, bien choisis, dévoués à la cause de l'Allemagne. Si Schacht a raison, leur sécurité à tous ne devrait pas être menacée. Demain, Hjalmar Schacht ira à la Reichsbank, comme d'habitude. Il ne fuira pas. Il doit se comporter de manière parfaitement normale ; la survie de chacun en dépend.

Et si une arrestation doit arriver... Eh bien, *Schade !* C'est qu'il avait mal placé sa confiance. Pour un financier, c'est une faute professionnelle rédhibitoire. Sa carrière et sa vie seront terminées et il l'aura bien mérité. En économie comme en conjuration, on n'a pas le droit de se tromper.

En réalité, les conjurés du complot de 1938 ne furent pas découverts. La plupart continuèrent à participer ensuite à la résistance contre Hitler. Mais au bout de la route, tous y laissèrent leur vie, sauf deux : Hjalmar Schacht et Hans Gisevius, l'espion-diplomate. Les autres finirent leur existence pendus à des crocs de boucher ou suicidés, mais bien plus tard, en 1944. Résister à Hitler nécessitait un sens du sacrifice hors du commun.

Après l'échec de la conjuration tuée dans l'œuf par la honte indélébile de Munich, Schacht ne fut plus associé que de loin aux actions de la résistance : même si le financier avait eu un rôle actif en 1938, on se méfiait de lui. Malgré son limogeage du ministère de l'Économie et de la présidence de la Reichsbank, Schacht demeurait investi d'un titre de ministre d'État sans portefeuille. Schacht était encore un membre à part entière de l'organisation gouvernementale nazie : il était encore consulté par Hitler sur certaines questions économiques, et parfois on lui proposait de reprendre des fonctions officielles, comme par exemple d'aller s'occuper des finances de la Belgique occupée, comme il l'avait fait en 1914. Schacht déclinait ces offres, mais pour la résistance, il était difficile de se reposer en pleine confiance sur un personnage autant lié au régime en place. On lui rendait visite à Gühlen, de temps à autre, pour savoir s'il était disposé à participer à un gouvernement le jour où l'on arriverait enfin à se débarrasser de Hitler et des nazis. Schacht, avec la prudence du banquier qu'il était, répondait de manière elliptique. Lors des tentatives d'assassinat de Hitler en 1943, Schacht ne fut pas mis dans la confidence des actions qui se préparaient, mais son nom était en tête de la liste des conjurés pour la constitution d'un gouvernement à même de reprendre le contrôle du pays et de faire la paix avec les Alliés. Après 1943, le caractère intransigeant de Schacht, qui n'envisageait pour lui-même que les fonctions de chancelier après la mort de Hitler, l'éloignèrent un peu plus de la résistance. Schacht, au demeurant, souhaitait particulièrement éviter les rencontres avec certains des piliers de cette résistance, par exemple Carl Goerdeler dont les bavardages et l'agitation trop voyante mettaient en danger ceux qu'il contactait. Le financier recevait en revanche à Gühlen quelques officiers, essentiellement des amis de son fils qui combattait sur le front de l'Est. Parfois, l'un d'entre eux lâchait quelques mots sur des opérations en préparation contre Hitler ; Schacht les encourageait.

Mais sans aller plus loin : lorsque la dernière conjuration se déclenche, l'opération Walkyrie du colonel comte Claus von Stauffenberg, Hjalmar Schacht en est gardé totalement à l'écart.

Moralement, Schacht ressentait une certaine culpabilité d'avoir été l'instrument de la réussite de Hitler. Tel l'apprenti sorcier, Hjalmar Schacht, ce grand financier qui croyait pouvoir contrôler Adolf Hitler et le guider sur la voie d'un gouvernement raisonnable, avait échoué dramatiquement dans cette entreprise. Au contraire, c'est lui qui avait été manipulé : pendant les premières années de son règne, Hitler avait utilisé ses talents, puis l'avait écarté au moment où il le souhaitait.

Schacht aura été le créateur de la puissance de Hitler. Malgré son entrée en résistance, il ne sera pas celui qui aura su la détruire. Il le sera d'autant moins que son association avec Hitler l'aura rendu suspect aux yeux de ceux qui veulent agir. On reconnaît ses talents, mais on connaît ses compromissions. Schacht s'était constitué en auxiliaire d'un apprenti dictateur pour le lancer sur le devant de la scène ; difficile de compter sur lui pour savoir arrêter le Führer une fois son pouvoir fermement consolidé. Schacht, l'arrogant, encaisse cette douloureuse leçon. Mais beaucoup l'auront aussi appris à leurs dépens : protégé par Satan et ses démons, Adolf Hitler aura été invulnérable jusqu'à sa mort.

Qui aurait pu stopper Adolf Hitler ?

Pas Hjalmar Schacht, dont le complot de 1938 s'arrête avant d'avoir commencé, sabordé par les Français et les Anglais à Munich.

Pas Georg Elser.

Ce communiste, ébéniste de profession, décide d'agir seul. Chaque année, Hitler célèbre le souvenir de son coup d'État raté de 1923 dans une brasserie de Munich, la Bürgerbräukeller. Georg Elser décide de tuer Hitler au moyen d'une bombe placée dans la brasserie, et qui explosera pendant que Hitler prononce son discours. Un an de préparation sera nécessaire. Chaque soir, pendant plusieurs semaines, Elser se laisse enfermer, le soir, dans un placard à balai de la brasserie, dissimulé derrière les serpillières et les blouses des femmes de ménage. Lorsque l'établissement ferme ses portes à son dernier client et que la dernière femme de ménage est partie, lorsque la ville dort et que plus aucun passant ne se hasarde dans les rues, Elser sort de sa cachette et creuse. Il creuse une cavité dans une colonne, à côté de l'emplacement où le pupitre de Hitler est toujours installé. Quelques jours avant la célébration, Elser place dans la cavité une puissante bombe et un mécanisme d'horlogerie d'une rare précision qu'il a lui-même fabriqué. Mais ce soir-là, le 8 novembre 1939, Adolf Hitler est pressé. Il ne se livre pas aux grandes envolées lyriques dont il est coutumier. Son discours dure quarante minutes de moins que d'habitude. Lorsque la bombe explose, Hitler est parti déjà depuis treize minutes. Plus de soixante blessés, huit morts, mais pas Hitler. Elser est arrêté ; il passe la guerre dans plusieurs camps de concentration avec un régime de faveur. Hitler, pour une raison qu'Elser ne comprit jamais, le maintenait en vie. Il le fait finalement exécuter juste avant la libération par les Américains du camp où Elser était alors prisonnier, à Dachau.

Qui pour stopper Adolf Hitler ?

Pas Henning von Tresckow.

Generalmajor de la Wehrmacht, il envisage de tuer Hitler en faisant exploser l'avion qui transporte le dictateur. En mars 1943, il place deux bouteilles de cognac piégées avec une bombe dans l'avion qui ramène Hitler de Smolensk à Berlin. Le détonateur est réglé pour déclencher la machine infernale tandis que l'appareil sera en vol. Toutefois, la température est très basse et bloque le dispositif. La bombe n'explose pas et l'avion de Hitler atterrit sans encombre à Tempelhof. Tresckow se précipite à Berlin pour récupérer les bouteilles de cognac et y parvient par miracle. Le complot n'est donc pas éventé. Henning von Tresckow se suicide un an et cinq mois plus tard, au lendemain de l'échec de l'opération Walkyrie du comte Claus von Stauffenberg dans laquelle il était impliqué. Il était alors commandant d'une unité sur le front russe. Tresckow se fait exploser avec une grenade afin de faire croire qu'il a été victime de partisans soviétiques et ainsi éviter que sa famille ne soit poursuivie.

Qui stoppera Adolf Hitler ?

Pas Rudolf Christoph von Gersdorff.

Deux semaines après la tentative de Tresckow, cet officier à l'État-Major, décide de tuer Hitler, mais aussi Himmler et Göring, pendant une visite du Führer à l'arsenal de Berlin où il doit inaugurer une exposition d'armes et d'uniformes pris aux Russes. Gersdorff a placé deux mines magnétiques dans ses poches. Il est prêt à commettre un attentat suicide pour mettre fin à la vie du dictateur nazi. Tandis que Hitler approche, Gersdorff s'isole dans les toilettes et, en faisant aussi vite qu'il le peut, il arme l'un des deux explosifs. Lorsqu'il sort, c'est déjà trop tard. Adolf Hitler, de fort mauvaise humeur, est parti après avoir visité en coup de vent l'exposition. Gersdorff désamorce la bombe in extremis. Il la remettra plus tard au colonel comte von Stauffenberg qui l'utilisera pour sa propre tentative. Gersdorff poursuivra la guerre en Normandie, où il se comportera en héros face aux forces de débarquement alliées. Il fut l'un des seuls conjurés contre Hitler appartenant à la Wehrmacht qui survivra à la guerre. Il consacrera le reste de sa vie à des œuvres de bienfaisance et mourra en 1980 à Munich.

Qui stoppera Adolf Hitler ?

Pas le colonel comte Claus von Stauffenberg.

Auteur de l'ultime tentative pour tuer Hitler, il mène d'abord une glorieuse carrière d'officier fidèle au nazisme. Il est blessé dans le mitraillage de sa voiture, en Afrique du Nord, et perd l'usage d'un œil ainsi que plusieurs doigts. Alors qu'il est devenu officier à l'État-Major, il s'éloigne du parti nazi et de Hitler, dont il juge qu'il doit disparaître pour la sauvegarde de l'Allemagne. Le 20 juillet 1944, il doit assister à une réunion avec Hitler dans son quartier général de la *Wolfsschanze*, la « tanière du loup » près de Rastenbourg en Prusse-Orientale ; Stauffenberg place une bombe dans une mallette qu'il dépose dans la salle de conférences, aux pieds de Hitler. Il s'éclipse ensuite car il doit retourner à Berlin pour diriger les opérations de prise du pouvoir après la mort du Führer. En son absence, l'un des participants à la réunion déplace fortuitement la mallette derrière un pied de la table où sont étalées les cartes. Ce geste sauve Hitler. La bombe explose et fait plusieurs morts, mais Hitler n'est que légèrement blessé. L'après-midi même, il sera capable d'aller à la gare accueillir le dictateur italien Benito Mussolini qui vient en visite en Prusse-Orientale. Stauffenberg, de loin, a vu l'explosion. Il est persuadé que Hitler n'a pu y survivre. Il s'envole pour Berlin où il répand la nouvelle de la mort de Hitler. L'information est diffusée aux principaux chefs militaires qui, les uns après les autres, se rallient à la rébellion. Mais tandis que Berlin et quelques régions militaires, dont la place de Paris, commandée par Karl Heinrich von Stülpnagel, qui avait fait partie en 1938 du complot Schacht, commencent à basculer en faveur des insurgés, la nouvelle que Hitler n'est pas mort commence à circuler. Le combat change d'âme. Les tièdes, les suiveurs, les indécis, en bref, tous ceux qui avaient rejoint l'insurrection par opportunisme, retournent leur veste et désormais se mettent à combattre la rébellion. Les insurgés sont dépassés. L'un après l'autre, ils se rendent ; les régiments qui s'étaient ralliés à eux retournent dans leurs casernes ; les SS que les conjurés avaient capturés et fait prisonniers sont libérés. L'ordre revient à Berlin et dans le Grand Reich. Claus von Stauffenberg et les officiers qui avaient mené l'insurrection avec lui sont fusillés le soir même.

La vengeance de Hitler sera terrible. Des milliers d'arrestations, de tortures insoutenables, des parodies de procès menées par le juge Roland Freisler, nazi enragé et hystérique, et qui se concluent systématiquement par des condamnations à mort suivies de centaines d'exécutions... Le dictateur nazi est impitoyable.

Parmi les conjurés du complot Schacht de 1938, presque tous font partie de l'opération Walkyrie de 1944. Ils y laisseront leur vie. Le général Beck, qui devait prendre le pouvoir au terme du plan Walkyrie, est autorisé à se suicider. Il se rate et est achevé d'un coup de pistolet par un soldat. Carl Goerdeler est torturé durant de longs mois avant d'être décapité. Erwin von Witzleben est condamné à mort et pendu, ainsi qu'Erich Hoepner, le Vieux Cavalier. Ulrich von Hassel, l'élégant diplomate à l'intelligence acérée et aux convictions chrétiennes et humanistes si fortes, subit le même sort ; par son esprit et son sens de la repartie, il se paie le luxe de ridiculiser le tribunal du peuple, le Volksgerichthof, pendant sa comparution, avant d'être emmené pour être pendu. Karl Heinrich von Stülpnagel est convoqué à Berlin pour s'expliquer sur son action à Paris lors de la conjuration : il a fait arrêter mille deux cents SS que son supérieur, Hans Günther von Klüge, un moment tenté de s'associer à Walkyrie, libère en trahissant la conjuration. Stülpnagel tente de se suicider près de la Meuse, non loin de Verdun, alors qu'il fait une pause avec son chauffeur. Le général se tire une balle dans la tête et tombe à l'eau. Le chauffeur plonge et sauve Stülpnagel de la noyade. Celui-ci, transporté à l'hôpital de Verdun, est soigné par les médecins qui parviennent à stabiliser sa blessure, mais il reste aveugle. Emmené à Berlin, il est jugé par le juge Freisler et condamné à être pendu. Pour l'amener jusqu'au croc de boucher où une fine cordelette métallique l'étranglera lentement, le pauvre aveugle pantelant qu'il était devenu en raison des dégâts infligés à son cerveau dut être conduit par la main, comme un petit enfant. Parmi les officiers de la Wehrmacht qui avaient aidé Schacht en 1938, un seul échappe aux foudres de la vengeance de Hitler : Kurt von Hammerstein, le baron prussien révolté par le sort des juifs. Il était décédé un an plus tôt d'un cancer. S'il avait été encore de ce monde, nul doute qu'il aurait aussi fait partie de l'opération Walkyrie.

De tous les conjurés de 1938, ils sont quatre à survivre à Walkyrie.

Deux sont des membres actifs de Walkyrie : Hans Gisevius, l'espion-diplomate, qui parvient à s'enfuir, et l'amiral Canaris, qui est arrêté. Hitler l'épargne provisoirement pour l'interroger avec minutie et cruauté.

Deux n'ont pas participé à Walkyrie : le général Franz Halder, toujours aussi hésitant, et Hjalmar Schacht. Mais tous deux sont néanmoins arrêtés par la Gestapo.

La Wehrmacht, qui a fourni pendant des années les contingents les plus importants de conjurés contre Hitler, est décapitée et épurée. Même Rommel, le héros de la guerre en Afrique, est contraint au suicide. Désormais, la Wehrmacht perd toute influence au profit des SS qui deviennent les seuls maîtres dans la conduite de la guerre.

Ultime pied de nez aux officiers qui ont voulu l'abattre sans y parvenir, lorsque Hitler disparaît enfin neuf mois plus tard, c'est à lui-même, et à lui seul qu'il le doit. Avec la détermination farouche qui fut la sienne, tandis que les Russes mènent l'assaut final contre Berlin, il se suicide en absorbant du cyanure et en se tirant simultanément une balle dans la tête : aucune chance d'en réchapper.

Très efficace !

Du côté de la Wehrmacht, on ne peut en dire autant. Au-delà de cela, on est même interloqué du bilan catastrophique de cette armée d'élite. Seize attentats contre Hitler, tous ratés ! Comment des maladroits et des malchanceux pareils ont-ils pu conquérir toute l'Europe ?

Certes, Hitler ne leur a pas facilité la tâche : imprévisible, changeant mille fois son emploi du temps, méfiant comme un renard, protégé par une garde prétorienne fanatique prête à mourir pour lui, Hitler n'était pas facile à cibler. De plus, il fut servi par une chance insolente, la chance du diable, qui lui permit d'esquiver ces multiples tentatives d'assassinat. Elles furent pourtant organisées par des officiers ayant fait une brillante carrière dans l'armée, auteurs de nombreux faits d'armes, et rompus à l'usage des armes et des explosifs.

Il ne faut pas leur en vouloir.

Ces hommes étaient des héros, dotés d'un sens immense de l'honneur et prêts pour la plupart à faire le sacrifice de leur vie. Mais pour être un bon conjuré, sans doute est-il préférable d'être au contraire un mercenaire sans scrupule doté de solides appétences à la trahison...

Que faut-il en conclure ? Pour qu'un complot soit organisé efficacement, mieux vaut ne pas y mêler des militaires. Hjalmar Schacht aurait dû le savoir. Les hommes d'affaires, chez qui l'honneur est généralement peu présent et qui, en revanche, cultivent avec délectation l'ignorance des scrupules et le goût de la traîtrise, sont beaucoup plus efficients. Les conjurations organisées par eux ont les meilleures chances de réussir, surtout lorsqu'il s'agit de renverser le pouvoir dans un pays.

Au cours des années de l'après-guerre, Schacht, qui parcourait le monde, en eut l'évidente démonstration.

Jocobo Arbenz Guzmán était président du Guatemala dans les années 1950 ; la réforme agraire qu'il lança en 1952 avait pour but de restituer à la population du pays les terres inexploitées qui appartenaient aux grandes compagnies agricoles étrangères. Lui-même propriétaire terrien, il fit l'abandon d'une grande partie de ses propriétés au profit de familles modestes. La démonstration d'exemplarité d'Arbenz ne suffit pas à convaincre la multinationale américaine United Fruit de montrer la même générosité ; celle-ci organisa un coup d'État en 1954 et Arbenz fut chassé du pouvoir.

Élu en 1970, au Chili, le président Salvador Allende donna à son pays une orientation socialiste avec la nationalisation de secteurs entiers de l'économie et une redistribution des biens aux plus pauvres. Il fut renversé et assassiné en septembre 1973 lors d'un coup d'État organisé par la compagnie américaine ITT avec l'aide de la CIA.

En Équateur, Jaime Roldós Aguilera fut élu président en 1979. En 1981, il fit voter par le parlement équatorien une nouvelle loi sur les hydrocarbures qui limita les droits des compagnies américaines dans l'exploitation du pétrole. Son avion se crashera en mai 1981 près de la frontière péruvienne.

Le président panaméen Omar Torrijos avait mené, dans les années 1970, une politique sociale très orientée vers le peuple, avec la redistribution des terres agricoles, la création d'écoles, d'emplois, et des projets de mettre fin avec l'aide d'investisseurs japonais au monopole des compagnies américaines sur l'exploitation du canal de Panama. Il disparut dans l'accident de son avion, en juillet 1981, deux mois après son collègue Roldós de l'Équateur.

Oui, décidément, les grandes compagnies internationales et les hommes d'affaires excellent dans les coups d'État.

Le plus célèbre des assassinats de chefs d'État du xxe siècle pourrait d'ailleurs porter leur marque. Selon de nombreux enquêteurs, la mafia, qui n'est jamais qu'une organisation constituée d'hommes d'affaires, certes d'un genre un peu particulier, a probablement commandité et organisé l'assassinat du président John Fitzgerald Kennedy à Dallas, le 22 novembre 1963. Les tireurs bénéficièrent d'angles de vue parfaits, libres de tout obstacle, et non surveillés par des forces de sécurité, fort opportunément positionnées à l'écart ; ils ne laissèrent à leur victime aucune possibilité d'en réchapper. L'assassin désigné comme bouc émissaire, Lee Harvey Oswald, arrêté dans les heures qui suivirent le crime, fut lui-même tué par balle deux jours plus tard, alors qu'il sortait du commissariat menotté et sans défense. Ainsi son silence était-il garanti. Oswald se trouvait alors au beau milieu d'une foule compacte de policiers. Ceux-ci se montrèrent tellement indifférents et passifs durant cette exécution que la question de leur complicité ne soulève guère de doutes. L'exécuteur s'appelait Jack Ruby : un tenancier de boîte de nuit lié à la mafia.

Une organisation parfaitement huilée.

Une mécanique d'une redoutable efficacité qu'un Hjalmar Schacht, adepte des projets minutieusement réfléchis et exécutés avec détermination, a certainement appréciée en connaisseur.

Kennedy n'avait pas une chance.

Tout le monde ne peut pas s'appeler Adolf Hitler.

Chapitre 9. Le prisonnier

J'ai passé trois années à Gühlen en retrait de la vie gouvernementale du Troisième Reich. J'ai apprécié le repos que j'ai pu y trouver après une vie de labeur acharné. Je fus arraché à ma thébaïde en juillet 1944, lorsque je fus emmené en prison. J'avais 67 ans, un âge déjà avancé pour certains. Pas pour moi, mes capacités de travail et de réflexion étaient intactes ; mais j'avoue qu'à l'occasion, au retour des longues marches de plusieurs heures auxquelles je m'adonnais sur mes terres et aux alentours, il m'arrivait de me sentir fatigué.

Hitler m'avait révoqué de mes fonctions de ministre sans portefeuille en janvier 1943, après une gentille provocation de ma part. En effet, je n'avais plus guère d'activité ministérielle, mais à la suite d'une erreur du secrétariat du gouvernement, je reçus à la fin de l'année 1942 un projet d'ordonnance signé de Hermann Göring, qui prévoyait de retirer les élèves de l'enseignement secondaire pour les affecter à la protection civile dans les aérodromes ou les bâtiments publics. On me demandait mon avis sur ce texte. Je saisis l'occasion pour exprimer, dans les termes les plus clairs, mon opposition à ce projet, ainsi que pour mettre ironiquement le doigt sur les maintes erreurs d'appréciation de Hitler et de Göring : j'écrivis une lettre ou j'insistais sur l'affirmation erronée que l'Angleterre serait mise hors de combat par la Luftwaffe du gros maréchal, le mensonge selon lequel la résistance russe était définitivement brisée, l'impossibilité d'un débarquement des Alliés en Afrique du Nord, qui s'était pourtant bel et bien produit, et je poursuivais ainsi mes sarcasmes pendant quelques pages.

La réaction ne tarda pas : Hitler me révoqua un mois plus tard de mes fonctions de ministre. Quant à Göring, dont la propension à se ridiculiser ne se démentait pas, il répondit à la voix de son maître, tel un toutou servile, en m'expulsant du Conseil d'État de Prusse. Quand je lus sa missive, en me rappelant que ce Conseil si important ne s'était pas réuni depuis plus de six années, je ne pus m'empêcher d'éclater de rire. Quelle rude sanction j'endurais-là !

J'étais donc libéré de mes liens avec Hitler. Au demeurant, je ne l'avais pas revu depuis 1941, lorsque j'étais venu lui annoncer la nouvelle de mon remariage, ainsi qu'il se devait à un ministre du Reich. J'épousais une jeune femme d'une stupéfiante beauté et d'une culture remarquable ; elle avait trente ans de moins que moi. En sa présence, moi qui étais d'un naturel plutôt réservé et austère, je me révélai spirituel, épanoui, rieur et toujours prêt à m'amuser ! Je crois que j'avais attendu cet âge que certains estiment trop vieux pour découvrir l'amour. Mon épouse me donna deux petites filles, Constance et Cordula, qui firent la joie de mes vieux jours.

Lors de cette dernière entrevue de février 1941, Hitler fut avec moi d'une froideur glaciale. Il ne me félicita pas ni ne me présenta aucun compliment sur cet heureux événement. Hitler avait été mortifié par le ridicule qu'il avait dû supporter trois ans plus tôt lors du mariage de mon collègue ministre de la Guerre, Werner von Blomberg. J'appréciais modérément Blomberg ; admirateur éperdu de Hitler, une parole aimable du dictateur le mettait dans un état proche de *l'extase. Dans la situation inverse, il était incapable de résister lorsque ce dernier élevait la voix, à tel point que les généraux de l'État-Major l'avaient surnommé « le lion de caoutchouc ». Blomberg avait vécu un drame personnel lorsque sa première femme, Charlotte, la mère de ses cinq enfants, était décédée en 1933. Quatre ans plus tard, il s'était épris d'une très jeune femme de trente-sept ans plus jeune que lui, Margarethe Gruhn. À l'annonce de leur projet de mariage, Hitler avait explosé de joie :*

— Wunderbar, Blomberg ! Voilà ce que j'appelle l'énergie allemande !

— Mein Führer, la différence d'âge ne vous gêne pas ? avait demandé timidement le ministre de la Guerre.

— Blomberg, le Troisième Reich est la nation la plus moderne du monde ! Différence d'âge ? Nous devons répudier ce snobisme d'une autre époque ! Vous épousez une jeune femme ? Je vous en félicite. Vous donnerez de nouveaux enfants au Reich ! Et savez-vous, Blomberg ? Je serai votre témoin de mariage !

— Mein Führer, je suis immensément honoré...

— Parfaitement ! l'interrompit Hitler. Et si vous le désirez, je demanderai au Reichsmarschall Göring d'être le second témoin ! Le Troisième Reich tout entier bénira votre mariage !

Ainsi fut fait. Hitler et Göring, les témoins de l'union, se rendirent au ministère de la Guerre où le mariage fut célébré dans une certaine intimité. Je me souviens que Blomberg ne put retenir ses larmes quand Hitler lui donna l'accolade.

Deux semaines après, une photographie commençait à circuler dans les bureaux de la chancellerie et du ministère de l'Intérieur. Elle avait été reçue à la Direction centrale de la police criminelle, accompagnée d'une lettre anonyme. Cette photo représentait une jeune femme, entièrement nue, uniquement parée d'un collier de perles ; au verso de la photo était inscrit un nom : Margarethe Gruhn. L'enquête avait révélé que la jeune femme en question était une prostituée, arrêtée à plusieurs reprises pour racolage sur la voie publique, et que la photo avait été prise par un juif spécialisé dans la vente de photos pornographiques dans les lieux de passage tels que les gares et le boulevard Unter den Linden.

Lorsque des mains « bien intentionnées » firent circuler une copie de cette photo jusqu'à mon bureau, je reconnus la jeune épouse de Blomberg...

Frau von Blomberg était une prostituée ! Qui se faisait photographier dans des poses obscènes par un juif ! Et Hitler avait été témoin de son mariage ! Le Führer était furieux. Il limogea sur l'heure Blomberg qui, pour une fois, fit preuve de caractère face à Hitler en refusant d'annuler son mariage. Pauvre vieux ! Il était amoureux et trouvait dans cet amour la force qui lui avait toujours manqué pour résister à Hitler. Je crois qu'il partit en Italie avec son épouse et qu'il revint en Allemagne un peu plus tard, après le début de la guerre, mais je n'entendis plus jamais parler de lui. Puisse-t-il avoir été heureux avec sa Margarethe... Bien des années après, j'appris incidemment qu'il avait été arrêté par les Alliés à la fin de la guerre et qu'il était mort dans un camp de prisonniers à Nuremberg. Peut-être l'ai-je croisé sans le savoir au cours de ma propre captivité.

Mon épouse n'avait évidemment rien de commun avec celle de Blomberg. Diplômée en histoire de l'art et en philosophie, elle était employée à la Maison de l'Art de Munich. Mais la bonne fortune qui m'était échue en tombant amoureux de cette femme et en étant aimé d'elle me dessilla les yeux sur le jugement que j'avais porté sur Blomberg, à l'époque. J'avais été sévère dans mon attitude vis-à-vis de Blomberg ; comme les autres, j'avais ri de sa mauvaise aventure et je m'étais indigné de la honte qui frappait le gouvernement par sa faute. Je n'étais pas en état de comprendre : je n'avais pas encore connu l'amour.

J'avais été d'autant plus sévère avec Blomberg que Göring et Himmler, le chef de la Gestapo, assisté par son esprit mauvais Reinhard Heydrich, son sinistre adjoint, profitèrent de sa disgrâce pour lancer une terrible machination. Göring voulait à tout prix discréditer l'adjoint de Blomberg, Werner von Fritsch. Des rumeurs d'homosexualité avaient couru à son égard vers 1933, peu de temps après l'arrivée de Hitler au pouvoir et la constitution du premier gouvernement dans lequel Fritsch était déjà l'adjoint de Blomberg. Hitler avait alors refusé d'y croire. Mais après l'affaire du mariage du ministre de la Guerre avec une prostituée, Hitler demanda qu'on ressortît le dossier de Fritsch. Hermann Göring craignait Fritsch, en qui il voyait un concurrent pour le poste de ministre de la Guerre qu'il convoitait, maintenant que Blomberg avait été limogé. Pour s'attirer les bonnes grâces de Göring, Himmler décida d'extraire du camp de concentration où il croupissait un homosexuel notoire, voleur et maître chanteur. Cet individu pervers déclara reconnaître formellement Fritsch comme l'un de ses amants. La colère de Hitler ne connut plus de limites. Une semaine après la révocation de Blomberg, Fritsch fut à son tour prié de quitter ses fonctions. Göring avait désormais les mains libres et Himmler, en discréditant le haut commandement de la Wehrmacht, renforçait encore la puissance des SS.

Pour ma part, j'avais refusé de croire à cette histoire de cornecul qui surgissait si opportunément pour Göring juste après l'affaire Blomberg. Je connaissais bien Fritsch : un type bien, droit, loyal, à la parole ferme et pondérée. Il niait farouchement les accusations. Compte tenu des personnalités respectives de l'accusateur et de l'accusé, un délinquant homosexuel et qui gagnait sa vie grâce au stupre et au chantage d'un côté, et un grand soldat à l'inflexible loyauté de l'autre, il me semblait qu'on devait plutôt croire Fritsch.

Hitler préféra le chasser.

Quelques mois plus tard, une enquête approfondie démontra que toute l'affaire n'était qu'une machination. Göring montra alors sa vraie nature : avec une duplicité d'une rare hypocrisie, lui qui avait monté cette fausse accusation avec Himmler obtint de présider le tribunal militaire qui réhabilita Fritsch ! Faisant un usage outrancier de son talent d'acteur, il s'éleva avec véhémence contre les mensonges qui avaient accablé ce magnifique soldat. Grandiose ! C'était à ne pas croire !

Au fond, quand je repense à ce nid de serpents qui constituait l'environnement d'Adolf Hitler, je regrette modérément d'avoir été contraint de m'en éloigner à mon tour, également victime des machinations de Hermann Göring. Pourtant cet homme avait longtemps prétendu être mon ami.

Grâce à ma merveilleuse épouse, les années de retraite à Gühlen s'écoulèrent comme dans un rêve. Au cours de mes longues promenades dans la campagne, je passais des heures à observer les oiseaux, les hardes de cerfs, la nature qui se renouvelait sans cesse. J'expérimentais une autre vie que celle des affaires, des bureaux surchargés de dossiers et des réunions avec les puissants dirigeants et les grands financiers de cette planète.

La tranquillité dura jusqu'au 20 juillet 1944. Trois jours avant, Berlin avait été secoué par la révolte menée par Stauffenberg, qui s'était terminée dans un bain de sang. Pendant que ces événements se produisaient dans la capitale, je me rappelle que j'étais dans la forêt de Grunewald, juste au-dessus de Munich, à observer des sangliers en train de combattre pour la domination de leur harde. L'air était bon, une légère brume flottait entre les arbres, et à part les grognements des sangliers mâles qui menaient l'assaut les uns contre les autres, un superbe silence m'entourait ; une journée magnifique et paisible, comme on les connaît à la campagne. À l'issue de ma randonnée en montagne, un dîner cuisiné par les femmes de ma vie m'attendait chez ma fille ; nous étions en visite chez elle en Bavière. À part mon fils Jens, qui combattait sur le front de l'Est contre les armées russes, tous mes enfants étaient réunis autour de ma femme et moi. Le repas familial s'avéra frugal, car les restrictions nous frappaient durement, comme les autres Allemands. Mais ce moment de félicité heureuse d'une famille aimante fut pour chacun d'entre nous un pur bonheur. Les grands devisaient en souriant, les petits chahutaient alentour en jouant à cache-tampon. Jamais nous n'oublierions cette soirée de vie normale d'une famille allemande unie ; une soirée simple et harmonieuse comme toutes devraient l'être.

De retour à Gühlen, le matin du 23 juillet, j'étais encore en habit de nuit quand la cuisinière frappa à la porte de notre chambre. Elle m'indiqua que la police criminelle demandait à me voir. Par la fenêtre, je vis qu'une dizaine de voitures étaient stationnées dans la cour.

Je descendis dans le salon.

Six policiers étaient là.

Ils m'informèrent que j'étais en état d'arrestation.

En cette nuit du 23 juillet 1944, devant le Bendlerblock, le siège de la Wehrmacht à Berlin, Otto Skorzeny et Otto Ernst Remer discutent paisiblement. Un peu plus loin, dans la cour du bâtiment violemment éclairée par des projecteurs de DCA, quatre cadavres encore chauds attendent qu'on les charge dans un camion. Arrive un véhicule militaire, qui manœuvre pour reculer jusqu'au mur au pied duquel sont affalés les corps. L'un après l'autre, les militaires chargent les morts pêle-mêle dans la benne. D'abord le général Friedrich Olbricht, puis l'*Oberleutnant* Werner von Haeften, ensuite le colonel Albrecht Mertz von Quirnheim, et enfin le colonel comte von Stauffenberg. Le camion s'éloigne tandis que Skorzeny et Remer fument leur cigarette.

Remer est le héros du jour. Grâce à lui, le complot minutieusement préparé par Claus von Stauffenberg a échoué. Des officiers félons voulaient tuer Hitler, renverser le régime nazi et prendre le pouvoir. Sans doute voulaient-ils ensuite faire la paix avec les Alliés. Mais ils ont échoué et ne sont plus que des cadavres.

Otto Ernst Remer aura été le grain de sable qui grippa la belle mécanique. Les conjurés ont essayé de le manipuler : ils lui ont fait croire que Hitler était mort et à la tête de son régiment, ils l'ont chargé d'aller arrêter le petit docteur Goebbels, le ministre de la Propagande. Mais Goebbels ne s'est pas laissé faire ; bravement, il a fait face à Remer et l'a proprement retourné. Le maître de la propagande est parvenu à convaincre Remer, un très fidèle nazi, que Hitler n'était pas mort. Il l'a même mis en contact téléphonique avec le Führer. Otto Ernst Remer a alors engagé ses troupes contre les conspirateurs ; il a mené l'assaut du Bendlerblock, le quartier général de l'armée dont ces derniers avaient pris le contrôle. Les hommes de Walkyrie n'avaient pas les moyens de se défendre longtemps. De surcroît, l'information de la survie de Hitler à l'explosion qui avait ravagé son quartier général de la *Wolfsschanze* avait rapidement fait le tour de la Wehrmacht. Ceux qui, un moment, s'étaient ralliés au coup d'État, avaient précipitamment rejoint leurs casernes. Les insurgés n'avaient reçu aucun renfort et avaient été capturés par Remer et ses hommes, que les SS commandés par le célèbre Otto Skorzeny, le héros nazi du sauvetage de Mussolini, étaient venus appuyer.

Le général Friedrich Fromm, le commandant en chef de l'armée de terre de réserve, s'était alors précipité pour faire fusiller les quatre meneurs de Walkyrie. Remer voulait les garder en vie, conformément aux ordres qu'il avait reçus de Goebbels. Mais Fromm était passé outre.

— Hitler ne va pas être content, dit Otto Skorzeny. Il aurait certainement souhaité juger ces traîtres !

— Impossible de raisonner Fromm, répond Remer. Ce type est bizarre. On aurait dit qu'il avait quelque chose à se reprocher.

— Peut-être. Il s'est trop pressé d'éliminer Stauffenberg et ses sbires pour ne rien avoir sur la conscience. On va enquêter. Hitler t'a parlé ?

— Oui, chez le ministre Goebbels.

— Et alors ? demande Skorzeny.

— Il les voulait vivants. Il voulait des arrestations. Beaucoup d'arrestations. Le Führer a raison ! Il faut nettoyer ces vermines qui détruisent le Reich de l'intérieur !

— *Jawohl* ! approuve Skorzeny. Je crois que dans les jours qui viennent, on ne va pas manquer d'activité ! À commencer par lui ! conclut-il en désignant le général Fromm qui passe devant eux, le regard fuyant.

Comme Remer et Skorzeny l'avaient prédit, le général Fromm, dont l'attitude pendant Walkyrie aura été si ambiguë, sera arrêté quelques mois plus tard, puis enfermé dans un camp de concentration avant d'être jugé et condamné à être pendu pour lâcheté devant l'ennemi. Hitler, compatissant, commuera sa peine en condamnation à être fusillé ; le dictateur nazi était ce jour-là accessible à une certaine forme de pitié.

Dans les jours qui suivirent Walkyrie, obéissant à un Hitler écumant de rage, les SS, la Gestapo et la police criminelle du

Reich multiplièrent les arrestations. Cinq mille personnes vinrent peupler les cellules de la prison de Plötzensee, dans le quartier de Charlottenburg, à l'est de Berlin, ou les camps de concentration implantés à proximité.

L'un de ces cinq mille était Hjalmar Schacht : le 23 juillet 1944, trois jours après le complot Walkyrie auquel il est totalement étranger, Schacht est arrêté au petit matin dans son domaine de Gühlen.

Hitler veut décapiter toute forme d'opposition. L'intégralité des forces de police du Grand Reich sont mobilisées dans cette chasse à l'homme généralisée sur le territoire de l'Allemagne. Hitler devrait pourtant avoir d'autres préoccupations, car le Reich craque de toute part : en Italie, les Alliés ont reconquis la péninsule jusqu'à Rome dont la population enthousiaste les a accueillis dans la liesse. À l'est, les Russes sont devant Varsovie et bousculent chaque jour davantage les armées allemandes, incapables de stabiliser la ligne de front. À l'ouest, les forces américaines, anglaises et françaises ont solidement pris pied en Normandie ; elles marchent sur Paris qui sera libéré quatre semaines plus tard. Mais pour Hitler qui perd de plus en plus le contact avec la réalité, peu importe la situation militaire catastrophique. Tous les moyens doivent être mobilisés pour écraser ceux qui ont osé comploter contre le Führer ! Que les félons qui ont osé élever un jour la voix soient jetés en prison ! Et éliminés ! Pendus à un croc de boucher !

Himmler, qui mène la répression, n'a aucune preuve de l'implication de Hjalmar Schacht dans la conjuration Walkyrie, mais peu lui importe : il a l'occasion de faire ravaler sa morgue à Schacht, cet arrogant personnage qui lui serinait doctement en Conseil des ministres ses leçons de finance avec son insupportable condescendance. Le châtiment des conjurés de Walkyrie va permettre de faire définitivement disparaître de la scène l'ancien ministre de l'Économie et ex-président de la Reichsbank, qui ose depuis quelques années critiquer le dictateur de ce Troisième Reich qui doit durer mille ans. Hitler approuve l'arrestation : il n'a pas oublié l'épisode de la lettre ironique qui se moquait de ses erreurs de jugement. Mais chez le dictateur, quelques scrupules subsistent vis-à-vis du grand financier à qui il est tant redevable : on doit donc traiter correctement Hjalmar Schacht. Une exécution éventuelle devra recueillir son aval préalable, à moins que l'enquête ne démontre l'implication du vieux banquier dans l'attentat ; dans cette hypothèse, que l'impitoyable justice nazie suive son cours ! Le croc de boucher !

Le domaine de Gühlen, au petit matin, est entièrement bouclé : il est hors de question que Hjalmar Schacht passe entre les mailles du filet. Une véritable opération militaire est montée pour empêcher toute fuite du vieil homme, qui ne songe d'ailleurs pas un instant à s'échapper. Schacht se laisse emmener par les forces de police démesurément nombreuses qui ont été dépêchées pour se saisir de sa personne.

Tandis que la voiture dans laquelle il a pris place traverse les plaines de Prusse, si paisibles sous le soleil d'été, Hjalmar Schacht n'imagine sans doute pas qu'il ne retrouvera une totale liberté que de nombreuses années plus tard, en 1951.

Il est conduit au camp de concentration de Ravensbrück, à quatre-vingts kilomètres au nord de Berlin.

Ravensbrück, dans l'appareil concentrationnaire nazi, est avant tout un camp destiné à emprisonner et tuer des femmes et des enfants ; ils furent cent trente-deux mille à y être enfermés. Quatre-vingt-dix mille d'entre eux seront impitoyablement exterminés dans cet enfer.

À son arrivée, Hjalmar Schacht est enfermé dans une cellule du camp annexe, le camp des hommes. Il est mis au secret, isolé des autres détenus. Personne ne vient l'interroger pendant quelques jours. À la faveur de la douche hebdomadaire à laquelle il a droit, il aperçoit certains de ses codétenus : le général Halder, l'indécis de son complot de 1938, est là, ainsi que quelques politiciens centristes, des professeurs d'université qu'il reconnaît vaguement, et une actrice de cabaret, Isa Vermehren, qu'il a eu l'occasion d'applaudir à Berlin. Étrange rassemblement d'individus disparates, égarés dans ce camp, comme tombés par hasard d'une autre planète, et qui tous semblent hébétés de se retrouver prisonniers d'Adolf Hitler. Quelques jours auparavant, malgré leur opposition plus ou moins affirmée au régime nazi, ils jouissaient du privilège de vivre libres dans une Allemagne encore épargnée par la guerre. L'été 1944 s'annonçait radieux ; jusqu'au jour où la Gestapo est venue frapper à la porte...

Hjalmar Schacht fait connaissance de la triste existence des prisonniers : dépouillé de ses vêtements civils, vêtu de droguets qui vous font ressembler à un bagnard au point de vous en transmettre l'état d'esprit, seul un immense effort de volonté permet d'éviter de se sentir continuellement coupable.

Le quotidien est rythmé par les repas de famine, la corvée de tinettes et les interrogatoires.

On attend.

Le jour suivant, on attend.

Le jour d'après, on attend encore.

Et ainsi de suite. On attend.

Hjalmar Schacht distrait les heures avec la chasse aux cafards. Par bonheur, le gibier abonde ; sous la paillasse, sur le sol, sur les murs, la tribu des cafards dispute le territoire aux hordes des punaises.

La lutte contre la vermine est rendue difficile par la couleur brun pisseux des murailles qui cernent l'univers étroit du vieux banquier. La saleté du décor permet en effet aux insectes de se fondre dans le paysage ; du coup, la traque devient intéressante...

Après quelques jours, les interrogatoires commencent. Tout d'abord, Schacht est conduit au camp voisin de Drogen. Malgré les menaces, Schacht ne dit rien que des considérations générales sur lui-même ou sur ses convictions fidèles au nazisme.

Puis le traitement devient moins courtois. Hjalmar Schacht est transporté à Berlin, dans les caves du quartier général de la Sûreté, Prinz-Albrechtstraße. En guise de hors-d'œuvre, Schacht est maintenu en isolement dans un cachot souterrain ; il ne voit pas la lumière du jour pendant quatre mois. Quatre longs mois sans respirer l'air frais de l'extérieur ; difficile à supporter pour un vieil homme. Les interrogatoires deviennent plus rugueux, mais Schacht n'est pas maltraité physiquement. Apparemment, personne ne semble sérieusement penser qu'il ait pu être mêlé à l'attentat contre Hitler, ni à une conjuration antérieure ; mais on l'interroge sur ses proches, ses relations, sur les conversations qu'il a pu avoir avec les uns ou les autres, lors de réunions politiques ou au cours des rendez-vous d'affaires. Y parlait-on de la chute de Hitler ? D'un futur gouvernement ? Qui était présent ?

Durant ces longues semaines, Schacht n'a de contacts qu'avec ses geôliers et les enquêteurs.

Aux lavabos, ou lors des alertes aux bombardements pendant lesquelles il est conduit avec les autres prisonniers dans un étroit couloir souterrain, il peut entrevoir quelques-uns de ses compagnons de captivité. Plusieurs avaient été ses complices dans le coup d'État avorté de 1938 ; et pour ce qui les concerne, ils ont tous participé à Walkyrie. Parmi ces résistants qui ont persévéré dans les conjurations, Schacht reconnaît Carl Goerdeler, dans un triste état physique et moral, et Wilhelm Canaris, l'amiral, ancien chef de l'Abwehr, qui lui aussi semble avoir été battu sévèrement. Il identifie aussi Fabian von Schlabrendorff, un juriste devenu officier dans la Wehrmacht, et Caesar von Hofacker, un cousin de Claus von Stauffenberg. Mais bientôt celui-ci n'apparaît plus : il est exécuté le 20 décembre. Le général Fromm est là pendant quelques semaines, de même que Herbert Göring, le cousin de Hermann Göring. Schacht apprécie ce businessman agréable et sympathique, opposant à Hitler et à Hermann Göring, son pervers de cousin qu'il exècre depuis des années ; converser avec Herbert Göring, homme cultivé et plein de finesse, est un plaisir. Mais à la prison de la Prinz-Albrechtstraße, le silence règne. Même pendant les alertes aériennes, le moindre chuchotement se traduit par des coups.

Le 3 février 1945, alors que Berlin subit l'un des pires bombardements de la guerre, Schacht est transféré avec d'autres prisonniers vers une destination inconnue. Le véhicule cellulaire traverse une ville ravagée par les flammes. La prison de la Prinz-Albrechtstraße elle-même est partiellement détruite : restent les caves, mais une partie des superstructures est en flammes lorsque Schacht est évacué. Des rues entières sont dévastées et seuls des pans de mur fumants s'y dressent encore. Le fourgon doit faire des détours au milieu des incendies et des décombres pour sortir de la ville et aller jusqu'au dépôt de police de Potsdam. Là-bas, la prison qui sert de repli pour plusieurs lieux de détention de Berlin est surpeuplée : Schacht doit partager une cellule avec deux compagnons, un ancien secrétaire d'État qu'il connaît peu, et le général Alexander von Falkenhausen avec qui il avait été en relation jadis : ancien gouverneur militaire de la Belgique occupée, c'est un ami de Witzleben et il était au courant du complot de 1938 auquel il était favorable.

Après les mois de réclusion et de solitude de la Prinz-Albrechtstraße, le bref séjour à la prison de Potsdam apporte un certain soulagement : les prisonniers peuvent se promener librement dans la cour de la maison d'arrêt et discuter les uns avec les autres. Mais bientôt une rumeur enfle : Hitler aurait donné l'ordre d'exécuter tous les prisonniers politiques. Et d'ailleurs, brusquement, tout change : les gardiens redeviennent agressifs, ils recommencent à aboyer sauvagement aux oreilles des détenus, et plus question de promenade en semi-liberté dans la cour. Les prisonniers sont remis en cellule sans ménagement.

Que se passe-t-il ?

Les ordres de Hitler ?

Les prisonniers vont-ils être exécutés ?

Après quelques heures de calme, des bruits de bottes et de clés se font entendre dans le couloir. On déverrouille. La porte de la cellule s'ouvre brutalement.

— Schacht ? Venez ! *Schnell* !

Des gardes viennent se saisir de Hjalmar Schacht et le précipitent rudement dans une auto. Ils sont quatre SS à l'entourer.

— Où va-t-on ? interroge Schacht.

— Silence !

La voiture prend la route de Berlin. Schacht peut contempler la ville en ruine, les femmes, les enfants et les vieillards qui errent à la recherche d'eau ou de nourriture. Ces ombres poussiéreuses et indifférentes ne prêtent pas attention à la voiture de police qui contourne les obstacles, les tas de gravats et les carcasses de voitures. Schacht frémit. N'est-ce pas la direction de la

Prinz-Albrechtstraße que la voiture emprunte ? Et si on le ramène là, c'est pour l'exécuter...

En effet, la voiture s'engage dans la Prinz-Albrechtstraße. Schacht reconnaît à peine le quartier ; il ne reste presque rien de la sinistre prison. La voiture stoppe devant des amoncellements de décombres. Hjalmar Schacht sent le froid de la mort l'envahir tandis qu'on l'emmène vers ce qui reste du bâtiment de la forteresse. Peu de chose, en vérité : quelques pièces sont encore debout, tout au plus. Mais les caves avec les geôles sont intactes. On descend un escalier, puis un autre. Schacht reconnaît le long couloir familier. On lui ouvre une cellule, un SS lui retire ses menottes, et la porte est fermée dans un bruit fracassant.

La solitude silencieuse et sinistre s'installe à nouveau.

Quelques heures plus tard, Schacht est extrait de la cellule. La pendaison ? Le croc de boucher ? Schacht se laisse emmener. Que faire d'autre ? Un couloir, un autre, un escalier...

Non, ce n'est pas la salle des exécutions.

On le conduit dans la cour, vers les latrines creusées dans ce qui semble être les restes d'un trou d'obus. Une planche a été installée afin qu'on puisse s'asseoir. Schacht est invité à se soulager. Un homme est déjà là, pantalon baissé, occupé à déféquer. Schacht le reconnaît : c'est le pasteur Dietrich Bonhoeffer, l'un des plus généreux et érudits hommes de bien qu'il ait pu rencontrer dans son existence. En vérité, toute sa vie, ce théologien n'a eu de cesse de démontrer, par sa simplicité, sa bonté et son exemplarité, qu'il était un saint descendu sur terre. Schacht baisse son pantalon et s'assoit à côté. Le pasteur a les traits tuméfiés, une plaie au front, plusieurs dents cassées et le nez déformé par les coups. Mais il sourit à Schacht et son regard exprime une immense paix intérieure.

— Comment allez-vous, Hjalmar ? demande-t-il doucement.

— J'imagine que c'est la fin, mon cher Dietrich. La fin de quoi, je ne sais exactement, mais la fin de quelque chose.

— La fin ou le commencement, qui peut en être sûr ? répond le pasteur. Dieu nous a en sa sainte garde. Il veille sur nous. Et même sur eux, ajoute Bonhoeffer en désignant les SS qui les surveillent en fumant une cigarette. Ils en auront besoin.

— J'aimerais avoir votre confiance, Dietrich.

— Des nouvelles de votre famille ? Comment vont Constance et Cordula ? Le sourire de ces petites était d'un grand réconfort.

— Rien depuis des mois. J'ignore tout de leur sort.

Les gardes approchent. Il faut en finir et se rhabiller. Schacht ne reverra jamais Bonhoeffer. Il sera exécuté par pendaison deux mois plus tard, à Flossenbürg.

Le lendemain, deux SS viennent chercher le vieux banquier dans sa cellule. Schacht s'attend encore une fois au pire.

Mais non.

On l'embarque dans un autobus avec d'autres prisonniers : le général Oster et Theodor Strünck, tous deux anciens membres de l'Abwehr, le service de renseignement militaire, le général Thomas, ancien chef du service de l'économie de guerre et de l'armement, le général Halder, l'éternel indécis, et l'ancien chancelier autrichien Schuschnigg avec sa femme et sa petite fille. Les gardes SS montent à leur tour et l'autobus démarre. Direction, l'autoroute du sud ; l'autoroute qu'il a financée lors de sa première année au service de Hitler, pense ironiquement Schacht.

Les heures passent, assez tranquilles. L'autobus continue au sud, sur le merveilleux réseau d'autoroutes qui devait faire la prospérité de l'Allemagne et sur lequel il croise presque uniquement des véhicules militaires.

La nuit tombe.

Minuit.

L'autobus fait halte.

Une grille. Des barbelés. Des miradors.

Le véhicule s'immobilise dans une cour où un bataillon de soldats armés de mitraillettes attend. Les prisonniers débarquent. L'air est froid, un air vif qui vient des montagnes bavaroises environnantes.

Ils sont arrivés ; là, autour d'eux, c'est le camp de Flossenbürg. Schacht connaît cet endroit de réputation : une grande usine aéronautique Messerschmitt est installée à proximité et elle emploie des prisonniers au travail forcé. La Reichsbank a financé Messerschmitt, de la même manière qu'elle a financé les autres industriels comme Krupp ou Flick. L'ancien président de la Reichsbank est donc parfaitement au fait de ce qui se passe ici. Il sait que Flossenbürg était initialement un camp de travail, mais la rumeur dit qu'il est devenu désormais un camp d'extermination.

— On ne sort pas d'ici vivant ! murmure Schacht.

Les prisonniers sont rudement emmenés vers les cellules. Schacht se pelotonne dans un coin et essaie de dormir malgré la température glaciale de février. On entend des cris, des coups de feu.

Que se passe-t-il, dans ce camp ?

Ces bruits inquiétants continuent toute la nuit.

Enfin, le matin.

Schacht est extrait de sa cellule. Un gardien aboie d'un air mauvais :

« Vingt minutes ! Vous avez droit à vingt minutes de promenade ! *Los !* »

Hjalmar Schacht commence à marcher, tout seul dans la cour. Il comprend qu'il est à nouveau à l'isolement. De loin, il voit des convois d'hommes porteurs de civières recouvertes de couvertures. Manifestement, ils transportent des cadavres. On voit d'ailleurs parfois pendre un bras ou une jambe sous les couvertures trop courtes. Les porteurs s'éloignent vers la forêt.

Où vont-ils ?

Qu'importe, après tout. Schacht n'a plus de doute sur la manière dont il sortira d'ici : sur l'une de ces civières.

« Ende ! Kommen Sie zurück ! » aboie le garde.

Vingt minutes sont passées.

C'est si rapide, vingt minutes à respirer l'air pur.

Fin de la promenade.

Schacht est ramené dans sa cellule.

Retour à l'isolement.

Impénétrable solitude.

Ce régime dure plusieurs semaines. Schacht n'est ni interrogé ni maltraité. Le seul intermède dans la routine est la visite brusque du commandant du camp, qui ouvre violemment la porte de la cellule un matin :

— Vous me reconnaissez ? hurle-t-il.

Oui, Schacht le reconnaît. C'est l'un des officiers de police qui l'avait interrogé à Berlin. Le vieux banquier se souvient qu'il avait exaspéré ce policier par sa morgue et par ses réponses méprisantes. L'olibrius est donc devenu le commandant de ce lieu de cauchemar ; il porte désormais l'uniforme SS de *Sturmbannführer*. Hjalmar Schacht n'a désormais plus que des certitudes sur le sort qui lui est réservé. Il ne survivra pas à Flossenbürg.

Deux mois passent ainsi à l'isolement. Une pensée ne quitte pas Hjalmar Schacht : ses deux petites filles ; la dernière fois qu'il les a vues, elles avaient 2 ans et demi et 15 mois. Si elles sont encore vivantes, Constance a maintenant dépassé les 3 ans, et Cordula a plus de 2 ans.

Mais sont-elles encore de ce monde ?

Et où ont-elles pu échouer ?

Ces questions sont une obsession.

Toutes les nuits, toutes ces journées dans le silence.

Toujours les mêmes questions.

Les jours succèdent aux jours. Jusqu'au début du mois d'avril : les journées sont alors plus chaudes même si les nuits restent fraîches.

Une agitation sourde se répand un matin dans le camp.

Les Américains approchent.

Il faut évacuer les prisonniers importants.

Schacht est embarqué dans un autobus, flanqué des généraux Halder et Thomas, et du chancelier Schuschnigg, toujours accompagné de sa femme et de sa fille. Et les autres participants au voyage depuis Berlin, Oster et Strünck ?

Non, pas de nouvelles.

Ils ne sont pas là.

Schacht apprendra plus tard leur exécution par pendaison, le matin même de son départ de Flossenbürg. Ils sont exécutés en même temps que le pasteur Dietrich Bonhoeffer, le théologien que Schacht avait rencontré sur les latrines de la prison de la Prinz-Albrechtstraße. Schacht n'avait aucune idée que le brave homme d'Église pût être dans le même camp que lui.

En route, l'autobus s'arrête dans d'autres camps où des personnalités rejoignent les prisonniers de Flossenbürg : le général von Falkenhausen, et puis un Russe, qui s'avère être un neveu de Molotov, le ministre de Staline, mais aussi beaucoup d'autres, de sorte que l'autobus est bientôt surpeuplé. Enfin, le soir, l'autobus arrive au camp de concentration de Dachau.

Dans l'univers concentrationnaire nazi, Dachau n'est pas un camp d'extermination, mais un camp de travail. Sur son porche figure la célèbre maxime *Arbeit macht frei*, « le travail libère » ; pour autant, sur les deux cent mille prisonniers qui transitèrent par ce camp, le premier du genre créé par les nazis, trente mille périrent de faim, de maladie, de mauvais traitements ou furent exécutés.

Les « prisonniers de marque » sont accueillis avec une certaine gentillesse : la plupart des SS ont fui et les gardiens qui restent à Dachau, dans la section des prisonniers spéciaux, sont généralement des soldats de la Wehrmacht : des blessés de guerre échoués là, car inutilisables sur le front, et plus soucieux de s'acheter quelques certificats de bonne conduite que de poursuivre l'œuvre de mort du régime nazi. Schacht passe une quinzaine de jours à Dachau ; il y retrouve des personnalités qu'il connaît bien, comme Fritz Thyssen, l'industriel nazi qui ne détestait pas les juifs, et le politicien français Léon Blum. Après Flossenbürg, malgré la promiscuité et la nourriture qui permet à peine de ne pas mourir de faim, le séjour est presque agréable pour Schacht car il n'est plus à l'isolement.

Puis, nouvelle évacuation, cette fois vers le camp de Reichenau, à quelques kilomètres de Munich, et enfin à Niederndorf, dans les montagnes du Tyrol.

Là, manifestement, les gardiens ne savent plus que faire. Ils attendent. Ils se montrent plutôt aimables, ils ne rudoient plus leurs prisonniers. Ils risquent même parfois une parole courtoise. Il n'est plus question d'exécutions, de tortures, de punitions. Ils attendent quelque chose. Ils attendent un événement. Mais ils ne savent pas très bien quoi. Ils attendent, c'est tout.

Enfin, un matin d'avril 1945, l'événement tant attendu : un soldat américain se présente devant les grilles du camp.

Il demande à voir le commandant.

Celui-ci sort, il tend une main à l'Américain.

Le GI tourne les talons sans même le regarder et fait signe à ses camarades : « En avant ! »

La colonne de jeeps yankee entre dans le camp.

C'est fini.

Hjalmar Schacht a échappé à la mort.

Il n'en revient pas lui-même.

Pour la plupart des compagnons qu'il a côtoyés ou juste aperçus au cours des dix mois où il a été plongé dans le Styx de la mort hitlérienne, l'issue n'est pas si heureuse.

Parmi les résistants allemands arrêtés après Walkyrie, nombreux sont ceux qui finirent à la prison de Plötzensee. Dans ce sinistre bâtiment, près de trois mille prisonniers furent exécutés, d'abord par décapitation à la hache, puis à la guillotine, et enfin, lorsqu'il fallut accélérer les cadences et satisfaire en même temps le besoin de cruauté de Hitler, par pendaison. Dans la salle des exécutions, on installa une barre métallique en hauteur avec cinq crocs de boucher. Les condamnés étaient ligotés, le bourreau leur passait autour du cou une fine cordelette, le plus souvent métallique, et le supplicié était accroché ; la mort par strangulation prenait plusieurs minutes de souffrance inhumaine. Parfois, pour les condamnés envers qui Hitler et ses séides souhaitaient un supplément de raffinement, les malheureux étaient pendus une première fois, afin qu'ils expérimentent le « goût de la mort », puis on les dépendait juste avant qu'ils n'expirent. Ensuite ils étaient pendus une deuxième fois, jusqu'à ce que mort s'ensuive.

Carl Goerdeler le politicien bavard, Erwin von Witzleben le militaire inflexible, organisateur complice de la conjuration de 1938, Erich Hoepner, le Vieux Cavalier, Caesar von Hofacker le cousin de Stauffenberg, Karl Heinrich von Stülpnagel le commandant de la place de Paris, Ulrich von Hassel le diplomate érudit et la plupart des condamnés de l'opération Walkyrie furent ainsi exécutés à Plötzensee. L'un d'eux échappa à ce sort funeste par une de ces pirouettes du destin dont la vie a parfois le secret. Fabian von Schlabrendorff était en cours de jugement devant le Volksgerichthof, le tribunal du peuple, dont l'épouvantable Roland Freisler était le président. Freisler avait déjà condamné à mort et fait exécuter les principaux militaires de la Wehrmacht lorsque Schlabrendorff comparut devant lui. Hasard heureux, les alliés choisirent ce jour-là pour un énième bombardement de Berlin. Le Volksgerichthof fut détruit. Le juge Freisler, blessé, décédera peu après. Fabian von Schlabrendorff échappa à la condamnation à cause de ce « regrettable » contretemps. Blessé également pendant le bombardement, il guérit, fut emprisonné dans un camp de concentration, et survécut à la guerre. Il devint l'un des grands juges de la Cour constitutionnelle de la République fédérale d'Allemagne.

Une miraculeuse fantaisie du sort au milieu de la tragédie.

Hitler aussi avait parfois des fantaisies du même genre avec ses prisonniers, dont il s'amusait comme avec des jouets.

Georg Elser, l'ouvrier ébéniste auteur de l'attentat de Munich en 1939, sera ainsi un « prisonnier spécial » de Hitler. Après sa capture, il est emprisonné à Berlin. Lorsque la ville commence à être bombardée, Hitler le fait emprisonner au camp de concentration d'Oranienbourg, puis à Dachau, mais en recommandant qu'il soit bien traité dans les deux cas. Hitler voulait le conserver à sa disposition pour mettre en scène, le moment venu, un procès à grand spectacle contre le communisme et ses conspirateurs meurtriers. La guerre empêche ce beau projet et Elser la traverse, de camp en prison, dans des conditions finalement assez confortables. Georg Elser, cet ouvrier communiste, cet homme ordinaire et modeste qui voulait, à lui tout seul, mettre fin à la dictature de Hitler, est finalement exécuté à Dachau le 9 avril 1945, le jour de l'arrivée de Hjalmar Schacht dans ce même camp, et quelques jours à peine avant l'arrivée des forces américaines.

Autre « prisonnier spécial », Herschel Grynszpan. Ce jeune juif polonais assassina à Paris, le 7 novembre 1938, un attaché d'ambassade allemand, Ernst vom Rath. Joseph Goebbels prit prétexte de ce meurtre pour déclencher la « Nuit de cristal » contre les juifs d'Allemagne. Le procès devant la justice française du jeune assassin juif n'eut jamais lieu en raison du déclenchement de la guerre contre le Troisième Reich. Grynszpan fit près de deux ans de prison préventive en France avant que les Allemands aient pu rattraper le convoi de prisonniers où il se trouvait : au fur et à mesure de l'avancée des armées allemandes, les prisonniers étaient évacués de prison en prison, toujours plus au sud. Transféré en Allemagne, Herschel Grynszpan sera enfermé au camp de Sachsenhausen, où il bénéficiera d'un régime de faveur pendant plusieurs années. Il fut finalement exécuté à une date indéterminée, vraisemblablement à la fin de 1944 ou au début de 1945.

Mais le cas le plus emblématique est celui de l'amiral Canaris.

D'une remarquable intelligence, doué pour tout, notamment pour les langues – il en parlait cinq couramment –, ce prometteur officier de marine est sollicité en 1923 par le colonel von Schleicher, le futur chancelier d'Allemagne qui précéda Hitler au pouvoir, pour créer un service de renseignement au sein de l'armée. Ce sera l'Abwehr, la fameuse « cinquième colonne ». Surnommé le Vieux en raison de ses cheveux qui devinrent entièrement blancs à l'âge de 40 ans, Canaris, intellectuellement brillant, désinvolte et cosmopolite, étend ses réseaux partout en Europe. Il ne fréquente guère les nazis, ne partageant pas leur goût pour les beuveries et les orgies. Assez solitaire mais mondain, il compte énormément de connaissances, dont Hjalmar Schacht qu'il estime et qui l'estime. Il a en revanche peu d'amis, mais des amis très fidèles, parmi lesquels le général espagnol Franco. Canaris, comme Schacht, réprouve les persécutions contre les juifs et se méfie du parti nazi, qu'il juge néfaste pour l'Europe et l'Allemagne.

À compter de 1938, l'amiral Canaris complote afin d'évincer Hitler du pouvoir, s'associant notamment à Schacht dans la tentative de coup d'État de 1938. Après cet échec, il commence un double, voire un triple jeu extrêmement dangereux, informant les Alliés de l'attaque imminente contre la France ou l'Union soviétique, faisant parvenir au Vatican un dossier complet sur l'extermination des juifs, tout en recueillant pour Hitler des renseignements stratégiques sur les armées alliées et en mettant sur pied en France un service très efficace de lutte contre la résistance, lequel causa des milliers de morts. Pendant ce temps, à l'encontre de toute prudence, il prend des risques insensés en sauvant personnellement de nombreux juifs.

L'espion de Hitler a une conscience ; le dictateur fou n'aurait pu imaginer cela.

Les grands chefs de la Gestapo et des SS, Himmler et Heydrich, qu'il a connus jeunes, lorsque tous trois servaient sur la même corvette de la Kriegsmarine, se rendent finalement compte que l'amiral trahit le régime. Dès lors, il est perdu. Canaris est arrêté après l'opération Walkyrie, et l'élégant intellectuel, adepte de tennis et d'équitation, entame sa descente aux enfers. Enfermé avec Hjalmar Schacht dans la prison de la Prinz-Albrechtstraße, il est interrogé, humilié, harcelé, puis torturé physiquement.

Mais il ne parle pas.

Au contraire, ce maître en manipulation parvient à duper ses tortionnaires, en leur soutirant sans qu'ils s'en aperçoivent des renseignements sur la fin proche du régime et l'avancée des Russes et des forces alliées.

En vain.

Après la destruction de la prison de la Prinz-Albrechtstraße lors du bombardement de février 1945, Wilhelm Canaris est transféré tout d'abord au camp d'extermination de Buchenwald, puis à Flossenbürg où Schacht l'aperçoit de loin ; la silhouette du petit amiral n'avait rien perdu de sa distinction en dépit des habits de bagnard, et sa légendaire chevelure blanche était reconnaissable à distance. Le jour du départ de Hjalmar Schacht pour Dachau, Wilhelm Canaris est pendu à Flossenbürg, en même temps que ses anciens collaborateurs Oster et Strünck, et que le malheureux pasteur Bonhoeffer.

Hitler a souhaité pour l'amiral un traitement spécial.

Pour l'homme qui l'a si bien trompé pendant des années, le dictateur a prévu une mort dont l'atrocité dépasse l'imagination.

Tout d'abord, le bourreau lui plante un croc de boucher dans les côtes et le supplicié est ainsi pendu par l'abdomen. Puis vient la pendaison proprement dite, mais avec le raffinement du « goût de la mort » : d'abord pendu une première fois par une fine cordelette qui l'étrangle jusqu'au seuil du trépas, l'amiral est dépendu tandis qu'il agonise. Alors, le bourreau le pend à nouveau.

Wilhelm Canaris expire enfin.

Au loin, on entend les détonations des canons de l'armée américaine qui libérera le camp de Flossenbürg dix jours plus tard.

Dix jours trop tard pour cet homme retors, mais juste. Il croyait que son intelligence lui permettrait toujours de s'en tirer au milieu des brutes nazies, et il s'est trompé. Les amis fidèles de Wilhelm Canaris n'oublièrent pas l'élégant petit amiral aux cheveux blanc : le caudillo Franco, devenu dictateur de l'Espagne, recueillit après la guerre la femme et les deux filles de Canaris. Les juifs ne l'oublièrent pas non plus : des voix s'élevèrent pour inscrire

Wilhelm Canaris, l'espion de Hitler, sur la liste des Justes. Mais il reste aujourd'hui à les entendre : les bonnes actions de ce héros aux multiples facettes demeurent largement ignorées.

Hjalmar Schacht, Georg Elser, Herschel Grynszpan, Wilhelm Canaris : quatre « prisonniers spéciaux » de Hitler. Seul parmi les quatre, Hjalmar Schacht survécut à son séjour dans les prisons et les camps hitlériens.

Pourtant, Adolf Hitler avait donné des ordres clairs.

Schacht devait être mis à mort avant la libération des camps.

Le vieux financier n'aurait pas dû survivre.

Les ordres ne furent pas exécutés.

Personne, y compris Schacht lui-même, n'a jamais compris pourquoi.

Chapitre 10. Le criminel

Il m'est rapidement apparu que les Américains voulaient faire un exemple avec moi et me condamner comme un criminel.

Au début, après notre libération, ils furent particulièrement aimables. Avec mes compagnons, nous pensions que nous allions retrouver rapidement nos familles et nos vies et participer à la reconstruction de l'Allemagne. Après tout, nous avions été des opposants à Hitler et nous n'avions échappé à la mort que par miracle.

Les Américains nous évacuèrent d'abord vers la station de montagne de Wildsee où ils nous logèrent à l'hôtel. Après des mois de camp à l'isolement dans une cellule infestée de vermine et sans personne à qui parler, les promenades sur les chemins de montagne, dans les forêts qui éclataient de fraîcheur printanière, étaient une extase permanente. Le soir, nous paressions dans le hall de l'hôtel, sans gardiens pour nous martyriser et aboyer des ordres absurdes à nos oreilles. Au contraire, nous avions comme codétenue la grande Isa Vermehren, cette merveilleuse chanteuse et actrice si célèbre à Berlin avant guerre. Elle nous charmait de ses chansons viennoises et des mélodies que nous aimions tant lorsque la paix régnait. Peu d'entre nous pouvaient retenir leurs larmes lorsqu'elle entonnait Lili

Marleen, *repris en chœur par les soldats américains et anglais qui venaient assister à ces récitals improvisés. Je revis Isa Vermehren bien plus tard, à la télévision : elle était entrée dans les ordres, au sein de la congrégation du Cœur de Jésus, et était devenue une référence spirituelle pour toute une génération.*

Après quelques jours de ces vacances, on nous évacua vers l'Italie, à Vérone, où nous pûmes flâner dans les ruelles de cette cité magnifique. Nous retrouvions goût à la liberté, aux contacts amicaux avec les Italiens, à la vie normale et calme de gens ordinaires. Toutefois, nous souffrions de l'impossibilité de contacter nos familles. Dans cette Europe qui sortait de la guerre depuis quelques jours à peine, il n'était pas question d'utiliser les services postaux et encore moins de téléphoner. De Vérone, nous fûmes embarqués dans un avion jusqu'à Naples. En chemin, les pilotes américains eurent la gentillesse de survoler à faible altitude Rome, puis la baie de Naples, de sorte que nous puissions nous régaler de ces paysages magnifiques et de ces monuments incroyables. Ils constituaient l'héritage de l'humanité, et une guerre imbécile menée par des psychopathes sataniques avait failli détruire ces merveilles à jamais.

Arrivés à Naples, l'attitude des Américains changea orthogonalement.

Nous fûmes consignés dans nos chambres d'hôtel, avec interdiction d'en sortir. Des GI's furent affectés à notre garde. Pas question d'essayer de discuter : ils nous repoussaient avec brutalité. Puis nous fûmes emmenés au camp de prisonniers d'Aversa, non loin de Naples. Retour à l'univers concentrationnaire : confiscation de nos maigres objets personnels, enfermement dans une baraque en paille, avec un espace d'une dizaine de mètres carrés pour trois, latrines collectives immondes, interdiction d'écrire à nos familles... Heureusement, nous étions séparés des autres prisonniers allemands, c'est-à-dire les soldats et les SS qui avaient combattu en Italie et avaient été capturés comme prisonniers de guerre, et qui nous considéraient, nous les prisonniers politiques, comme des traîtres à la cause pour laquelle ils s'étaient sacrifiés.

Après quatre semaines au camp d'Aversa, nous comprîmes que les Alliés voulaient juger quelques-uns d'entre nous comme criminels de guerre. Un groupe fut embarqué en avion : outre moi-même, il y avait le général Halder, le général Thomas, l'industriel Fritz Thyssen et quelques autres. On nous emmena en France, dans une petite ville près de Versailles appelée Le Chesnay. Là, dans une vaste demeure transformée en prison, je retrouvai de vieilles connaissances : l'industriel Ernst Heinkel, le célèbre constructeur d'avions, quelques dirigeants d'IG Farben, et Albert Speer, l'architecte devenu ministre de l'Armement de Hitler. Tous, nous étions accusés de crimes et nous attendions le verdict : serions-nous jugés par un tribunal, et lequel ? Quelques jours encore et nous fûmes transférés en camion en Allemagne, dans le château de Kransberg, qui avait appartenu à Hermann Göring et qui servait maintenant de camp d'internement des personnalités allemandes. Les quelques semaines que j'y passai ne furent pas désagréables : j'avais une chambre individuelle grâce au privilège de mon grand âge, la nourriture était excellente et les sanitaires à la hauteur. Moins sympathiques étaient les interrogatoires : un major anglais se montra fort correct, mais j'avais aussi affaire à un petit Américain juif qui me traita plus bas que terre.

En réalité, tout cela n'était qu'un hors-d'œuvre. Mon nom fut inscrit, avec celui d'Albert Speer, sur la liste des criminels contre l'humanité qui seraient jugés par la cour spéciale de Nuremberg. Mi-septembre 1945, Speer et moi quittâmes le havre de Kransberg pour le camp d'internement d'Oberursel, où nous étions enfermés dans de véritables cages, complètement ouvertes sur l'extérieur et qui ne laissaient aucune intimité. Nous avions droit à dix minutes de promenade par jour, pas davantage, et rien à lire ni à faire de toute la journée. Quant à la nourriture, elle se composait d'un infâme brouet indigeste. Pire encore qu'à Flossenbürg... Une parfaite antichambre de ce qui nous attendait à Nuremberg !

Le colonel Andrus, qui commandait la prison de Nuremberg où nous fûmes enfermés, encore une fois à l'isolement, me le fit parfaitement comprendre à mon arrivée : ancien ministre de Hitler, j'étais coupable. Un criminel comme moi n'avait donc rien à attendre de lui. Aucun traitement de faveur, aucune demande, aucune requête ne serait acceptée. Au moins dois-je rendre hommage à cet Américain obtus, primaire et bas du front : il tint parole.

La section de la prison où j'étais enfermé était réservée aux grands criminels ; l'isolement le plus strict devait être observé entre les accusés. Le régime était d'autant plus sévère qu'après les suicides dans leurs cellules de Robert Ley et de Leonardo Conti, il n'était pas question pour les Alliés de perdre une nouvelle victime expiatoire de leur procès. À l'occasion, je pus néanmoins apercevoir avec qui j'étais en situation de coaccusé : Kaltenbrunner, Seiss-Inquart, Ribbentrop, Rudolf Hess, les maréchaux Keitel et Jodl, Hans Frank, Speer, mais aussi Walther Funk, mon successeur à la tête de la Reichsbank, et ce sociopathe pervers de Julius Streicher. Au fil des semaines, j'en reconnus quelques autres encore, dont Hermann Göring, que je croisai un jour par le plus grand des hasards à la cellule de bains.

Quatre chefs d'accusation étaient reprochés à la plupart des prévenus : participation à une conjuration pour déclencher la guerre, participation aux mesures de préparation de cette guerre, perpétration de crimes pendant la guerre, et crimes contre l'humanité. Pour ma part, selon les Alliés, seules les deux premières incriminations, la conjuration pour déclencher la guerre et la préparation de cette guerre, constituaient mon crime.

À sincèrement parler, au moins 99 % des dirigeants politiques de cette planète qui, un jour, ont endossé des responsabilités gouvernementales, pouvaient être accusés des mêmes méfaits.

Quel était mon crime ?

En qualité de ministre de l'Économie et président d'une Banque centrale, j'avais certes financé l'effort d'équipement de la Wehrmacht, l'armée allemande. En faisant cela, j'avais simplement exécuté la politique gouvernementale classique consistant à doter son pays d'une défense nationale. Tous les gouvernements pratiquent de même.

J'envisageai donc cette accusation avec un état d'esprit d'une parfaite sérénité.

Je n'ai jamais préparé de guerre.

Je n'ai jamais comploté pour déclencher une guerre.

Moi, Hjalmar Schacht, j'ai au contraire tout fait pour éviter qu'elle se déclenchât.

Oui, en vérité, quel était mon crime ?

J'avais simplement réussi à restaurer la puissance économique de mon pays, l'Allemagne, une grande nation à qui des conditions léonines et financièrement mortelles avaient été imposées lors du traité de Versailles, en 1919.

Quel était mon crime ?

D'avoir stabilisé la monnaie ? D'avoir éliminé le chômage ? Au prix de vingt années d'efforts acharnés et de sacrifices permanents, j'avais achevé ce que nul autre n'aurait même rêvé d'ébaucher : j'avais été l'auteur de la renaissance d'une nation.

Quel était mon crime ?

D'avoir été plus intelligent que d'autres ? D'avoir été plus industrieux que d'autres ? D'avoir été plus imaginatif que d'autres ? D'avoir été plus acharné que d'autres ? Lorsque j'avais quitté la Reichsbank, en 1939, la monnaie allemande était stable, le plein-emploi régnait en Allemagne, mon pays disposait du plus merveilleux réseau d'infrastructures d'Europe, des routes, des autoroutes, des lignes de chemin de fer, des centrales électriques, des aérodromes, des ports. La recherche allemande était à la pointe du progrès dans tous les domaines, aéronautique, industrie navale, sciences fondamentales, biologie, médecine. Tout cela, l'Allemagne me le devait, à moi, Hjalmar Schacht ! Les familles ruinées de 1923, les files de chômeurs de 1933 qui hantaient les soupes populaires s'étaient transformées en travailleurs prospères, qui habitaient des villes confortables et pouvaient se déplacer en voiture sur des routes bien entretenues pour rendre visite à leurs parents, à qui ils avaient benoîtement téléphoné depuis chez eux pour les prévenir de leur arrivée ! L'Allemagne avait deux fois plus de téléphones installés dans les foyers que la France ou le Royaume-Uni ! Grâce à moi, Hjalmar Schacht !

Quel était mon crime ?

D'avoir transformé une ruine historique en réussite économique historique ?

Ils pouvaient être jaloux, ces Français que la puissance économique allemande avait bousculés comme un fétu de paille. Ils pouvaient être envieux, ces Anglais et ces Américains, qui accouraient en Allemagne pour profiter de la prospérité que moi, Hjalmar Schacht, j'avais restaurée grâce à mes idées et mon énergie. J'ai perdu le compte de ces grandes entreprises américaines ou anglaises qui faisaient le siège de mon bureau de la Reichsbank ou du ministère de l'Économie afin de tirer les fruits du renouveau allemand et prendre des participations dans nos grandes sociétés : tout était bon pour eux, automobile, aéronautique, énergie, chimie, et même armement ! Oui, armement ! L'effort d'équipement de l'Allemagne n'aurait jamais pris une telle ampleur et connu une telle rapidité sans les capitaux américains. Nombre des contrats que j'avais supervisés avaient d'ailleurs été rédigés par des avocats américains, parmi lesquels le propre cabinet de John Foster Dulles, le futur secrétaire d'État de Roosevelt. Le même Roosevelt qui me demandait des conseils pour sortir de la crise ! Ces contrats avec nos industriels de l'armement, ils bénéficiaient à leurs grandes banques, la Chase ou la National City Bank of New York. Aujourd'hui, ces Américains qui se précipitaient avec déférence pour serrer la main de Hjalmar Schacht et recueillir son onction pour leurs investissements dans l'armement, qu'étaient-ils devenus ? Mes accusateurs ! Quelle immense hypocrisie !

Quel était mon crime ?

Si crime il y avait, il fallait que la moitié de la place financière de New York, de Prescott Bush à toute la famille Morgan, accompagnée par un bon tiers des cabinets d'avocats américains et par l'intégralité des élégants banquiers de la City londonienne, ainsi que les industriels qui constituaient leur clientèle fussent assis à côté de moi, Hjalmar Schacht, sur le banc d'infamie !

Car ce crime, si crime il y avait, était NOTRE crime !

De biens étranges juristes, ces généraux russes présents à la séance inaugurale du tribunal de Nuremberg, le 18 octobre 1945. Ce tribunal de Nuremberg est historique : les artisans de la guerre mondiale qui vient de s'achever sont appelés à rendre des comptes à l'humanité tout entière. Les hommes et l'histoire doivent porter un jugement sur ce qui vient de se passer au cours des cinq dernières années.

En reconnaissance des sacrifices surhumains de l'Union soviétique dans la lutte contre l'Allemagne hitlérienne, les Alliés ont décidé que la Russie présiderait la séance d'ouverture du tribunal d'exception chargé de juger les criminels de guerre nazis.

Aussi est-ce le général Iona Timoféïevitch Nikitchenko qui ouvre les débats.

Quelle sympathique personnalité, ce Nikitchenko !

Il fait partie de ces rarissimes communistes historiques qui survécurent à toutes les purges. Bolchevique de la première heure, inscrit au parti dès 1916, avant la révolution, il survit à Lénine, à Trotsky, à Staline, à Khroutchev, à Brejnev, et mourra dans son lit en 1967, après les dernières épurations brejnéviennes. Grâce à une servilité sans bornes et une totale absence de scrupules, le général Iona Nikitchenko fut un survivant. Non content de traverser les époques sans jamais connaître ni goulag, ni enfermement à la Loubianka, ni même disgrâce, il participa aux purges staliniennes en tant que juge aux procès de Grigori Zinoviev et Lev Kamenev, qu'il condamna à mort avec bonne humeur pour des motifs totalement hypothétiques. Il les fit exécuter sans recours, le lendemain même de la sentence, avant que les familles de ces deux amis historiques de Lénine ne fussent exterminées à leur tour sur les ordres de Staline, le dictateur rouge.

Staline était content.

Il désigna Nikitchenko pour mener la délégation des juges soviétiques au procès des criminels nazis.

En réalité, le général Nikitchenko n'était pas le seul communiste historique doté d'une capacité de survie hors norme. Un autre spécimen de la même espèce l'accompagnait à Nuremberg.

Roman Andreïevitch Roudenko, car c'est de lui dont il s'agit, commença sa carrière à l'inverse de Nikitchenko : ce dernier commença par être communiste avant d'être magistrat, tandis que Roudenko commença par être magistrat avant d'adhérer au parti communiste. Il le fit tardivement, en 1936. Puis il s'appliqua à rattraper le temps perdu. Il fut procureur au procès de la résistance polonaise, le fameux « procès des Seize », au cours desquels Staline, trahissant toutes les garanties qu'il avait données sur l'honneur aux Alliés, fit condamner les chefs de l'armée polonaise clandestine qui s'étaient ralliés à lui. Staline n'aimait pas les Polonais : entre les massacres de Katyn, soit environ vingt cinq mille morts, et le million et demi de Polonais qu'il déporta lors de l'invasion du pays, à laquelle il procéda en 1939 en bonne intelligence avec Adolf Hitler, on peut sans exagérer parler d'animosité. Au demeurant, le chef de l'armée polonaise clandestine n'ayant écopé que de dix ans de prison lors du « procès des Seize », Staline le fit exécuter par le NKVD dans sa cellule ; et puis, pour faire bonne mesure, il fit aussi exécuter la plupart des autres. Après tout, pourquoi se priver ? Roudenko avait commis une légère erreur avec cette peine trop douce de dix ans de prison, et cela aurait pu lui coûter cher. Par bonheur, il se rattrapa après guerre en étant commandant du camp numéro sept du NKVD : sur les soixante mille prisonniers qui passèrent entre ses mains, il réussit à en éliminer environ quinze mille par malnutrition, épidémies, exécutions.

Un résultat satisfaisant.

Staline était content.

Roudenko avait sans doute beaucoup appris en matière de techniques d'élimination massive lors de son séjour à Nuremberg : il y représentait l'accusation pour le compte de la délégation soviétique. À l'instar de Nikitchenko, ce doux humaniste de Roudenko mourut également dans son lit, en 1981 ; il était fort âgé et avait aussi traversé toutes les purges. Comme Nikitchenko, il avait d'ailleurs prêté un concours efficace à leur réalisation, par exemple lors du procès de l'âme damnée de Staline, le sinistre Lavrenti Beria, dont il requit et obtint la mort.

Au total, la délégation soviétique, à qui revenait le privilège d'ouvrir ce procès qui devait rendre son honneur au genre humain, avait fière allure : ses représentants étaient au moins aussi antipathiques et dépourvus de la moindre étincelle d'humanité que les criminels qu'ils avaient pour mission de juger.

Heureusement, les Alliés du bloc occidental avaient dépêché des représentants d'un autre calibre : le juge français, Henri Donnedieu de Vabres, est un juriste mondialement renommé. Le juge américain, l'élégant Francis Biddle, est l'ancien procureur général des États-Unis ; écrivain de talent, il est marié avec une poétesse célèbre, Katherine Garrison Chapin. Enfin, l'Anglais Geoffrey Lawrence, héros de la Première Guerre mondiale, est un homme rigoureux, équitable et juste ; nommé pair du Royaume après le procès, il deviendra 1er baron Oaksey et siègera à la Chambre des lords mais continuera à élever les chevaux de course dans sa propriété à la campagne. Il ne pouvait donc que nourrir une certaine sympathie à l'égard de Hjalmar Schacht, lui aussi devenu adepte de l'existence simple et rurale de *gentleman farmer*.

L'équipe qui ouvre les débats du procès de Nuremberg, en ce mois de novembre 1945, quelques jours après la séance inaugurale officielle, a donc une composition plutôt disparate.

En réalité, le procès de Nuremberg n'est que l'un des procès qui se tiennent en Allemagne à cette époque. Sur l'ensemble du territoire, environ cinq mille nazis inculpés de crimes de guerre furent poursuivis dans les quatre zones d'occupation américaine, anglaise, française et soviétique. Huit cents personnes seront condamnées à mort et un peu moins de cinq cents effectivement exécutées. Toutefois, le procès de Nuremberg est le plus prestigieux, car c'est avant tout le pouvoir nazi et ses hauts responsables, comme Göring, Hess et Schacht, qu'il est question de juger. De plus, le lieu est hautement symbolique : Nuremberg fut le théâtre des grands-messes de la geste nazie. Les congrès du parti se déroulaient là dans une atmosphère de cérémonie païenne, avec force torches et oriflammes, défilés des troupes au pas de l'oie et foules de militants nazis adressant comme un seul homme le salut prétorien, bras haut levé, au tout-puissant Führer Adolf Hitler. Mais ce n'est pas pour cette raison que Nuremberg a été choisi : plus prosaïquement, dans une Allemagne souvent détruite jusqu'au sol, la ville de Nuremberg disposait d'infrastructures encore à peu près utilisables, c'est-à-dire un palais de justice et une prison, d'ailleurs commodément reliés par un tunnel, un grand hôtel pour les délégations et les journalistes, et des maisons encore debout que l'on pouvait réquisitionner pour loger les troupes et les avocats.

La liste des criminels de guerre à juger à Nuremberg comprenait vingt-quatre noms. Toutefois, seulement vingt et un inculpés sont assis dans le box des accusés lors de la lecture de l'acte d'accusation : personne ne sait ce qu'est devenu Martin Bormann, chef de la chancellerie du parti nazi et bras droit de Hitler, disparu lors de la prise de Berlin par les Russes. Le très vieux Gustav Krupp, accusé de l'exploitation d'une main-d'œuvre captive mise au travail forcé dans ses usines et de la mort de dizaines de milliers de ces esclaves, est complètement gâteux et ne comparaîtra pas. Enfin, Robert Ley, l'organisateur du travail forcé et de l'esclavage de masse, s'est suicidé dans sa cellule, ainsi qu'un inculpé d'un autre procès, Leonardo Conti, un médecin organisateur d'« expériences » d'une épouvantable cruauté sur des cobayes humains dans les camps de concentration. Ces deux suicides sont d'ailleurs à l'origine des mesures de sécurité qui entourent les inculpés : la lumière est allumée jour et nuit dans leurs cachots, et un GI est préposé en permanence à la surveillance de chacun, en faction devant le guichet ouvert de la porte de leurs cellules.

L'énoncé de l'acte d'accusation prend quatre heures. Les charges sont écrasantes, inhumaines ; jamais autant d'actes de barbarie sur autant de victimes innocentes n'ont été reprochés à aussi peu d'hommes. Le lendemain de la lecture des charges, selon la *common law* anglo-saxonne dont la procédure est utilisée à Nuremberg, les accusés sont appelés l'un après l'autre à déclarer s'ils plaident coupable, ou non coupable, des faits terribles qui leur sont reprochés.

L'un après l'autre, ils se lèvent et lancent cérémonieusement : *Nicht schuldig.*

Non coupable.

Aucun d'entre eux, même Hans Frank, qui se prétend pourtant touché par la grâce de Dieu, ne reconnaît la moindre responsabilité dans les horreurs qui ont été énoncées pendant quatre heures.

Qui sont-ils, ces soi-disant non coupables ?

Les vingt et un accusés peuvent schématiquement être regroupés en trois sous-ensembles.

Il y a d'abord les hauts dignitaires du gouvernement : Hermann Göring et Rudolf Hess, tous deux anciens dauphins de Hitler, Hjalmar Schacht, Franz von Papen, Joachim von Ribbentrop, ancien ministre des Affaires étrangères, Konstantin von Neurath, son prédécesseur, et Albert Speer, ancien ministre de l'Armement.

Le deuxième groupe est composé des militaires : les maréchaux Keitel et Jodl, responsables de la conduite de la guerre terrestre, et les amiraux Dönitz et Raeder, leurs homologues pour la Kriegsmarine.

Le troisième groupe est composé des exécutants, des comparses, de ceux qui ont appelé à l'extermination de masse ou qui l'ont mise en œuvre : on y trouve les *gauleiter* des régions conquises par les nazis et qui y ont pratiqué des déportations massives de juifs, de communistes, de Tziganes et d'homosexuels, comme Hans Frank en Pologne, Arthur Seiss-Inquart aux Pays-Bas, Wilhelm Frick en Bohême-Moravie, Baldur von Schirach, ancien chef des Jeunesses hitlériennes et *gauleiter* à Vienne, Alfred Rosenberg, ancien ministre des Territoires de l'Est, et l'inquiétant Ernst Kaltenbrunner, véritable géant au visage couturé de cicatrices, successeur de Reinhard Heydrich en qualité d'adjoint de Himmler et, à ce titre, chef des SS et responsable des camps de concentration. On trouve aussi dans ce troisième sous-ensemble le psychopathe Julius Streicher, antisémite compulsif et pathologique, Fritz Sauckel, l'organisateur du travail forcé en Allemagne où il déporta cinq millions de personnes, et des personnages plus secondaires comme Walther Funk, successeur de Schacht à la Reichsbank, ou Hans Fritzsche, le speaker radio de la propagande du petit docteur Goebbels.

Si les magistrats ont une physionomie disparate, avec une claire démarcation entre les juristes pondérés, qui composent les délégations alliées, et les sinistres apparatchiks staliniens côté soviétique, les accusés présentent un aspect encore plus étrange : Rudolf Hess, l'air égaré, semble à peine comprendre ce qu'il fait là. C'est d'ailleurs probablement le cas : Hess est sujet à des crises d'amnésie, à des sautes de concentration et à des moments d'apathie qui font douter de sa santé mentale. Ribbentrop ne trouve le sommeil que bourré de somnifères et est agité de tics nerveux. Hans Frank, le bourreau de Sobibor et Treblinka, est pris d'une folie mystique : le voilà désormais confit en dévotion, lui qui déclarait quelques années plus tôt que tous les arbres de Pologne ne suffiraient pas à pendre tous les juifs qu'il voulait exterminer.

Julius Streicher soliloque ses incantations antisémites en regardant d'un œil torve ceux qui s'approchent de lui et en les accusant d'être israélites. Finalement, à la surprise générale, l'un des plus présentables est Hermann Göring. Lors de sa capture, le successeur autodésigné de Hitler était un être maladivement obèse, les traits déformés par les abus d'alcool et de drogue, morphinomane à l'ultime stade de dépendance. Les Américains lui ont fait subir une cure de désintoxication. Il en est sorti aminci, l'esprit frais, libéré de ses addictions, et plus combatif que jamais. Göring a retrouvé toute sa vivacité intellectuelle et l'homme fait le spectacle, apportant avec humour ou dérision la contradiction à ses accusateurs. Tel est Hermann Göring : malgré les terrifiantes accusations de meurtres de masse et de crimes contre l'humanité, il ne peut s'empêcher de se comporter en vedette et même de faire le pitre.

Hjalmar Schacht, quant à lui, ne décolère pas. L'irritation se lit sur son visage. Quel est son crime ? Oui, quel est son crime, à lui le financier, lui qui voulait empêcher la guerre, lui qui a comploté contre Hitler, lui qui a connu ses prisons et ses camps de concentration ? Quel est son crime ? Il toise le tribunal de son air pincé. Parmi les accusés, il est l'un des seuls à ne guère faire usage des écouteurs qui traduisent les propos des membres de la cour : Schacht parle couramment français et anglais. Il n'y a donc que pour le russe qu'il utilise le dispositif. Le regard noir qu'il jette aux magistrats qui l'accusent est encore accentué par rapport aux autres accusés, contraints de se concentrer sur leur écoute au moyen des appareils.

Le moment clé du procès se situe quelques jours après l'ouverture des débats, à la fin du mois de novembre : dans la grande salle du tribunal, un film est projeté. Il s'agit d'images de la libération des camps : un montage muet des reportages faits par les cameramen aux armées et les correspondants de guerre, lorsque l'univers concentrationnaire nazi a vu ses grilles s'ouvrir sur le monde.

C'est l'épouvante.

La longue litanie des êtres humains réduits à l'état de squelettes, le cortège interminable de ces enfants sans cheveux ni dents à force de dénutrition, le spectacle obscène de ces montagnes de corps martyrisés qui s'entassent à des hauteurs invraisemblables, la vision de ces charniers, de ces chambres à gaz, de ces fours crématoires... Imaginer que cette organisation infernale a été mise en place par ces hommes, présents dans le box des accusés, pour rayer d'autres hommes de la surface de la terre et de la mémoire de l'humanité, glace le sang de l'assistance.

Un cauchemar.

Même Göring, pendant la projection, semble se ratatiner sur le banc. Schacht est l'un des seuls à garder la tête haute ; l'effet des éternelles chemises à col dur, sans doute. Mais il est touché, comme les autres, par l'abominable spectacle. Quelques-uns des accusés avaient déjà visionné des extraits de ces images quelques jours avant la projection. Ainsi le veut la procédure anglo-saxonne : les éléments de preuve doivent être connus de la défense avant d'être produits au tribunal. Mais tous les accusés, pour des raisons techniques, n'avaient pu assister à cette projection préliminaire. Pour ceux qui découvrent l'horreur absolue créée par le régime nazi, c'est le choc. Pire qu'un choc : un traumatisme. Hans Frank, le terrible *gauleiter* de Pologne, le créateur de Majdanek et Sobibor, s'effondre en pleurs. Rudolf Hess, qui ce jour-là semble avoir sa conscience, répète : *Unmöglich* (« impossible »). Hans Fritzsche, le jovial speaker de Radio-Berlin, la voix de Goebbels pour la propagande radiophonique (« Ici Hans Fritzsche ! » lançait-il joyeusement en introduction de chaque retransmission) est anéanti : il veut changer son système de défense et plaider coupable. Son avocat l'en dissuade.

La séance de projection est d'autant plus dramatiquement théâtrale que la salle du tribunal est plongée dans l'obscurité. Ne sont éclairés que l'écran d'un côté, où défilent les épouvantables images d'hommes, de femmes et d'enfants broyés avec une indicible cruauté et une absence totale de compassion, et de l'autre les accusés, qui restent éclairés par des projecteurs. La scène est saisissante des bourreaux faisant face à leurs victimes et s'efforçant de garder sur le visage l'impassibilité qui leur semble de bon aloi.

Mais il n'y a pas de bon aloi envisageable face à une telle horreur.

Il n'y a qu'un seul choix possible : nier, nier toujours, nier contre l'évidence. C'est ce qu'ils firent tous. Göring, Kaltenbrunner, Rosenberg, Seiss-Inquart et les autres, dont la responsabilité dans le génocide des populations juives n'était même pas discutable, plaidèrent tous de la même façon : les coupables étaient Adolf Hitler, Heinrich Himmler, Reinhard Heydrich, Martin Bormann et Joseph Goebbels. Ce sont ces responsables qui avaient organisé l'Holocauste. Commode : ils sont tous morts ! Quant aux accusés, ils ne savaient rien...

Au total, les débats de Nuremberg durèrent presque un an.

La suite interminable des échanges entre accusation et défense fut parfois brisée par des moments de grande tension ou de grand guignol.

Grande tension, lorsque sont évoqués les massacres de Katyn, où vingt-cinq mille Polonais, officiers, fonctionnaires, étudiants, en bref, l'élite d'une nation, fut impitoyablement exterminée. Les Allemands en rejettent la responsabilité sur les Russes, mais ni le procureur Roudenko, ni le juge Nikitchenko n'entendent les laisser s'exprimer. Ils font venir à la barre les membres de la commission d'enquête soviétique qui avait conclu à la responsabilité des Allemands, et refusent d'entendre les témoignages contraires. Mais c'est inacceptable pour les juristes qui composent la délégation alliée. Plusieurs semaines de négociation s'ensuivent entre Geoffrey Lawrence, Francis Biddle, Henri Donnedieu de Vabres d'un côté, et les Soviétiques de l'autre. On finit par un compromis : la défense pourra produire trois témoins, et l'accusation soviétique autant. Roudenko, l'homme du « procès des Seize » qui savait parfaitement à quoi s'en tenir quant au massacre des malheureux Polonais par le NKVD, pouvait triompher : la question de la responsabilité de Katyn ne sera pas tranchée. D'ailleurs, dans la décision finale du tribunal de Nuremberg, Katyn ne sera même pas évoqué. Pas très glorieux pour les Alliés ; au demeurant, le président Roosevelt lui-même s'était couvert de honte dans cette affaire de Katyn. Il avait demandé à son ambassadeur en Bulgarie, George Earle, d'enquêter sur ce massacre. Earle fit un travail d'enquête remarquable, concluant à la responsabilité des Soviétiques. Il demanda l'autorisation au président de publier le rapport qu'il avait établi. Roosevelt refusa net et muta sans délai George Earle aux îles Samoa. Il ne fallait surtout pas se fâcher avec Staline...

Mais la grande tension fait parfois place au grand guignol : les Soviétiques font comparaître le *Feldmarschall* Friedrich von Paulus, le vaincu de la bataille de Stalingrad, qu'ils ont capturé et qu'ils ont proprement « retourné » en faveur du camp communiste. Paulus accuse Göring, Keitel et Jodl d'avoir programmé une guerre de conquête à l'Est dans le cadre du plan Barbarossa, avec pour corollaire le projet d'exterminer les prisonniers de guerre russes qui seraient capturés en chemin. Göring explose de fureur, Keitel et Jodl invectivent leur ancien camarade, l'accusant à leur tour d'avoir lancé des appels à la désertion qui ont créé d'autant plus de victimes allemandes... La séance doit être suspendue sous les hurlements des militaires qui échangent des insultes.

Quand vient le tour d'examiner les charges contre Hjalmar Schacht, le procès a commencé depuis plusieurs mois et nous sommes en mars 1946. Les débats prennent un tour beaucoup plus sérieux, voire monotone. Schacht, comme toujours, a une stratégie. Il a fait appel à un défenseur remarquable, le Dr Rudolf Dix, ancien bâtonnier du barreau de Berlin. Ensemble, ils établissent un plan de défense. Hjalmar Schacht est un économiste, un financier ? Alors il faut être technique, méticuleusement technique, exagérément technique, histoire d'endormir les juges : parler de ce que Schacht a fait, plutôt que pourquoi il l'a fait, et surtout éviter d'évoquer pour qui il l'a fait. Parler de la réussite économique, des capitaux anglais, des banques américaines, plutôt que des industries d'armement. Et parler des tentatives de Schacht pour empêcher la guerre : le complot de 1938 contre Hitler. Malheureusement, il ne reste guère de survivants pour en témoigner. Mais splendide surprise, ils retrouvent Hans Gisevius, le dernier des conjurés, qui vient témoigner en faveur de Schacht. Le procureur américain Jackson, qui mène l'accusation contre le financier, se laisse progressivement prendre dans les filets de ce dernier, à la grande fureur des magistrats soviétiques. Mais quand on a affaire à un négociateur hors pair tel que Hjalmar Schacht, la partie est difficile à gagner...

Pendant l'été 1946 arrive le temps des réquisitions et des plaidoiries. Celle du procureur-adjoint français Charles Dubost, un grand résistant, qui requiert contre Hjalmar Schacht, est d'une précision de chirurgien :

« Cet homme néfaste qui sut grouper autour de lui pour les conduire à Hitler toutes les puissances financières et industrielles pangermanisantes, qui aida Hitler à prendre le pouvoir, qui inspira par sa présence confiance en l'Allemagne nazie, qui sut doter par ses artifices financiers l'Allemagne de la plus puissante machine de guerre de l'époque, qui le fit pour permettre à l'appareil parti-État de se lancer à la conquête de l'espace, cet homme fut l'un des principaux responsables de l'activité criminelle de l'appareil parti-État. Son intelligence financière fut celle de l'État nazi, sa participation au crime de l'État n'est pas équivoque. Elle est capitale. Sa culpabilité, sa responsabilité sont entières. »

En quelques phrases, toute l'œuvre de Schacht au profit de Hitler est analysée comme lors d'une dissection. Dubost, au nom de la France, réclame la peine de mort contre Hjalmar Schacht.

Le verdict du procès de Nuremberg donnera lieu à de nombreuses négociations entre Alliés et Soviétiques. L'une de ces passes d'armes entre vainqueurs de la guerre a trait à la nature de la peine de mort qui sera appliquée aux condamnés à la peine capitale. Donnadieu de Vabres plaide en faveur d'une mort par fusillade. Mais les Soviétiques sont inflexibles : ces misérables ne méritent pas une mort de soldat. Ils doivent être pendus.

Les Soviétiques emportent la décision.

Le verdict est annoncé le 1er octobre, en deux fois : le matin, la culpabilité des accusés au regard des quatre chefs d'inculpation est établie. L'après-midi, la peine est prononcée.

Hermann Göring, Joachim von Ribbentrop, Wilhelm Keitel, Alfred Jodl, Hans Frank, Ernst Kaltenbrunner, Arthur Seiss-Inquart, Alfred Rosenberg, Fritz Sauckel, Julius Streicher, Wilhelm Frick et, par contumace, Martin Bormann l'absent, sont condamnés à la mort par pendaison.

Franz von Papen et Hans Fritzsche sont acquittés.

Les autres sont condamnés à des peines de prison pour des durées diverses, dont la perpétuité pour Rudolf Hess, Erich Raeder et Walther Funk.

Et Hjalmar Schacht ?

Son cas est l'un des principaux sujets de controverse entre les quatre juges. Le général Nikitchenko exige la mort. Geoffrey Lawrence souhaite l'acquittement. Donnedieu de Vabres pencherait pour cinq ans de prison et l'Américain Biddle pour la prison à vie. Finalement, le tribunal ayant déjà prononcé de nombreux verdicts de mort, Lawrence, le *gentleman farmer*, emporte la partie : Biddle et Donnedieu de Vabres se rallient à son opinion. Schacht sera acquitté. Mais le juge Nikitchenko a une exigence : le verdict doit préciser que l'acquittement est prononcé malgré son opposition formelle.

Ainsi fut fait.

L'acquittement de Hjalmar Schacht est une immense surprise pour l'assistance : accusés, avocats, journalistes, et procureurs, tous s'étonnent d'une telle clémence pour l'homme à qui Hitler doit son pouvoir. Une seule personne ne montre aucune trace d'émotion : Hjalmar Schacht. Il était certain de l'issue ; il avait scientifiquement calculé les probabilités de s'en sortir et minutieusement mis au point la façon de s'y prendre.

Schacht est d'autant plus heureux que grâce au tribunal de Nuremberg, il a enfin pu revoir ses petites filles. Il craignait que Constance, qu'il n'avait plus revue depuis qu'elle avait 2 ans et demi, ne l'ait oublié ; pour Cordula, qui n'avait que 15 mois lors de la séparation, c'était une certitude. Effectivement, sa fille aînée n'avait que des souvenirs confus de ce père, en présence de qui elle fut mise dans une salle étrange où elle était séparée du vieil homme par une grille. Mais le sourire de ce digne monsieur à col dur était doux, et ses yeux cachés derrière ses lunettes semblaient pleins d'affection. Malgré tout, la petite fille, que sa maman Manci tenait par la main, ne voulait pas approcher de la grille. Quand arrive la fin de la visite, Constance n'y tient plus : elle s'avance vers le prisonnier et lui lance fièrement, du haut de ses 4 ans : « Toi, je t'aime bien ! »

Hjalmar Schacht, le grand financier rationnel et insensible, ne peut retenir une larme.

Les condamnés ont quatre jours pour se pourvoir en grâce devant la Commission de contrôle pour l'Allemagne, un organisme mis en place par les Alliés. Kaltenbrunner, Göring, Frank et Streicher refusent de présenter un recours.

Inutile, selon eux.

Les avocats de Göring, Frank et Streicher essaient néanmoins d'interjeter recours, sans en informer leurs clients.

Ils ont tort et les condamnés ont raison, car tous les recours sont rejetés, y compris ceux de Keitel et Jodl qui réclament une mort par balle plutôt que par pendaison.

Dans l'ancien gymnase du palais de justice, une potence est dressée. Elle est construite par un spécialiste du genre : l'expérimenté Johann Reichhart, le bourreau nazi de la prison de Plötzensee, auteur dans sa carrière de trois mille cent soixante-cinq exécutions, à la hache, à la guillotine ou par pendaison. Reichhart, parmi ses titres de référence, fut le bourreau responsable de l'exécution de la plupart des condamnés de la conjuration Walkyrie.

Le ministère de la Justice de Hitler imposait généralement des pendaisons « haut et court », c'est-à-dire que le supplicié était étranglé par la corde sous son propre poids. Par souci d'humanité, les Alliés imposent à Nuremberg la pendaison « longue » : le condamné, la corde autour du cou, tombe d'une certaine hauteur, ce qui lui brise les vertèbres cervicales et entraîne une mort instantanée. Johann Reichhart, après avoir construit la potence, partage sa science de la mort avec le sergent John C. Woods, le bourreau de l'armée américaine, qui doit officier pour les condamnés de Nuremberg. On dit qu'il lui prodigua des conseils fort pertinents. L'expertise qu'il avait acquise en exécutant les opposants au nazisme allait servir pour ceux qui avaient ordonné ces exécutions : singulier paradoxe du métier de bourreau...

Le 16 octobre, dans la nuit, la sentence doit être exécutée.

Un peu avant minuit, un remue-ménage agite la prison de Nuremberg. Une rumeur enfle. Depuis leurs cellules, les prisonniers entendent des hommes qui courent dans les couloirs, qui s'interpellent, qui crient. Des grilles s'ouvrent, se ferment, des pas se précipitent, apparemment dans la direction d'une cellule du quartier des condamnés pour crimes contre l'humanité.

Les prisonniers du couloir de la mort attendent l'exécution qui leur a été annoncée un peu plus tôt. Ils ne dorment pas ; ils sont aux aguets.

Quels sont ces bruits ?

Que se passe-t-il ?

Plusieurs minutes s'écoulent. Les bruits continuent dans le couloir.

Puis on déverrouille la porte de la cellule. Est-ce l'heure d'aller à la potence ?

Un homme qu'ils ne connaissent pas vient leur parler tour à tour.

« Je dois vous annoncer que l'un d'entre vous est mort, dit l'inconnu. Hermann Göring s'est suicidé. Cyanure. Préparez-vous, l'exécution est dans un moment.

L'homme s'en va.

On referme la porte.

Le silence revient.

Jusqu'à...

Cette nuit-là, le sergent John C. Woods exécute, en une heure et quarante-trois minutes, les dix condamnés à mort restant de la prison de Nuremberg. Tous se présentent à la potence avec dignité.

Sauf un.

Julius Streicher, le fou pathologique antisémite, ne pouvait décemment partir sans bruit. Quand on vient le chercher dans sa cellule, il est en caleçon long et en tricot de corps. Il refuse de s'habiller. Bon, d'accord, il mourra vêtu ainsi. On le prend par le bras ; il refuse de marcher. Il faut le traîner jusqu'à la potence. Tandis que les GI's s'efforcent de le maîtriser, il leur crache à la figure et hurle : « Les bolchéviques vous pendront ! » Il faut véritablement le porter pour monter jusqu'à la plateforme du gibet. Streicher crie encore : « Pourim, 1946 ! » ; une bizarre référence à une fête juive. Enfin, le sergent John C. Woods parvient à lui passer la corde autour du cou.

On raconte qu'exaspéré par le comportement de Streicher, le sergent Woods lui aurait appliqué la mort « haut et court », autrement dit l'étranglement par son propre poids, beaucoup plus long et douloureux que la pendaison « longue » par chute qui brise le cou, laquelle serait pratiquement indolore.

Personne n'a pu en apporter la preuve.

Toujours est-il que la rumeur courut, et que le sergent Woods fut relevé peu après de ses fonctions de bourreau de l'armée américaine. Revenu à la vie civile, il poursuivit sa carrière de bourreau au service de la justice de son pays. Mais la carrière de bourreau n'est pas sans risques : en 1950, tandis qu'il est en mission dans les îles Marshall et qu'il s'efforce de réparer une chaise électrique, il s'électrocute et meurt, en quelque sorte auto-exécuté !

Étrange fin pour un bourreau !

Dans sa carrière, John C. Woods aura procédé à l'exécution de trois cent cinquante-huit personnes, soit un score neuf fois moins élevé que son collègue allemand Johann Reichhart.

Pas si mal quand même.

Hjalmar Schacht, acquitté par le tribunal de Nuremberg, n'en a pas fini avec la justice. Son acquittement provoque un tollé en Allemagne. De tous les coins du pays, les résistants de la dernière heure réclament qu'il soit traduit devant les tribunaux de dénazification. Ces cours spéciales, qui fonctionnèrent jusqu'au début des années 1950, jugèrent environ cinq mille dignitaires du parti nazi ou assimilés et condamnèrent une partie d'entre eux à des peines de prison, souvent assez légères.

Lorsqu'il est relâché de la prison de Nuremberg, Hjalmar Schacht essaie d'échapper à l'action de ces tribunaux. Il veut rejoindre la zone d'occupation anglaise, mais n'y parvient pas et, finalement, comme tant d'autres, il est rattrapé par la vengeance de ceux qui n'avaient pas entrepris grand-chose pendant la guerre et qui veulent se racheter une fois la paix revenue par leur activisme malsain. Souvent en est-il ainsi : la méprisable lâcheté des temps difficiles fait place à un indomptable courage quand la sécurité revient. En France, ces gens-là se vengeaient généralement sur les femmes. Ils allaient même jusqu'à les tondre. Quels courageux héros...

Schacht passe encore quelques mois dans diverses prisons, il est condamné une première fois à huit ans de travaux forcés, puis est définitivement acquitté en appel.

Entre-temps, il publie un livre au titre assez curieux : *Abrechnung mit Hitler*, littéralement, *Règlement de comptes avec Hitler*, traduit en français par l'intitulé *Seul contre Hitler*. Avec une certaine mauvaise foi, il y expose son combat contre le Führer, disant au passage beaucoup de mal des conjurés avec qui il s'est associé, qu'il taxe d'amateurisme, voire d'incompétence, et justifiant très exagérément l'honorabilité de sa conduite pendant la guerre ainsi que son absence de toute responsabilité dans l'accession des nazis au pouvoir.

En réalité, ce livre, qui pourrait apparaître comme très hypocrite, est assez courageux. En effet, malgré l'opinion couramment répandue, il n'était pas si facile, juste après guerre, de s'affirmer en Allemagne comme un ennemi du régime hitlérien, et davantage encore comme un conspirateur. Dans une Allemagne en proie à toutes sortes de difficultés, ceux qui s'étaient singularisés par leurs complots contre l'ancien régime établi étaient souvent considérés comme des traîtres par une population éprise d'ordre. Ainsi, un homme aussi remarquable et respectable que le baron Rudolf Christof von Gersdorff, parce qu'il avait comploté contre Hitler, se vit opposer une fin de non-recevoir par les militaires lorsqu'il souhaita, après guerre, être réintégré dans la Bundeswehr, l'armée de la République fédérale allemande, au motif qu'il avait tenté de trahir son commandement en chef en essayant d'assassiner Hitler.

La démarche de Schacht, qui s'affirmait clairement dans ce livre comme un opposant au pouvoir nazi, doit donc être examinée à la lumière de cet état d'esprit très particulier. Bien loin d'être une preuve de lâcheté et d'opportunisme, son ouvrage, bien qu'exagérément laudateur pour lui-même, témoigne d'un certain courage.

Quoi qu'il en soit, une fois acquitté par les tribunaux de dénazification, Hjalmar Schacht entrevoit enfin l'issue de son calvaire judiciaire.

À l'orée des années 1950, il est libre de toutes charges pesant contre lui et peut recommencer à mener une vie normale en Allemagne.

Il a 74 ans.

La vie commence.

Chapitre 11. Le phénix

En 1951, j'en avais enfin fini avec les tribunaux de différentes espèces, Cour criminelle de Nuremberg, chambres de dénazification, fonctionnaires haineux de tous poils qui voulaient compenser leurs frustrations en se livrant à un insupportable harcèlement sur un ancien édile du Troisième Reich.

J'étais ruiné : par le miracle de la géopolitique, mes propriétés de Gühlen se situaient désormais en République démocratique allemande, donc en zone communiste. Ce qui en restait après les combats qui s'y étaient déroulés lors de l'envahissement de l'Allemagne par les armées russes avait été saisi et constituait désormais un bien d'État, soumis à une utilisation collective.

C'était la demeure de notre passé, celle des jours heureux, des années de guerre passées à la campagne. C'était aussi le théâtre de mon arrestation et de mon exil vers les camps de concentration. Il fallait maintenant l'oublier.

Avant guerre, je possédais également trois petits pavillons et un appartement à Berlin ; tout avait été détruit dans les bombardements qui avaient quasiment rasé jusqu'au moindre mur la capitale allemande. En outre, pour accentuer encore mon impécuniosité, les procès successifs avaient épuisé mes ultimes ressources ; j'étais même fortement endetté vis-à-vis des avocats qui avaient assuré ma défense devant les soi-disant cours de justice qui m'avaient appelé à rendre des comptes.

Il me fallait donc trouver des moyens d'existence pour ma famille et pour moi-même. Les livres que j'avais écrits m'assuraient des droits d'auteur honorables, mais pas suffisants pour reconstruire mon existence d'avant.

Les épreuves de ces années terribles auraient certainement brisé un autre que moi : depuis juillet 1944, j'avais passé cinquante et un mois en prison ou en camp d'extermination, dont deux années complètes en isolement. J'avais été poursuivi comme un criminel par les justices mondiale et allemande. J'avais entendu à sept reprises des réquisitoires qui demandaient, soit tout simplement ma tête, soit de longues années de réclusion criminelle, de sorte qu'à mon âge, retrouver la liberté avant la tombe aurait tout simplement eu l'allure d'une chimère.

Pour autant, l'homme libre que j'étais, à 74 ans, n'avait pas perdu son énergie. Assurer la subsistance de ma famille était ma préoccupation du moment, et il était hors de question que je ne trouvasse point de solution : j'avais deux petites filles dont l'éducation restait à assurer. Quelques mois durant, je tergiversai entre plusieurs options. Puis vint la lumière : fort heureusement, ma réputation d'homme providentiel des économies en difficulté n'avait pas été ternie par les procès humiliants au cours lesquels j'avais été traîné dans la boue. J'étais connu dans le monde entier comme le financier qui avait su vaincre l'inflation galopante, le négociateur qui avait évité de rembourser une dette qui conduisait à la ruine, et l'économiste dont les idées miraculeuses avaient abouti à mettre fin au chômage dans son pays. L'Indonésie fit appel à moi, puis l'Égypte, puis l'Iran, et *d'autres encore. Ils sollicitèrent mes conseils pour les aider sur la voie du développement.*

Ces pays me réservèrent tous un accueil de chef d'État.

Chacun défendait sa différence par rapport aux deux grands blocs nés de l'après-guerre, d'une part le bloc occidental, et d'autre part le bloc communiste, ne voulant s'aligner ni sur l'un ni sur l'autre. Ils étaient donc heureux de recevoir de ma personne des réponses à leurs problèmes structurels. Au moins avaient-ils l'assurance que les conseils prodigués par Hjalmar Schacht n'étaient pas orientés dans l'intérêt de celui qui conseillait.

Je n'étais donc pas resté au chômage très longtemps.

Pour autant, les quelques mois d'oisiveté pendant lesquels j'étais resté sans emploi avaient encore nourri ma réflexion sur le fléau économique et social que constituait le chômage.

En matière de chômage, il existe un seuil. Ce seuil est différent selon les pays. Son niveau est conditionné par de nombreux paramètres : l'assistance sociale du gouvernement, la solidarité qui existe dans les familles, les traditions plus ou moins affirmées de partage, etc. Ainsi ce seuil peut être très élevé dans les pays traditionnels à assise familiale forte et de tradition chrétienne : les liens sociaux et familiaux prennent alors, jusqu'à un certain point, le relais des liens et des ressources apportés par le travail. Le seuil est sensiblement moins élevé dans les sociétés plus modernes, dont le développement a été bâti sur une immigration massive attirée par les promesses d'emploi et de vie meilleure. Quoi qu'il en soit, il importe pour les gouvernants de connaître ce seuil, car lorsque le chômage vient à évoluer au-delà de ce niveau, les liens sociaux commencent à se distendre, la solidarité tend à s'épuiser et les fuites vers toutes sortes d'extrémismes ne tardent pas à s'amplifier.

Lutter contre le chômage devient alors la priorité des priorités. Ainsi que j'ai souvent eu l'occasion de l'exposer, en termes de timing, plus rien d'autre ne doit compter.

Lorsque le seuil de tolérance au chômage est atteint, il faut agir, agir vite et agir fort. Il ne sert à rien de temporiser, de tenir des discours d'excuses mettant en avant les difficultés économiques, la conjoncture mondiale, ou que sais-je encore. Il ne sert à rien de mettre en place, comme je l'ai souvent déploré, des politiques répressives contre les chômeurs, que l'on culpabilise, voire que l'on sanctionne parce qu'ils ne trouvent pas d'emploi. S'il n'y a pas d'emploi, il est illusoire d'inciter les chômeurs à trouver du travail : il n'y en a pas, c'est tout. Autant chercher le Graal : il n'existe pas. Dans ces conditions, stigmatiser les chômeurs parce qu'ils sont incapables de trouver un emploi qui n'existe pas est une hérésie, voire une torture mentale. Une telle attitude, pourtant courante chez les gouvernants incompétents qui se révèlent incapables de créer de l'emploi, n'aboutit qu'à augmenter le niveau de frustration au sein de la population.

Tel était l'un de mes conseils au président égyptien, au président indonésien ou au Premier ministre d'Iran : posez-vous la question du seuil de résistance au chômage. Lorsque votre pays approche ce seuil, agissez sans retard et sans un regard pour les paramètres économiques tels que l'équilibre des finances publiques ou le montant de la dette de votre État. Ces considérations deviennent annexes. En termes de timing, cette notion si essentielle en économie, vous aurez bien le temps de traiter plus tard l'équilibre des comptes. D'autant qu'en réduisant le chômage, vous allez tout naturellement améliorer ces paramètres financiers, comme le déficit de l'État ou le niveau de son endettement, qui vous inquiètent tant et que surveillent de si près vos partenaires et vos adversaires.

Si vous agissez différemment, vous allez favoriser ce que vous ne souhaitez à aucun prix : l'instabilité, la montée des extrêmes, le désordre social, voire pire encore : la révolution, la guerre, le chaos. Vous aurez alors tout raté : vous n'aurez pas réduit le chômage, vous n'aurez pas amélioré l'équilibre de vos comptes, et vous aurez disparu, emportés par le vent de l'histoire et de la révolte.

Ceci n'était que l'un des conseils que je prodiguai aux gouvernements qui firent appel à moi. Il fut toujours écouté lorsque j'eus affaire à des oreilles intelligentes.

Outre cela, j'ai également mis en œuvre des programmes d'action qui permettaient d'atteindre les objectifs de développement que nous déterminions de concert avec les gouvernements, ou mis en place des cadres de gestion financière, ou renégocié des contrats pétroliers avec les grandes compagnies occidentales. Et je dois dire qu'en général, les gouvernements que j'assistais et moi, nous avons rencontré le succès.

Trois années passèrent ainsi à parcourir le monde. Partout où nous voyagions, mon épouse et moi étions accueillis avec tous les égards. Les années hitlériennes étaient bel et bien oubliées ; c'est à l'économiste que rendaient hommage les gouvernements qui faisaient appel à Hjalmar Schacht.

Malgré tout, pour ce qui concernait ma personne, je sentais bien que ce rôle de consultant international ne pouvait être une fin en soi. Quand bien même j'étais appelé aux quatre coins de la planète pour travailler avec les gouvernements, mes deux petites filles, Constance et Cordula, qui avaient été privées si longtemps de leur père lorsque celui-ci était emprisonné, supportaient difficilement mes longues absences. La plus jeune avait à peine dépassé 10 ans, et sa grande sœur en avait 12 : un âge où la présence d'un père est indispensable pour bâtir une personnalité équilibrée. En outre, ma douce épouse

Manci, que j'emmenais toujours en voyage avec moi, souhaitait aussi mener une vie plus tranquille.

En 1953, j'avais 76 ans. Un âge jeune encore. J'étais dans la plénitude de l'existence et me sentais plein de vie, de volonté et de projets.

Je sentis qu'il était temps de songer à mon avenir.

Je devais impérativement me trouver une situation stable.

Je décidai donc de fonder une banque.

Indonésie, Égypte, Iran, Syrie, Inde, Philippines, Algérie indépendante après 1963, et finalement Pérou.

Hjalmar Schacht, dans les années 1950 et 1960, est le recours des pays en développement qui rencontrent des difficultés économiques. Qu'il s'agisse de mettre en place des mesures structurelles, des réformes financières ou de renégocier des contrats avec les grandes compagnies pétrolières ou industrielles, le Dr Schacht est prêt à apporter son concours.

Jusqu'à l'âge de 90 ans, avec son éternel costume sombre, ses chemises à col dur et ses lunettes rondes cerclées d'acier, Schacht parcourt le monde. Il montre dans les choix politiques ou économiques qu'il préconise une intraitable éthique ; soucieux de réussir le développement de ces jeunes nations et non pas de ménager les intérêts des uns ou des autres, il s'emploie à mettre sa science, son expérience et son génie au service des pays non alignés. Les gouvernements occidentaux ne voient pas toujours d'un bon œil cet ancien collaborateur de Hitler venir apporter la contradiction sur des terres qu'ils estiment appartenir à leur sphère d'influence. Mais Schacht n'en a cure ; lorsque les représentants des grands pays coloniaux, France, Royaume-Uni, ou États-Unis protestent auprès de lui pour défendre l'implantation de leurs grandes compagnies sur des terres qu'ils influencent traditionnellement, le Dr Schacht les congédie de quelques phrases méprisantes, accompagnées d'un regard hautain.

Il a raison, il le sait et il le fait savoir.

Pour Hjalmar Schacht, le développement économique est un facteur de stabilité mondiale ; au contraire, maintenir les pays nouvellement indépendants dans un système économique limité à l'exploitation des matières premières au seul profit de l'Occident, ne peut qu'attiser le ressentiment de ces jeunes nations contre les anciens colonisateurs, comme la France ou le Royaume-Uni, ou contre ceux qui veulent se substituer à eux sous une autre forme, comme les États-Unis.

Le développement économique, c'est la stabilité.

Le sous-développement et l'exploitation, c'est le chaos, la guerre et le terrorisme.

Donc, pour prendre un exemple parmi d'autres, à choisir entre les intérêts de British Petroleum ou Standard Oil et ceux de la jeune population iranienne, Schacht n'a aucun scrupule à sacrifier les compagnies pétrolières. Et inutile d'essayer d'intimider le vieux financier : Schacht a vécu l'enfer des camps de concentration, les angoisses des conjurations, les accusations de crimes contre l'humanité et les réquisitoires pour qu'on lui inflige la peine de mort. Alors, l'intimidation, à son âge et pour un homme comme lui... il n'est pas client !

Schacht avance, inexorablement, sur la voie qu'il a fixée.

En 1953, Hjalmar Schacht décide également de se lancer à nouveau dans les affaires. Il a 76 ans quand il ouvre à Düsseldorf les guichets de la banque Deutsche Aussenhandelsbank Schacht & Co, spécialisée dans le financement du commerce international. Sa réputation dans les cercles financiers mondiaux n'est plus à faire et son nom attire confiance. Dans la finance, la confiance est la clé du succès. La banque Schacht & Co rencontrera donc le succès ; comment en aurait-il pu aller autrement ?

Herr Doktor Schacht n'abandonne pas pour autant l'assistance aux pays en développement. Mais cela n'est pas tout à fait sans risques. En 1954, il rentre d'un voyage en Asie. Fatigué, il n'a pas bien vérifié l'itinéraire de son vol qui doit le conduire de Calcutta à Rome. Au demeurant, il a dû changer d'avion au dernier moment et s'est laissé guider dans l'urgence jusqu'à l'embarquement de son vol de remplacement.

Alors que l'avion survole le golfe Persique, le pilote annonce l'escale prévue :

« Mesdames et messieurs les passagers, c'est votre commandant qui vous parle. Nous allons prochainement atterrir à l'aéroport de Lydda, en Israël. »

Schacht sent une sueur froide lui couler dans le dos. Israël ? Mais c'est impossible ! Son vol devait faire escale au Caire, où il travaille souvent, et où il compte de nombreux amis et de puissantes relations, comme le président Naguib ! *Gottverdammt !* C'est vrai qu'il a changé d'avion ! Il n'a pas vérifié où était l'escale. Mais Israël !... L'État hébreu sort à peine de la guerre avec l'Égypte, que Schacht conseille très régulièrement ; l'armistice date juste de 1949 et la situation militaire est toujours tendue, souvent jusqu'à la rupture. En outre, en Allemagne, la communauté juive est encore très hostile à Schacht dont elle n'a toujours pas admis l'acquittement à Nuremberg, puis devant les chambres de dénazification. Atterrir en Israël... il est perdu ! Les Israéliens ne vont pas perdre une si belle occasion de s'emparer, sans aucun effort, d'un haut dignitaire du Troisième Reich, et de le juger. Encore la prison, encore l'enfermement...

L'avion atterrit sur la piste de Lydda. Les passagers débarquent pour l'escale. Schacht ne bouge pas.

— Monsieur ? demande une hôtesse. Vous devriez descendre. Nous allons demeurer ici trois heures.

— Mademoiselle, je suis assez fatigué. Puis-je rester à mon siège ?

— Non, c'est impossible. L'avion doit débarquer tous ses passagers. S'il vous plaît, veuillez me suivre, indique l'hôtesse en montrant la sortie de l'appareil.

— Exceptionnellement, mademoiselle, je souhaiterais pouvoir me reposer ici. Je suis vraiment très las. Pensez à mon grand âge ! insiste le vieux financier.

— Monsieur, nous ferons mettre à votre disposition un siège pour vous reposer, mais à l'intérieur de l'aérogare. Vous devez débarquer ! Je vous en prie !

Impossible de ne pas obtempérer. Hjalmar Schacht sort de l'avion et marche lentement jusqu'à l'aérogare. La foule n'est guère dense dans le petit bâtiment. Schacht essaie de se faire discret. Il prend place à la terrasse du buffet, dans un coin reculé, et commande un rafraîchissement.

— Monsieur le président ?

Schacht fait celui qui n'a pas entendu.

— Monsieur le président ? Vous êtes bien le président Schacht ? Le président de la Reichsbank ? demande le serveur avec un grand sourire.

— Euh... oui... c'était... il y a bien longtemps... répond-il.

— Monsieur le président ! éclate de rire le garçon. Je vous ai servi, en 1935, à Francfort ! Ah, c'était la belle époque ! Les affaires marchaient bien ! Content de vous avoir revu ! Bon voyage, monsieur le président !

Le serveur s'éloigne. Hjalmar Schacht est un peu soulagé. Mais voilà que s'approche une dame juive et son mari qui se mettent à le dévisager sans aménité. Schacht les reconnaît ! Il avait eu affaire à eux dans un comité agricole, si ses souvenirs sont exacts...

— Monsieur le président ? Vous vous rappelez de nous ? demande la dame.

— Bien sûr... le comité ? Comment allez-vous ? demande Schacht en souriant.

— Que faites-vous en Israël ? interroge abruptement la dame sans répondre.

— Juste une escale. Je suis en route pour Rome. Et vous ?

— Nous partons pour le Chili. Nous nous installons là-bas. Les affaires sont mauvaises ici. Au revoir...

Le couple s'éloigne.

Catastrophe ! pense Schacht. Dans quelques minutes, tout l'aérogare saura que le banquier de Hitler est là, assis au buffet, en train de siroter une eau gazeuse. Avec l'organisation israélienne dont il connaît l'efficacité, il ne faudra pas quinze minutes avant que le cabinet du Premier ministre soit avisé et qu'on ordonne de l'arrêter. Non, décidément, quelle poisse ! Il n'a aucune chance d'échapper à un emprisonnement. De plus, le gouvernement allemand, tout préoccupé qu'il est à restaurer des relations cordiales avec l'État juif, ne lèvera pas un doigt en sa faveur !

Les minutes s'égrènent, lentement, très lentement. Schacht guette d'un œil la pendule et de l'autre les va-et-vient, redoutant de voir des policiers arriver pour l'interpeller.

Une heure passe. Puis une heure et demie. Puis deux.

Un appel.

« Les passagers pour Rome sont priés de se présenter à la passerelle d'embarquement ! départ dans trente minutes ! »

Schacht se lève et d'un pas vigoureux se dirige vers la porte de sortie. Une fois dans l'avion, il pousse un soupir de soulagement.

L'appareil roule sur la piste, puis s'envole. Hjalmar Schacht, le banquier de Hitler, est sauvé.

David Ben Gourion, le Premier ministre israélien, sera informé trop tard de la présence de Schacht sur le sol hébreu. S'il l'avait su à temps, déclarera-t-il plus tard, il aurait immédiatement fait interpeller le vieil homme.

Mais l'État juif n'a pas toujours la même mansuétude, ni la même malchance avec les anciens nazis. Que sont devenus certains de ces hiérarques du Troisième Reich ?

Wilhelm Stuckart a quitté tôt son bureau, en cette journée du 15 novembre 1953. Après plusieurs semaines de pluies sur la région de Hanovre, enfin le temps s'est remis au beau : une magnifique journée d'automne qui a donné à Wilhelm Stuckart l'envie de s'échapper à la campagne pour une balade improvisée.

Wilhelm Stuckart ne rentrera pas chez lui ce soir-là. Sur une route au revêtement parfait, avec une visibilité parfaite, une voiture parfaitement entretenue et un conducteur parfaitement expérimenté, un accident s'est produit.

Wilhelm Stuckart est mort sur le coup.

Un accident parfait.

Ou un crime parfait ?

Stuckart était un ancien nazi ; corédacteur des lois de Nuremberg sur la ségrégation des Juifs, il représentait le ministère de l'Intérieur à la conférence de Wannsee qui avait formalisé la « solution finale de la question juive ». Il y avait d'ailleurs soulevé quelques pâles objections : selon lui, dans certains cas, une stérilisation obligatoire de certaines populations aurait été préférable à une extermination directe, et serait en outre plus simple à organiser. Mais il n'avait pas insisté. Le Führer avait ordonné la solution finale, la destruction des juifs d'Europe était donc la seule option. L'ignoble Stuckart avait signé les conclusions de la conférence de Wannsee et entériné la politique d'extermination. Jugé après la guerre, il avait été condamné à une peine légère, puis libéré en 1949. Une peine bien trop insignifiante pour ce fidèle haut fonctionnaire de l'extermination juive...

On dit que le soir de l'accident mortel de Stuckart, quatre officiers du Mossad quittaient la zone industrielle de Hanovre dans un camion en provenance de Stockholm qui devait livrer un chargement de papier à Genève.

On dit qu'ils étaient présents plus tôt dans la journée sur les lieux de l'accident...

On dit que le Mossad a la mémoire longue.

Mais on dit tellement de choses...

Des années plus tard, en mai 1960, un commando du Mossad enleva à Buenos Aires un modeste contremaître d'une usine de voitures Mercedes-Benz nommé Ricardo Klement. Apparemment, le Mossad avait mission de prendre grand soin de cet inconnu. Klement fut séquestré quelques jours dans une villa de la capitale argentine, puis embarqué dans un avion de la compagnie El Al à destination de Tel Aviv. Ricardo Klement s'appelait en réalité Adolf Eichmann. Si Hitler a inspiré la solution finale du problème juif, si Himmler et Heydrich en ont été les architectes qui ont imaginé les camps de la mort, les exécutions de masse et l'industrialisation du processus d'attrition des juifs, Adolf Eichmann en a été l'inlassable organisateur. Il a construit les camps, pensé les solutions pour transporter les victimes jusqu'à leur lieu d'exécution, imaginé les moyens pour ôter la vie à grande échelle, et mis au point les dispositifs pour traiter le problème de l'équarrissage des corps dans des conditions sanitaires acceptables. Eichmann, ce petit fonctionnaire si zélé, se voulait l'administrateur suprême de l'Holocauste. Sa défense, lors de son procès à Tel Aviv pour crime contre l'humanité, sera d'affirmer qu'il avait suivi les ordres.

Il fut condamné à mort et pendu.

Oui, le Mossad a bien la mémoire longue…

Pour autant, malgré le Mossad, tout comme Hjalmar Schacht, certains hiérarques nazis feront de belles carrières après guerre et mourront très paisiblement dans leurs lits.

Une très belle carrière, mais pas de mort paisible pour *l'Unters-turmführer* Hanns Martin Schleyer : ce SS, devenu le grand chef du patronat allemand, ne décéda pas dans son lit, mais fut assassiné par les terroristes allemands de la Fraction Armée rouge (Rote Armee Fraktion – RAF), autrement dit « la bande à Baader », en 1977.

Autre carrière brillante, Hans Globke, un fidèle collaborateur de Wilhelm Stuckart, le participant à la conférence de Wannsee évoqué plus haut. Globke est l'un des auteurs des lois et décrets de Nuremberg sur la ségrégation des juifs. Ce personnage deviendra secrétaire d'État de la République fédérale allemande et sera l'un des plus proches collaborateurs du chancelier d'Allemagne Konrad Adenauer. Le baron Rudolf Christof von Gersdorff, ce héros de la lutte antinazie, devra à l'animosité de Globke d'être toute sa vie interdit de réintégrer l'armée, poursuivi qu'il était par le mépris de ce nazi qui n'aimait pas ceux qu'il considérait comme des traîtres à Hitler.

Pendant ses mandats de chancelier de la République fédérale allemande, Konrad Adenauer, à qui Globke était redevable de son ascension dans l'élite de la haute politique gouvernementale, soutiendra sans faiblir ce nazi dont il avait fait son conseiller. Adenauer sera pourtant contraint à la démission à cause d'un autre nazi, *l'Obersturmführer* Heinz Felfe. Ancien espion du Troisième Reich, Heinz Felfe poursuivra après guerre sa carrière au sein des services secrets de la République fédérale d'Allemagne. En 1950, il est recruté par le KGB. Quelques années après, alors qu'il est monté en grade, l'agent double Heinz Felfe est chargé en Allemagne de la lutte contre ce même KGB ; tout comme Kim Philby au Royaume-Uni, ce traître au service de l'Union soviétique contrôle désormais la lutte contre l'espionnage soviétique ! Heinz Felfe sera démasqué en 1960, dix ans après sa trahison en faveur du bloc communiste ; le scandale poussera Adenauer à se retirer de la vie politique. Il est vrai qu'employer un ancien SS comme maître espion pour combattre le KGB, et s'apercevoir qu'en réalité il espionnait pour les Soviétiques, faisait plutôt désordre.

Quant au nazi antisémite Globke, lorsqu'après sa retraite il souhaita se retirer en Suisse, les autorités helvétiques, qui pendant les années du Grand Reich avaient été beaucoup moins regardantes, le déclarèrent persona non grata et lui interdirent de s'installer sur leur territoire.

Mieux encore que Globke, au panthéon des nazis ayant fait une magnifique carrière, voici Kurt Georg Kiesinger. Cet ambitieux personnage fut à compter de 1933 un membre extrêmement actif du parti nazi. Très proche collaborateur de Joachim von Ribbentrop, il sera chargé de la propagande nazie en dehors du territoire allemand, d'où son surnom flatteur de « Goebbels de l'étranger ». Emprisonné après la défaite de l'Allemagne en 1945, il est libéré en 1948. Il s'engage en politique quelques années plus tard, et devient en 1966 le puissant chancelier de la République fédérale allemande, poste qu'il occupe jusqu'en 1969. Un nazi à la tête de l'Allemagne de l'Ouest ! Rien que ça ! Modeste consolation, il est humilié par Beate Klarsfeld, la chasseuse de nazis, qui le gifle publiquement en l'interpellant ainsi : « *Nazi ! Démissionne !* » Inutile de dire qu'il n'en fera rien.

Toujours plus haut dans l'échelle des responsables planétaires, voici un jeune lieutenant, membre du parti nazi, époux d'une militante convaincue de la cause nazie, et officier de renseignement de la Wehrmacht lors de la campagne de répression menée par l'armée nazie dans les Balkans entre 1943 et 1945. Au cours de cette meurtrière expédition punitive, de très nom-breuses atrocités contre les civils furent commises par les forces allemandes. Ce lieutenant, nazi convaincu, qui prit activement part à ces horreurs dans les conditions qu'on imagine, devint plus tard Secrétaire général des Nations unies entre 1972 et 1981 et président de la République autrichienne entre 1986 et 1992 ; il s'appelait Kurt Waldheim.

Un avenir brillant existait donc pour les anciens nazis.

Hjalmar Schacht, lui aussi, essaya d'entrer en politique dans les années 1950, mais son nom était trop sulfureux pour qu'on l'accueillît dans un parti. Il renonça aux responsabilités en Allemagne et consacra son temps à sa banque et aux pays en développement. Parmi les pays qu'il aida le plus souvent, l'Égypte. D'abord au service du roi Farouk, puis à compter de 1952 et jusqu'en 1953 pour l'Égypte du président Naguib, et enfin à compter de 1953 pour l'Égypte du président Nasser.

Il ne fut pas le seul Allemand à venir se recycler en Égypte.

L'*Obersturmbannführer* SS Otto Skorzeny était un héros du Troisième Reich. Officier de commandos, capable des audaces les plus périlleuses, il fut notamment le chef du détachement de parachutistes qui libéra Mussolini de la prison de montagne où les opposants qui l'avaient renversé le maintenaient prisonnier ; c'était en septembre 1943. Avec Otto Ernst Remer, il participa aussi le 23 juillet 1944 à l'échec de la conjuration Walkyrie en menant l'assaut contre les insurgés retranchés au Bendlerblock, le quartier général de la Wehrmacht à Berlin.

Après guerre, il s'enfuit en Espagne et fonde l'organisation Odessa qui aide les anciens nazis à s'échapper d'Europe vers l'Amérique du Sud. À l'instigation du général Gehlen, un ancien officier de la Wehrmacht, fondateur après guerre des services secrets allemands, Skorzeny part en 1953 en Égypte en qualité de conseiller militaire. Il emmène avec lui plusieurs officiers de haut rang de l'Allemagne nazie : un général de division de panzers, un officier d'élite des SS, ancien responsable de la garde personnelle de Hitler, et d'autres encore.

À l'époque, l'Égypte était en état de guerre larvée avec Israël, cette jeune nation où les rescapés de la Shoah avaient trouvé refuge. L'Égypte, comme les autres nations arabes, ne voulait pas admettre la création de cet État juif où enfin, après deux mille années d'errance, la diaspora sémite allait disposer d'un refuge à elle. Un premier conflit avait eu lieu entre l'Égypte et Israël en 1948-1949, un deuxième allait bientôt se déclencher en 1956 : la guerre de Suez.

Il est intéressant de constater que les nazis, au travers d'Otto Skorzeny dans le domaine militaire et de Hjalmar Schacht dans le domaine économique, voyaient d'une certaine manière leur haine irraisonnée des juifs poursuivre son chemin au service d'un pays, l'Égypte, dont la volonté affichée à l'époque était de rayer de la carte Israël et les survivants de l'Holocauste qui y avaient trouvé une terre d'accueil.

Mais Hjalmar Schacht, pour ce qui le concernait, ne poursuivait certainement pas ce but. Il avait démontré qu'il n'était pas un homme de guerre. La guerre, c'est le chaos, la ruine, la fin du développement. L'économiste qu'il était ne souhaitait pas cela. Au contraire, le développement économique harmonieux au profit de tous fut son credo jusqu'à la fin de sa vie.

En réalité, dans ses vieux jours, Hjalmar Schacht dévoile de plus en plus son humanité, qu'il avait si longtemps dissimulée ; il était temps.

Un jour, il est en Indonésie et se baigne dans une piscine après une longue journée de travail. Il fait très chaud et humide ; de nombreux baigneurs l'entourent et les jeunes indonésiens viennent gentiment saluer ce digne vieillard européen, avec son air un peu sévère, mais qui semble amusé d'être là, entouré de la jeunesse du pays. On se met à discuter économie, monnaie, développement... Des thèmes que Schacht affectionne. Puis l'un des baigneurs lui lance :

— Vous savez, il y a trois ans, discuter avec vous ici aurait été impossible !

— Ah bon ? s'étonne Schacht. Et pourquoi ?

— La piscine nous était interdite, à nous autres, les gens de couleur. Elle était réservée aux Blancs, ou aux dirigeants du pays. Aujourd'hui, on peut venir et parler avec vous.

Le visage de Hjalmar Schacht s'éclaire d'un immense sourire. Il est aux anges. Les choses évoluent dans le sens qu'il souhaite.

L'œuvre de Hjalmar Schacht au service du développement des pays émergents est considérable : réforme de l'administration du jeune État indonésien, constitution de la Banque centrale de Syrie, renégociation des contrats pétroliers iraniens, édification du système financier algérien, développement de la croissance au Pérou, organisation de l'État en Égypte... Qui peut se targuer d'avoir fait, pour le développement économique des pays nouvellement libérés du joug de la colonisation, autant que Hjalmar Schacht, le financier de Hitler, le banquier du diable, l'homme qui avait rendu possible la Seconde Guerre mondiale ?

Tandis qu'il voyage vers les destinations lointaines où les gouvernements l'attendent avec ferveur, Schacht doit fréquemment faire halte en route, car les vols intercontinentaux sans escale n'existaient pas encore. Ainsi s'arrête-t-il à plusieurs reprises à Calcutta, en Inde, sur le chemin de l'Indonésie. Lors de ses passages, il s'entretient des problèmes économiques avec les ministres du pays. Il est reçu par le Pandit Nehru, le libérateur de l'Inde, et par sa fille, la jeune Indira, si charmante et intelligente qu'elle laisse à Hjalmar Schacht le souvenir d'une personnalité exceptionnelle. Pourtant, Schacht n'était pas de ceux qu'on impressionne facilement. Mais cette jeune fille allait avoir un destin qui l'éleva au firmament des grands leaders qui marquent l'histoire : elle était la future Indira Gandhi, qui gouverna l'Inde, la plus grande démocratie de la planète, pendant une quinzaine d'années, avant son assassinat par un soldat de sa garde personnelle. Nul doute qu'elle profita des passages du grand financier dans la demeure paternelle pour mieux comprendre comment fonctionnait l'économie d'un pays, et qu'elle apprit du banquier de Hitler comment guider les nations sur la voie du développement et de la prospérité.

À cet égard, si l'on fait l'inventaire des grands leaders mondiaux qui s'enrichirent un jour des conseils de Schacht pour orienter leur politique économique, on réalise à quel point cet homme, en prodiguant ses conseils avisés à leurs dirigeants, a influencé le destin de centaines et centaines de millions d'autres hommes : avant guerre, outre Adolf Hitler, il conseilla Franklin Delano Roosevelt pour sortir de la grande crise qui s'était déclenchée en 1929. Puis après guerre, il fut le conseiller de Naguib et Nasser les Égyptiens, de Mossadegh l'Iranien, de Soekarno l'Indonésien, de Ben Bella et Boumédiène les Algériens, des généraux au pouvoir en Syrie, du président péruvien Terry, dirigeant historique du pays, et enfin de Nehru l'Indien et de sa fille Indira Gandhi. Excusez du peu…

La place de Hjalmar Schacht dans la géopolitique économique mondiale de la seconde moitié du xxe siècle en fait l'égal des plus grands chefs d'État.

Et dire que pour son rôle crucial dans la tragédie hitlérienne, il aurait dû être pendu à Nuremberg !

Les années passèrent. Les enfants grandirent. Les petits-enfants aussi. Des arrière-petits-enfants naquirent. Des révolutions se déclarèrent. Des crises secouèrent le monde : la guerre froide, la décolonisation, les missiles de Cuba, la révolte de Prague, les coups d'État en Amérique du Sud et en Afrique…

La vie s'écoule, tout simplement ; et un jour elle s'approche de son terme.

En ce début du mois de juin 1970, l'énergie inépuisable qui animait Hjalmar Schacht le quitte. Il l'a admis avec bonne humeur lors de son anniversaire, en janvier, entouré de ses enfants, de ses petits-enfants et de quelques bébés de la nouvelle génération : à 93 ans, il est maintenant un vieil homme. La douce Manci, lorsqu'elle a entendu l'aveu de faiblesse de cet inébranlable mari, de ce roc dont elle partage la vie depuis près de trente ans, est sortie dans l'office pour étouffer un sanglot.

L'air du printemps qui descend des montagnes bavaroises est doux, mais les nuits sont encore fraîches ; elles embaument les parfums des fleurs qui s'épanouissent dans la campagne. On prend plaisir à respirer, comme pendant le printemps de l'année 1944, lorsque le grand financier fut libéré de l'enfer concentrationnaire nazi. C'était dans le Tyrol, non loin de là.

Le vaste appartement de Munich est calme ; la douce Manci s'efforce de faire régner le silence, ce qui n'est pas chose aisée avec les petits-enfants et arrière-petits-enfants du grand homme. Mais grand-père est bien fatigué ; alors les petits marchent doucement lorsqu'ils passent devant sa chambre, au milieu du long couloir si amusant pour les cavalcades effrénées.

Hjalmar Schacht va mourir.

Ses éternels costumes sombres sont remisés dans son armoire. Ses chemises à col dur, soigneusement repassées, restent depuis plusieurs semaines dans ses tiroirs. Ses lunettes rondes cerclées d'acier sont posées sur la table de nuit.

Le 3 juin 1970, le célèbre financier, le plus grand des économistes du xxe siècle, l'homme qui a sauvé trois fois l'Allemagne de la ruine, s'endort sereinement, avec le sentiment du devoir accompli.

Le banquier du diable remet son âme à Dieu.

Souhaitons pour lui qu'il en soit ainsi.

Chapitre 12. L'héritage

Hjalmar Schacht a beaucoup écrit tout au long de sa vie : vingt-six livres dans lesquels il exprime ses idées sur l'économie ou dans lesquels il raconte ses expériences ou sa vie. À part quelques rares pages, Schacht y dévoile très peu ses sentiments personnels. L'essentiel est consacré à son action en tant qu'économiste au service de l'Allemagne ou à ses conceptions de la politique et de l'art de gouverner.

Cet homme complexe présente deux aspects très différents.

D'une part, en tant qu'économiste et financier, Schacht a toujours réussi à trouver des solutions miraculeuses aux défis gigantesques auxquels il a été confronté. Qu'il s'agisse de vaincre l'inflation galopante, de mettre fin au paiement des réparations, de relancer la machine économique allemande, de lutter contre le chômage, de restaurer la balance commerciale de son pays, de mener les pays en développement sur le chemin de la croissance, il n'a jamais rencontré l'échec. C'est un cas unique dans l'histoire.

D'autre part, en tant qu'homme, il s'est souvent trompé. Il s'est trompé sur Adolf Hitler, qu'il croyait pouvoir contrôler et manipuler. Il s'est trompé sur Hermann Göring, qui le trahira joyeusement. Il s'est fourvoyé avec le nazisme, cette doctrine qui ne correspondait en rien à ses pensées profondes. Il s'est trompé enfin sur lui-même : à trop vouloir paraître comme l'insensible et rationnel grand responsable de l'économie allemande, préoccupé uniquement par son sens du devoir, il a oublié qu'il préférait sans doute, tout au fond de son « moi » refoulé, une vie simple de père de famille à la campagne. L'exil intérieur qu'il vécut à Gühlen, puis ses années d'incarcération agirent sur lui comme une révélation : Schacht se rendit compte que d'autres valeurs existaient qui méritaient qu'on leur consacrât une partie de son temps.

La fin de sa vie, après sa libération, fut plus équilibrée que la première partie où tout son être n'était préoccupé que de réussite économique, de pouvoir politique et de place à prendre dans l'histoire.

Schacht II apparaît donc plus humain que Schacht I.

Pour autant, de Schacht II comme de Schacht I, il faut retenir plusieurs leçons.

La première, c'est la détermination. Cet homme qui a survécu à tant d'épreuves, qui a renversé tant de montagnes et relevé tant de défis, était habité d'une incroyable détermination, à la hauteur de celle d'un de Gaulle ou d'un Churchill, eux aussi exemplaires en matière de volonté inflexible. Or, la détermination est la condition sine qua non de la réussite, dans quelque domaine que ce soit.

La seconde, c'est la clairvoyance. Schacht n'est pas un théoricien. Malgré l'abondance de ses livres, il n'a pas écrit d'ouvrages magistraux, il n'a pas concurrencé Keynes dans le domaine économique ou Jacques Rueff dans le domaine monétaire, ni aucun des auteurs qui font référence sur les bancs des universités. Non, il a fait beaucoup mieux : il a agi. Confronté à des problèmes insolubles, il a examiné, il a analysé, il a imaginé, puis il a mis en œuvre ses solutions, sans changer de cap, sans dogmatisme, avec la force que procure une conviction étayée par une réflexion profonde. Et il a gagné.

La troisième, c'est l'intérêt général. Schacht était un génie des affaires. Il aurait pu bâtir une colossale fortune mondiale. Mais non, ce genre de superficialité n'était pas digne de lui. Il n'était pas intéressé : un costume sombre, une chemise à col dur, une paire de lunettes cerclées d'acier... il n'y avait aucun goût en Schacht pour la richesse, l'ostentation, la cupidité imbécile et égoïste qui caractérise le système capitaliste moderne. Schacht était préoccupé de développement pour tous, garantie selon lui de stabilité sociale.

Détermination, clairvoyance et intérêt général : voilà l'héritage de Hjalmar Schacht.

Certes, d'aucuns évoqueront d'autres legs beaucoup moins présentables. Estime de soi, orgueil, certitude d'avoir toujours raison, morgue, arrogance, complexe de supériorité, ego boursouflé de contentement... bien sûr, il y a aussi cela... mais de grâce, ne peut-on oublier ces travers au bénéfice de l'inventaire des vertus que le grand Hjalmar Schacht nous a transmises ?

Aujourd'hui, en ce début de xxie siècle où sévit une crise mondiale d'une violence inégalée dans l'histoire, on se prend à rêver à ce que Schacht entreprendrait s'il était encore de ce monde, peuplé majoritairement de dirigeants velléitaires et soucieux avant tout d'eux-mêmes. En France, leur préoccupation cardinale est uniquement de remporter à tout prix l'élection suivante afin de sauvegarder leurs privilèges, sans même tenter d'infléchir la marche du pays. En Allemagne, l'objectif est de maintenir les avantages acquis sur les autres pays européens, quitte à les écraser économiquement et broyer leurs espoirs de redressement. Au Royaume-Uni ou aux États-Unis, la doctrine unanimement partagée consiste à poursuivre une trajectoire résolument individualiste, sans prendre garde aux perturbations que cela fait naître, et tout en s'excusant fort civilement mais sans trop y croire : « *So sorry !...* »

Que ferait Schacht ?

En 1933, Hjalmar Schacht a relancé l'économie allemande en créant de toutes pièces une quasi-monnaie d'un nouveau genre, les bons MEFO, et en engageant le pays dans un effort sans précédent d'équipement, d'industrialisation, et malheureusement aussi d'armement. Il a mis en place un contrôle strict de l'emploi des ressources qu'il dégageait et de la répartition des bénéfices qu'il engrangeait. Il a ainsi vaincu le chômage en moins de cinq ans : en partant d'une situation de sept millions de sans-emploi, cela fait environ un million et demi de chômeurs remis au travail chaque année. Qui peut se comparer à lui ?

Personne, hélas. Et surtout pas les responsables politiques d'aujourd'hui, alors que les difficultés économiques s'amoncellent et font trembler sur ses bases un continent comme l'Europe dont les dirigeants paraissent définitivement impuissants à relancer la prospérité.

Que pourrait imaginer Hjalmar Schacht, s'il était encore présent à fumer le cigare dans un bureau humide et sombre où sèchent les serpillières ?

Les présidents, les chanceliers, les ministres qui, pour ce qui les concerne, occupent les palais dorés des républiques et des royaumes, n'ont-ils donc rien retenu de son héritage, notamment ceux d'entre eux qui enregistrent déception sur déception dans la conduite des politiques économiques de leurs nations ?

Ainsi que cela a été décrit dans ce livre, les plus grands succès de Schacht ont été remportés dans trois domaines : la stabilisation monétaire, la renégociation de la dette, la lutte contre le chômage.

Analysons la situation actuelle au regard de ces problématiques, qui toutes sont marquées aujourd'hui dans maints pays par de profonds déséquilibres apparemment impossibles à rétablir ; et examinons les solutions que Schacht avait imaginées.

Au plan monétaire, la situation que nous connaissons n'est évidemment pas la même qu'à l'époque de Schacht, en 1923. Il était confronté à une hyperinflation record, tandis que nous sommes aujourd'hui plutôt dans la situation inverse : la déflation menace nos économies occidentales. Pourtant, les causes du mal, sous certains aspects, sont identiques : en effet, l'hyperinflation était en partie – mais en partie seulement – due aux spéculateurs, aux financiers qui jouaient le dollar contre le mark et contribuaient à enfoncer leur propre pays dans la spirale inflationniste dont ces profiteurs en costume élégant tiraient habilement les fruits. Les économies occidentales, quant à elles, ont été plombées par la faillite de la banque Lehman Brothers, en 2008, laquelle a déclenché une crise financière dans le système bancaire mondial, puis une crise des dettes souveraines, le tout se débouclant sous forme d'une crise économique généralisée à la planète entière. Dans les deux cas, 1923 et 2008, le système financier porte une lourde responsabilité : au temps de Schacht, en raison de son attitude résolument égoïste et cupide qui entraînait une aggravation des tensions hyperin-flationnistes ; et en 2008, par l'incapacité qui a été la sienne de contrôler ses propres risques, et notamment les turpitudes incons-idérées de ses traders qui multipliaient les opérations dont ils ne comprenaient pas eux-mêmes les conséquences.

Les mesures décidées alors par Hjalmar Schacht et celles décidées par les dirigeants modernes sont diamétralement opposées : en 1923, Schacht décide de couper les robinets du financement aux spéculateurs, quitte à provoquer leur ruine, et cela du jour au lendemain. Rien de comparable en 2008 : les autorités politiques et économiques à qui il est revenu de faire face, tant bien que mal, à la crise financière, ont pris le parti exactement inverse. Pour eux, il fallait sauver à tout prix les banques. De la sorte, de fort coûteux plans de sauvetage ont été mis en œuvre par les autorités nationales, en Irlande, en Grèce, en Allemagne ou ailleurs, à tel point que pendant la période 2008-2012, en Europe, 10 % du PIB du continent a été absorbé par le sauvetage des banques. Les bilans des Banques centrales sont aujourd'hui gorgés d'actifs douteux rachetés aux financiers, ci-devant coupables d'avoir déclenché la crise, afin de leur permettre de survivre. C'est la collectivité qui porte désormais les risques qui y sont associés.

Donc, sur ce premier aspect de la politique monétaire, Hjalmar Schacht est resté un exemple isolé dans l'histoire. Les autorités économiques modernes n'ont pas cherché à s'inspirer de lui : le banquier du diable, ancien banquier lui-même, n'avait pas hésité à sacrifier ses semblables. Pour leur part, les dirigeants d'aujourd'hui, qui souvent sont aussi d'anciens banquiers ou sortent des mêmes eaux, ne ménagent pas les deniers du peuple pour sauver leurs coreligionnaires.

Pourtant, ce qu'avait fait Schacht avait plutôt bien marché...

Deuxième grande œuvre économique du banquier du diable, la renégociation de la dette allemande. Le credo de Hjalmar Schacht en la matière est toujours resté le même : si la dette est un problème, ce n'est pas un problème pour le seul débiteur, mais c'est un problème aussi pour le créancier. Aussi celui-ci doit participer à la solution du problème. Pour Schacht, ce principe se traduisait très concrètement par une attitude sans équivoque : lui vivant, l'Allemagne ne paierait pas ! Point final ! Et il organisa les choses en conséquence, au fil des renégociations de la dette avec la commission Dawes, et ensuite avec la commission Young. Pour être sincère, il se comporta avec une franche malhonnêteté, car s'il paraissait discuter ouvertement de la manière de restructurer les paiements, son intention profonde était surtout de ne pas débourser un seul pfennig ! Et il y parvint !

Aujourd'hui, beaucoup de pays sont plombés par le poids de leur dette qui entrave tout redressement économique. Dans cette configuration, l'attitude des autorités politiques et économiques a plutôt consisté à imposer aux débiteurs impécunieux, c'est-à-dire aux pays comme l'Irlande, le Portugal, l'Espagne, et surtout la Grèce, des cures d'austérité d'une terrible intensité, afin de dégager des marges budgétaires permettant d'assurer le remboursement de cette dette. Pour ceux qui ne sont pas encore tout à fait au bord du gouffre, comme la France ou l'Italie, la perspective est néanmoins de devoir payer un jour. En conséquence, les États concernés se projettent dans la situation de payer, c'est-à-dire qu'ils mettent en place des politiques récessionnistes d'austérité, quand bien même leur taux de chômage tend à exploser. De la sorte, les rangs des sans-emploi continuent de progresser et aucune reprise économique significative n'est possible. Certes, très exceptionnellement, des sacrifices ont été imposés à certains créanciers lorsque la situation était trop compromise ; ce fut le cas pour les créanciers privés de la Grèce. Mais in fine, le remède a toujours consisté à maintenir ce boulet de la dette, sous une forme à peine allégée, et d'exiger en échange une austérité de crève-la-faim qui condamne sans appel tout espoir de retour de la prospérité, au moins à court et moyen terme. Quant aux espoirs de vie meilleure à long terme, nous entrons là dans le domaine de la foi ; car à long terme, comme le disait Keynes, tout le monde sera mort. Peut-être même avant : en Grèce, à la fin de l'année 2014, le pays a connu cinq années consécutives de récession ; le taux de chômage atteint 26 % de la population active, il dépasse 60 % chez les moins de 25 ans, et le taux de suicide a progressé de 40 %. Pourtant, pas question pour les maîtres de la politique économique européenne de dévier de la trajectoire : si le pays survit à cette purge, il sera guéri, paraît-il. Mais survivra-t-il ?

Hjalmar Schacht était viscéralement attaché à l'exigence d'obtenir des résultats rapides. « Où est le redressement promis ? » demanderait-il à nos dirigeants modernes. Schacht avait tout fait pour libérer l'Allemagne du fardeau de la dette, y compris en abusant des bonnes volontés, comme celles de Dawes et Young. C'était la seule méthode admissible dans son esprit. L'idée n'est pas venue à nos dirigeants modernes de s'inspirer de son exemple pour régler cette problématique de la dette. Sans doute pas en se bornant à refuser de payer, comme Schacht l'avait habilement fait, mais par exemple en « monétisant » cette dette, ou une partie de cette dernière, auprès des Banques centrales, au taux de leurs interventions avec les banques, c'est-à-dire à peu près zéro pour cent.

Car ce qu'avait réalisé Schacht avait plutôt bien fonctionné...

Troisième réussite brillante du banquier du diable, la lutte contre le chômage. Hjalmar Schacht, en partant d'une situation de plus ou moins sept millions de chômeurs lorsqu'il revient en 1933 aux commandes de l'économie allemande, parviendra à tous les remettre au travail en moins de cinq ans. Il ne disposait rigoureusement d'aucun moyen financier pour y parvenir. Schacht inventa donc ce mécanisme si subtil du préfinancement par les bons MEFO, qui permettra de financer des investissements productifs, des infrastructures, et aussi d'équiper la Wehrmacht des armes les plus modernes. En bref, concernant la résorption du chômage, il réalisa un véritable miracle.

Qu'on se rassure, il n'est pas question de demander à nos dirigeants modernes de marcher sur l'eau ou de multiplier les petits pains. Chacun son métier ; les miracles sont réservés aux êtres d'exception et bien peu de dirigeants actuels peuvent prétendre à cette qualité. Toutefois, il est évident que dans la plupart des pays en crise de sous-emploi, les recettes qu'ont employées les autorités pour essayer d'inverser les courbes du chômage ne s'écartent jamais des vieilles méthodes surannées dont elles ont abusé depuis le début du développement du chômage, dans les années 1970 : emplois aidés, aides fiscales, stages de formation se renouvelant à l'infini, en bref des expédients dont l'effet bénéfique s'éteint aussi rapidement que la flamme d'une bougie quand souffle la tempête. Certes, parfois quelques ambitions plus hautes émergent. Mais elles se heurtent en général au mur du financement : dans nos pays aux budgets publics exsangues, plus personne n'ose employer des méthodes « schachtiennes » pour créer de l'argent, et par conséquent de l'emploi.

Pourtant, à l'instar de Schacht, il serait possible de mettre en place des financements structurés de manière originale : pas avec des bons MEFO, encore que l'idée mériterait d'être explorée à nouveau, mais par exemple, au moyen d'un grand fonds d'investissement construit avec ingéniosité. Sa partie dite *equity*, autrement dit la fraction qui épongerait les premières pertes éventuelles, serait souscrite par les États, puis viendraient les investisseurs semi-publics, comme les caisses de dépôts et de consignation, qui détiendraient la dette junior, et enfin les investisseurs privés, qui souscriraient des tranches de séniorité croissantes, mezzanine et senior.

Hermétique exposé magistral, typique du jargon abscons et indigeste des financiers, n'est-ce pas ?

L'auteur présente ses excuses pour avoir utilisé un verbiage si peu littéraire, mais ce galimatias signifie, en substance et en français républicain, que les États prendraient davantage de risques que les investisseurs privés qui seraient très protégés ; tout simplement. Un tel mécanisme permettrait de créer un formidable effet de levier et de générer des ressources considérables. Encadrés « à la Schacht », ces moyens seraient susceptibles d'être mobilisés sous forme d'investissements productifs créateurs de richesse et d'emplois durables. Et bien sûr, pas question de les dévoyer pour poser des emplâtres sur des jambes de bois, comme le subventionnement d'emplois improductifs, voués à disparaître une fois l'enveloppe de financement épuisée. Une méthode en phase avec l'esprit de l'homme providentiel que fut Schacht, en somme.

Car lui, le banquier du diable, avait magnifiquement réussi à vaincre le chômage...

Au final, qui a raison ? Qui a tort ? Est-ce Schacht ? Sont-ce les dirigeants d'aujourd'hui ? Si l'on en juge à l'aune des accomplissements respectifs des uns et de l'autre, la conclusion est aisée et le vieux Schacht emporte l'unanimité ; mais le jugement est probablement un peu trop cursif, car les choses sont complexes et difficiles. C'est en tout cas ce qu'expliquent inlassablement ceux qui gouvernent aujourd'hui et ne parviennent plus à influencer le cours de la vie économique de leurs nations.

Doit-on les en blâmer ?

Il n'y a pas de réponse évidente à cette question, mais si l'on sollicitait son avis, Schacht rappellerait sans doute, avec l'arrogance et le ton hautain qui lui étaient propres, qu'il existe deux sortes d'hommes : ceux qui ont des résultats, et ceux qui ont des explications.

Lui, Hjalmar Schacht, avait des résultats.

Au fond, pourquoi Hjalmar Schacht a-t-il réussi là ou d'autres échouent aujourd'hui ? Qui était cet homme ? Un libéral ? Un socialiste ? Un keynésien ? Il se définit lui-même comme un partisan du capitalisme, tout en admettant qu'il n'apprécie pas cette terminologie. Il préfère employer le terme de capitalisme-individualisme. La définition n'est pas mauvaise, notamment si l'on voulait définir la nature du capitalisme que nous connaissons dans nos sociétés modernes, mais elle ne correspond pas véritablement à Schacht.

Bien que défendant dans ses écrits la loi du marché libre et ouvert, Schacht est en réalité un interventionniste acharné.

En 1923 et durant toute la crise monétaire, il libère ou ferme les vannes du crédit selon le jugement qu'il porte sur la situation de la monnaie et de l'inflation. En 1933, à la tête de la Reichsbank, il finance directement les grands projets de l'État, chose qu'aujourd'hui les Banques centrales occidentales s'interdisent totalement. Pour rétablir la balance commerciale de l'Allemagne, il met en place un contrôle strict des importations en s'appuyant sur l'administration du ministère de l'Économie ; autrement dit, il impose des mesures protectionnistes, aujourd'hui proscrites dans l'univers de l'économie mondialisée. Enfin, il est un adepte de l'économie planifiée : *Neue Plan*, *Vierjahresplan*, voilà le mode de fonctionnement qui lui convient. Rien de tout cela n'est le fait d'un économiste libéral ; au contraire, un économiste soviétique de la vieille école cryptocommuniste adorerait une telle méthode.

Or Schacht est tout, sauf un communiste. En tout cas, c'est ce qu'il prétend.

Hjalmar Schacht est essentiellement un rationaliste. S'il faut financer l'économie pour créer des emplois, il préfère le faire lui-même, à la tête de la Reichsbank, plutôt que de compter sur une hypothétique collaboration du système bancaire, dont la perspective est résolument égoïste et individualiste, les yeux rivés sur la courbe des bénéfices. Les institutions économiques et monétaires d'aujourd'hui raisonnent à l'inverse : plutôt qu'intervenir directement dans l'économie réelle, elles préfèrent livrer de l'argent gratuit aux banques, en quantités gigantesquement démesurées, et espérer que ces dernières s'en serviront pour financer des entreprises et que celles-ci créeront des emplois. Les résultats sont jusqu'ici peu tangibles. Évidemment, avec une telle suite d'engrenages mal huilés, le système actuel ne peut être aussi efficace que celui de Schacht, qui préférait prendre lui-même les choses à bras-le-corps, avec ses fidèles services de la Reichsbank pour l'appuyer. L'intervention directe, les mains dans le cambouis : pour Schacht, le grand mécanicien de l'économie, c'est de cette manière qu'on répare efficacement un moteur en panne.

De même, aujourd'hui, les pays dont la balance commerciale est dangereusement déséquilibrée sont contraints de conserver des relations ouvertes avec le monde extérieur, liés qu'ils sont par un ensemble inextricables de traités, d'accords et de normes, en provenance des autorités européennes, de l'Organisation mondiale du commerce ou d'autres sous-ensembles régionaux qui structurent la planète. Pour les ayatollahs dogmatiques de la concurrence libre et ouverte, mieux vaut faire mourir les entreprises d'un pays, quitte à y créer du chômage, plutôt que de renoncer aux sacro-saints principes de la non-intervention de l'État et de la circulation libre des biens et des capitaux. C'est en s'arc-boutant sur cette doxa néolibérale aveugle que les autorités de la concurrence font périr des secteurs d'activité entiers, certes parfois subventionnés par l'État, mais qui pourtant ont un rôle économique utile.

Afin de justifier cet état d'esprit toxique, les décideurs économiques à l'origine de cette doctrine invoquent à tout bout de champ l'économiste autrichien Joseph Schumpeter, qu'ils n'ont d'ailleurs pas lu ou pas compris, mais dont ils ont retenu la notion de « destruction créatrice » pour justifier que l'on sacrifie au nom du libre-échange des entreprises et des emplois. Ils oublient que le terme « destruction créatrice » commence par « destruction », ce qui lui donne une tonalité quelque peu inquiétante. Les bataillons de chômeurs, en ce qui les concerne, constatent au quotidien qu'il est beaucoup plus facile de détruire des emplois que d'en créer.

Pour Schacht, il ne saurait être question de tolérer cela : à son point de vue, la protection du marché intérieur est nécessaire s'il est pertinent de sauvegarder des activités utiles. Il n'hésite donc pas à limiter l'ouverture du marché allemand sur l'extérieur et à prendre des mesures drastiques de limitation des importations de biens et de services. Et il rétablit la balance commerciale de l'Allemagne, contribuant ainsi à la prospérité générale de ce pays à la veille de la Seconde Guerre mondiale.

Schacht, avec le bon sens qui lui est propre, rappellerait en effet aux partisans à tous crins du libre-échange universel que les économistes qui les inspirent, comme Adam Smith, ont vécu au xviiie siècle ou antérieurement. Ils ont élaboré leurs belles théories de l'efficacité des marchés en observant les conditions économiques d'une civilisation où les échanges globaux mondialisés n'existaient pas, où la mobilité des marchandises était entravée par les modes de transport et où la circulation instantanée des capitaux était impossible. En bref, Hjalmar Schacht expliquerait avec hauteur et condescendance aux décideurs économiques contemporains qu'appliquer à un monde postmoderne globalisé des théories libre-échangiste d'économistes du xviiie siècle, n'ayant eu pour seule perspective observable qu'un environnement économique proche de celui de la préhistoire, est insensé et ne peut conduire qu'à des catastrophes.

Certains des pays qu'il a conseillés ont retenu la leçon : en 2014, l'Inde, inspirée par le souvenir de Hjalmar Schacht, a réussi à faire plier l'Organisation mondiale du commerce pour continuer de subventionner ses productions alimentaires à destination des pauvres. Les Torquemada du libre-échange, bien à l'abri dans leurs bureaux climatisés où ils promènent leurs élégants costumes Armani, leurs cravates Hermès et leurs chaussures de luxe, voulaient soumettre ces productions alimentaires de base à l'impitoyable loi d'airain de la concurrence ouverte mondiale, au mépris des estomacs creux de centaines de millions de miséreux dont la survie dépend de ces denrées agricoles essentielles. Les courageux Indiens ont obtenu de demeurer en infraction ouverte aux terrifiantes règles inquisitoriales du commerce international mondialisé ; une belle victoire de la raison contre la loi absurde du libéralisme aveugle. Le message du banquier du diable commencerait-il à gagner les esprits ?.

Hjalmar Schacht est donc un libéral paradoxal. Certains diront un libéral schizophrène. Appelons-le plutôt un rationaliste ; c'est le seul terme adapté. Malheureusement, l'espèce est en voie d'extinction. Tant pis pour nous.

Alors, pour conclure, cher *Herr Doktor* Schacht, votre héritage est-il si sulfureux que plus personne ou presque, en cette époque moderne, ne songe à s'en servir ? Que nous conseillerait votre fantôme pour sortir de la crise qui frappe le monde, en ce début de XXIe siècle ?

Rêvons un instant.

Il répondrait cela : « Il y a aujourd'hui une guerre à préparer, mais pas une guerre militaire : il s'agit d'une guerre plus dangereuse encore, une guerre planétaire contre le réchauffement climatique et la consommation d'énergie, dont les effets seront si dévastateurs qu'ils risquent de faire disparaître certains pays riverains du grand océan Pacifique, et qu'ils pourraient rendre inhabitables des zones entières de l'Afrique ou d'ailleurs. »

Schacht lancerait alors un plan de bataille bien dans sa manière : « Je vais organiser un formidable plan de recherche et d'investissement, financé au moyen d'un accroissement temporaire de la dette des États, un plan qui créera de l'emploi dans le domaine de la lutte contre la pollution, de la transition énergétique, des immeubles à énergie positive, des dispositifs de limitation des gaz à effet de serre et d'élimination des particules qui rendent irrespirable l'air doux du printemps. Nous rembourserons la dette nécessaire pour financer ce plan de guerre avec les dividendes que procureront les économies en achats d'énergies fossiles ! Grâce à moi, nous y parviendrons ! »

Comme Schacht reste Schacht, probablement ajouterait-il, avec la morgue, l'arrogance, le complexe de supériorité et l'ego boursouflé de contentement qui étaient inséparables de son immense génie : « Je m'accorde assez de crédit pour croire que je réussirai dans cette entreprise ! De toute façon, il n'y a pas d'autre alternative ! L'échec n'est pas une option ! »

Le banquier d'Adolf Hitler anticiperait qu'un tel plan représenterait du développement pour tous, pays occidentaux, pays en transition, pays pauvres.

Évidemment, le rêve de Hjalmar Schacht ne peut être réalisé que par Hjalmar Schacht. C'est bien dommage, car le banquier du diable n'est plus là et n'a pas été remplacé.

Mais il faut bien rêver un peu.

Postface 1932-2015, de Heinrich Brüning à François Hollande : à la recherche de la clairvoyance

Comment ne pas être frappé par la similitude de la situation économique et politique de l'Allemagne de 1932, juste avant l'arrivée au pouvoir d'Adolf Hitler, et l'état dans lequel se trouvent certains pays européens, dont particulièrement la France, en 2015 ?

En 1932, l'Allemagne est plongée dans une crise économique mondiale sans précédent, qui s'est déclenchée quelques années plus tôt aux États-Unis. Le pays compte plus de six millions de chômeurs. L'Allemagne est dirigée par un chancelier dont la popularité s'est effondrée à un niveau historiquement faible ; plus personne, ou presque, ne lui accorde la moindre confiance, y compris dans son propre camp. Homme plutôt honnête, se présentant comme un spécialiste de l'économie, il fait pourtant preuve d'un profond manque de clairvoyance dans ses diagnostics et ses choix économiques. En effet, alors que le pays est embarqué dans une récession d'une extrême violence, le chancelier s'engage dans une politique déflationniste d'une rigueur implacable : l'objectif prioritaire qu'il poursuit sous la pression des autres pays européens, et auquel il sacrifie le bien-être de sa population, est la réduction des déficits publics et le redressement des comptes de l'État. Surnommé « le chancelier de la faim », tant il a pressuré les classes moyennes, il est chassé du pouvoir avant la fin de son mandat ; le désespoir qu'il a semé dans le pays a provoqué une montée irrépressible des partis extrémistes de droite, qui bientôt prendront le pouvoir.

Prenons le risque d'une transposition « à la française », façon actualité contemporaine, du paragraphe qui précède.

En 2015, la France est plongée dans une crise économique mondiale sans précédent, qui s'est déclenchée quelques années plus tôt aux États-Unis. Le pays compte plus de trois millions et demi de chômeurs. La France est dirigée par un président dont la popularité s'est effondrée à un niveau historiquement faible ; plus personne, ou presque, ne lui accorde la moindre confiance, y compris dans son propre camp. Homme plutôt honnête, se présentant comme un spécialiste de l'économie, il fait pourtant preuve d'un profond manque de clairvoyance dans ses diagnostics et ses choix économiques. En effet, alors que le pays est embarqué dans une récession d'une extrême violence, le président s'engage dans une politique déflationniste d'une rigueur implacable : l'objectif prioritaire qu'il poursuit, sous la pression du pays dominant de l'Europe, l'Allemagne, et de ses alliés européens, et auquel il sacrifie le bien-être de sa population, est la réduction des déficits publics et le redressement des comptes de l'État. Surnommé Pépère par les membres de son cabinet du fait de son manque d'autorité, ses hésitations sont nombreuses et ses retournements d'opinion fréquents, mais toujours il retourne aux mêmes vieilles recettes : pressurer les classes moyennes, pourtant déjà accablées d'impôts, et éviter d'engager la moindre réforme de fond afin de ne fâcher personne. Toutefois, le désespoir qu'il sème dans le pays provoque une irrépressible montée du parti extrémiste de droite, qui sous sa présidence devient le premier parti de France.

La ressemblance est saisissante, n'est-ce pas ?

Heureusement, la fin de l'histoire française n'est pas encore écrite.

La fin de l'histoire allemande, quant à elle, est décrite en détail dans ce livre. Le sort de Heinrich Brüning n'y est pas évoqué : Brüning, qui avait pris la décision pendant l'année 1932 de dissoudre les SA de Röhm et les SS – encore une décision qui ne sera jamais suivie d'effet de la part de cet homme décidément trop faible – sera contraint en 1934 de fuir l'Allemagne. Il s'installera aux États-Unis où il enseignera les sciences économiques à Harvard. Souhaitons qu'il ait tiré des leçons de ses lourdes erreurs de politique économique, et transmis à ses étudiants de meilleurs principes que ceux qu'il mit en œuvre lorsqu'il était au pouvoir. Il terminera son existence à Norwich, dans l'État du Vermont, en 1970.

Les comparaisons historiques ont évidemment leurs limites et l'on peut gager que le sort funeste de l'Europe à la fin des années 1930 ne sera pas celui de l'Europe de notre époque.

Pour autant, l'exemple de Brüning est riche d'enseignements.

Tout d'abord, Brüning était un faible, ce qui l'a rapidement discrédité aux yeux de la population allemande. Toutefois, cet homme était un faible à deux faces. D'un côté, au plan économique, il était dogmatique jusqu'à l'absurde. Comme une bernacle arrimée à la coque d'un navire en perdition, Brüning était incapable de se détacher de la plus stricte orthodoxie économique, au point de conduire son pays dans un gouffre récessionniste dont seul le génie de Hjalmar Schacht a permis de sortir. De l'autre, avec les mouvements d'extrême droite et notamment le parti nazi, il n'a pas su comment réagir, et lorsqu'il l'a fait, c'était trop tard. En outre, dans ses réactions, il s'est montré, comme à son habitude, excessivement timoré, hésitant à mettre en œuvre de manière ferme ses propres décisions, comme la dissolution forcée des SA et des SS.

En France, le discrédit qui touche le président de la République est d'un autre ordre : l'écart entre son exercice de la fonction présidentielle et les valeurs dont il s'était imprudemment fait le héraut lors de la campagne électorale est en effet trop flagrant, aux yeux de la population dans son ensemble et de ses électeurs en particulier. Par exemple, son célèbre discours du Bourget, dans lequel il stigmatisait la finance comme étant son ennemie, s'est traduit dans les faits par un soutien sans faille de cet homme à la susdite finance : tout d'abord en appliquant a minima son projet, pourtant salutaire, de séparation des activités spéculatives des banques. Ensuite, en intervenant très maladroitement auprès du président américain Barack Obama pour limiter les sanctions encourues aux États-Unis par une banque française coupable de violation d'embargo au profit d'un pays, le Sud-Soudan, que les États-Unis avaient mis à l'index en raison des meurtres de masse commis par son armée à l'encontre de minorités ethniques. Enfin en appelant, pour le conseiller, un riche banquier d'affaires dont il fera plus tard son ministre de l'Économie. À aucun moment, cette « animosité » électoraliste contre la finance n'a trouvé d'écho dans la politique du président français. C'est pourtant bien cette finance qui porte la responsabilité de la crise financière de 2008.

Le discrédit qui frappe le président français est aussi imputable à sa promesse de ne pas mélanger fonctions publiques et vie privée. Alors qu'il faisait de cette question un reproche central à son prédécesseur, qu'il battra grâce à cela au second tour de l'élection présidentielle, jamais président, depuis le regretté Félix Faure, mort à l'Élysée dans les bras d'une demi-mondaine, n'aura autant étalé sa vie privée vaudevillesque dans la presse people des halls de gare. Entre les turpitudes de la *first girlfriend* s'immisçant dans une élection législative, jusqu'à la répudiation en place publique de l'ex-favorite par un souverain dont beaucoup de commentateurs diront alors que la muflerie le dispute à la goujaterie, puis la vengeance de l'éconduite par voie de livre à succès dénonçant, de la part d'un supposé responsable de gauche, un insupportable mépris à l'égard des pauvres, le président français a alimenté les discussions graveleuses des dîners en ville de la planète entière. Quant aux histoires de cornecul de virée nocturne en scooter jusqu'au lit d'une actrice et aux croissants partagés au petit déjeuner... certains ont écrit que la dignité de l'exercice de la fonction présidentielle a atteint à ce moment en France les sommets du ridicule : président de la République, façon collégien boutonneux ! Ils racontent d'ailleurs qu'à Colombey-les-Deux-Églises, les visiteurs entendent depuis ce jour-là le général de Gaulle se retourner bruyamment dans sa tombe avec une belle régularité.

Au moins le digne Heinrich Brüning, ce célibataire austère et catholique à l'éthique personnelle intransigeante, n'avait pas sombré à ce point dans l'irrationalité que provoque parfois l'exercice du pouvoir chez les esprits faibles.

En revanche, le chancelier allemand des années 1930 et le président français se rejoignent sur deux points : leur manque de clairvoyance économique et leur faiblesse face aux pressions extérieures.

Analyser objectivement l'état de l'économie n'est certes pas chose aisée ; aussi faut-il faire preuve de prudence dans cet exercice. Brüning s'était avant tout égaré sur les solutions, en s'entêtant dans sa vision déflationniste quand l'inverse était nécessaire, ainsi que Hjalmar Schacht le démontrera brillamment quelques mois après la démission du « chancelier de la faim ». Le président français, quant à lui, s'est aussi fourvoyé dans le constat : annoncer comme chose certaine le retournement de la courbe du chômage en 2013, alors qu'aucun signe ne permettait un tel optimisme, et qu'un démenti cruel par l'augmentation continue des bataillons de chômeurs persistera pendant de longs mois, ou se féliciter en juillet 2014 du frémissement de la croissance enfin revenue, alors que quelques jours plus tard l'INSEE annoncera exactement l'inverse, aboutit à détruire toute forme de crédibilité. C'est évidemment d'autant plus gênant quand on a placé son quinquennat sous le signe du redressement de l'économie, comme l'a fait le président français : cette cécité face aux stigmates de la crise ne concourt pas à inspirer confiance.

La crédibilité peut également s'acquérir d'une autre manière, en faisant preuve de caractère face aux pressions extérieures. Là aussi, Brüning et le président français sont à égalité. Brüning n'a pas su résister aux Alliés qui voulaient contraindre l'Allemagne à respecter certaines clauses du plan Young qui avait restructuré la dette allemande et le remboursement des réparations de guerre. Or, ces clauses de paiement étaient manifestement insupportables pour l'économie allemande qu'elles faisaient plonger dans une infernale spirale récessive. Le président français, quant à lui, se montre pour l'instant incapable de faire contrepoids aux injonctions de l'Allemagne de Mme Merkel, relayées par une Commission européenne aux ordres, et pour qui le redressement des finances publiques est une priorité absolue devant passer avant toute autre considération. Pour Mme Merkel, la chancelière allemande d'aujourd'hui, le dogme de l'équilibre des comptes de l'État ne peut être transgressé, y compris quand le taux de chômage dépasse allègrement les 12 %, comme en France, et même lorsqu'il se situe aux alentours de 25 %, situation dont souffrent les populations d'Espagne ou de Grèce. Brüning avait une excuse pour adhérer à ce dogme : l'hyperinflation dramatique remontait à moins d'une dizaine d'années. Hjalmar Schacht avait réussi à mettre fin à cette hyperinflation en fin d'année 1923, après trois ans de folie monétaire, et tous les Allemands de 1932, Brüning compris, restaient traumatisés par le souvenir de la ruine qu'ils avaient connue pendant ces années douloureuses. Aujourd'hui, les choses sont diamétralement différentes : les tensions inflationnistes sont quasiment éteintes, en tout cas dans le monde des économies développées. Pourtant, personne ne songe à profiter de cette opportunité historique pour lancer un vaste plan d'investissement à même de relancer la machine économique et ainsi mettre fin ou réduire le chômage ; et surtout pas le président français qui suit fidèlement les instructions allemandes.

Car la politique allemande, et par conséquent celle des autorités politiques, économiques et monétaires européennes, demeure profondément marquée par le spectre de l'hyper-inflation allemande des années 1920, à qui elles imputent la montée du nazisme et la guerre mondiale qui s'ensuivit, laquelle provoqua la destruction de la moitié de l'Europe.

Mais tant les Allemands que les Européens font deux erreurs d'analyse.

La première erreur est d'ordre historique : beaucoup plus que le traumatisme de l'hyperinflation, c'est la montée du chômage qui, entre 1930 et 1933 en Allemagne, a porté les nazis au pouvoir. À cet égard, Hitler avait parfaitement compris la situation : que demande-t-il à Hjalmar Schacht, lorsqu'il le nomme président de la Reichsbank ? De restaurer l'équilibre des finances publiques ? Pas du tout ! Il lui demande au contraire de mobiliser tous les moyens imaginables pour arracher le dernier des sans-emploi à la rue. La fin du chômage est pour Adolf Hitler un facteur de stabilisation sociale, et donc de consolidation de son pouvoir. C'est bien triste à dire, et fort douloureux à écrire, mais à ce point de vue, ce monstre d'Adolf Hitler avait raison.

La seconde erreur d'analyse est d'ordre économique. En imposant une politique déflationniste à l'Europe, Mme Merkel poursuit un but précis. Pour elle, la crise économique est une crise des finances publiques. En conséquence, le déséquilibre des finances publiques doit être résorbé aussi vite que possible. Mme Merkel est appuyée en cela par les marchés financiers, qui saluent favorablement tout nouvel effort de rigueur et d'austérité, de la même manière que ces mêmes marchés achètent goulûment les titres des grandes entreprises qui annoncent des plans de licenciement massifs. Poussés par cette double pression germano-européenne et marketo-financière, les gouvernements des autres pays européens n'ont d'autre choix que de multiplier les annonces d'austérité, d'économie, de rigueur, à coup de dizaines et dizaines de milliards de coupes dans les budgets sociaux, les investissements d'infrastructures et le soutien aux populations en difficulté. La confiance des investisseurs internationaux et de Mme Merkel est à ce prix. Celle des disciplinés acolytes européens de Mme Merkel aussi ; le général de Gaulle les décrivait comme des cabris qui sautent sur leurs tabourets en criant « l'Europe ! l'Europe ! » ; aujourd'hui, ils sautent toujours, mais en glapissant « Austérité ! Austérité ! »

Au moins, ont-ils raison ? Les pays qui ont adopté ces dramatiques plans d'austérité ont-ils redressé l'équilibre de leurs finances publiques ?

La réponse à cette question est indiscutablement négative : aucun des pays du Sud, qui depuis quatre ans poursuivent cette politique déflationniste « à la Brüning », n'a vu sa dette se résorber pendant cette période. Bien au contraire, la dette a poursuivi sa progression et les comptes des États sont toujours déséquilibrés. Et pendant ce temps, l'activité a ralenti, les faillites ont grimpé en flèche, les chômeurs se sont multipliés : en 2014, l'Europe compte dix millions de chômeurs de plus qu'en 2009.

Mais, imperturbable, Mme Merkel, dont le pays bénéficie, il est vrai, d'une rente de situation monétaire à la tête de l'Europe, du fait d'un cours de l'euro particulièrement avantageux pour les exportateurs allemands, continue ses injonctions. Et la Commission européenne suit fidèlement. Et le président français et son gouvernement aussi, qui sonnent la chasse aux chômeurs et sacrifient la politique familiale, pourtant un grand succès des politiques publiques françaises, tout en adressant à la population d'insupportables déclarations d'amour : « Le gouvernement aime les entreprises ! », « Le gouvernement aime les pauvres ! », « Le gouvernement aime les familles ! » ; tel est le slogan gouvernemental à chaque annonce de nouvelles mesures d'austérité. Au moins peut-on penser que l'agence de communication qui a inventé cet étrange oxymore a vu son budget exploser : belle invention, dont abusent le président français et ses ministres, que ce procédé consistant à seriner de curieux discours d'affection tout en imposant de plus rudes sacrifices aux êtres aimés qui n'en demandent pas tant.

À force d'imposer des politiques déflationnistes, nos Brüning modernes finissent par gagner leur pari : l'Europe tout entière, Allemagne comprise, commence à s'enfoncer dans une spirale déflationniste : baisse des investissements, baisse de la production, baisse des prix, baisse des salaires puis baisse de la consommation, qui entraîne une baisse des investissements, une baisse de la production… et le cercle se poursuit ad libitum. En bref, une situation dont personne, pour autant qu'on soit informé, n'a la moindre idée de la manière d'en sortir.

N'est pas Hjalmar Schacht qui veut.

Au contraire, adopter une politique de croissance et de création d'emplois, comme Schacht a si bien su le faire, provoquerait naturellement un redressement des finances publiques. Certes, une telle politique ne saurait être entreprise qu'au prix d'une dérive temporaire du budget des États ; un pays, le Japon, s'est engagé sur cette voie. Il est le seul, pour l'instant, à avoir fait le choix de l'avenir et non du repli déflationniste. Les autres préfèrent s'engager, solidement groupés, vers la déflation, tels un troupeau de moutons fuyant un danger imaginaire et dégringolant tous ensemble dans un insondable et lugubre précipice.

Quel choix bizarre…

Pendant ce temps, en France, le Front national est devenu le premier parti de France, remportant aux dernières élections de 2014 moult municipalités importantes et écrasant aux élections européennes les partis traditionnels de droite et de gauche. Deux édiles de cette mouvance sont même entrés au Sénat. Ils suivent la voie tracée en Grèce par le parti Aube dorée et ses nazillons au crâne rasé, en Autriche par les partis nationalistes et populistes qui gouvernèrent la Carinthie, en Belgique par le Vlaams Belang, et par beaucoup d'autres encore.

Heinrich Brüning, pendant son passage à la chancellerie allemande, avait à peu près tout raté.

Le président français, jusqu'à présent, a plus ou moins suivi la même voie dans le redressement de l'économie française et il n'est pas sûr que la chute des prix du pétrole et du cours de l'euro, deux phénomènes auxquels il est totalement étranger, suffisent à le sauver, même en apparence.

Pourvu qu'un nouveau Hjalmar Schacht lui montre un jour comment s'y prendre pour changer ça...

Le président français éviterait ainsi les jugements sévères tels celui-ci, formulé en 2006 à propos de l'un de ses prédécesseurs par un politicien qui briguait la présidence de la République et a atteint son but en 2012 : «... [il] aura finalement rendu un service au pays par la longueur de son mandat, par la répétition de ses échecs, par sa manière d'agir, par cette défausse permanente, par ce sentiment d'impunité, par cette déresponsabilisation permanente, par l'incapacité qui a été la sienne de prendre des risques, de faire ses choix et de les exposer au pays. Bref, il aura donné l'image d'une contre-présidence, comme l'on dirait une contre-indication1. »

À propos ce politicien, auteur de ces lignes n'était-ce pas lui-même, l'actuel locataire du palais de l'Élysée ? Maintenant qu'il est installé dans le fauteuil de président, n'éprouverait-il pas quelques peines, comme il l'écrivait à propos d'un autre, à prendre des risques, à faire des choix et à les exposer au pays ? Hjalmar Schacht, dans ses *Mémoires*, affirmait cela : « Je déteste deux sortes d'hommes : ceux qui se dérobent aux devoirs qui leur incombent, ceux qui, après coup, savent tout mieux que tout le monde. » Difficile de ne pas tomber dans l'un ou l'autre travers ; et parfois même dans l'un ET l'autre travers.

À la différence de Heinrich Brüning, puisse le président français trouver dans l'exemple du banquier du diable des idées

---

1. Opinion émise à propos du président de la République Jacques Chirac par François Hollande dans son livre *Devoirs de vérité*, coécrit avec Edwy Plenel et publié en 2006 aux éditions Stock.

pour rattraper le temps qu'il a perdu à simplement subir la crise mondiale, en faisant le dos rond, dans l'attente de la prochaine élection et d'une hypothétique reprise de la croissance. La tâche est certes immense, et même probablement insurmontable. Pour autant, aux âmes bien nées les défis même insurmontables méritent d'être relevés. Schacht était incontestablement l'une de ces âmes inflexibles, forgées d'un indestructible acier inoxydable. Et comme il était doué de surcroît d'une prodigieuse intelligence analytique, le succès l'attendait au bout de la route.

Quelle était la recette de Hjalmar Schacht pour faire face aux insurmontables défis économiques qu'il a relevés avec le succès qu'on connaît ?

Elle s'articule en trois principes. Identifier quelle est la priorité ; consacrer tous les moyens possibles et impossibles à la régler ; avoir une stratégie à moins de cinq ans.

Et pour mettre la stratégie en musique, montrer de la détermination, encore de la détermination, toujours de la détermination !

Imparable !

Voilà, à destination de ceux qui ont tout raté, l'ultime leçon d'outre-tombe de Hjalmar Schacht, le banquier du diable, l'homme qui a tout réussi dans ce domaine si essentiel qu'est la politique économique, au cœur de la vie et de la prospérité des peuples.

À méditer...

BIBLIOGRAPHIE

Ouvrages de Hjalmar Schacht :

Das Ende der Reparationen [La fin des réparations], Oldenbourg, Gerhard Stalling Verlag, 1931. Trad. anglaise (États-Unis) par Lewis Gannet, *The End of Reparations*, New York, Jonathan Cape and Harrison Smith, 1931.

Il importe au monde de penser en commerçant !, Drückerei der Reichsbank, Berlin, juin 1935.

Abrechnung mit Hitler [Réglements de comptes avec Hitler], Hambourg, Rowohlt Verlag, 1948. Trad. française, *Seul contre Hitler*, Paris, Gallimard, 1950.

Mémoires d'un magicien, 2 tomes (*De Bismarck à Poincaré* ; *De Hitler au monde nouveau*), Paris, coll. « Toute la ville en parle », Amiot-Dumont, 1954.

Note de l'auteur : les chapitres 1 à 11 du livre s'ouvrent sur une première partie où Hjalmar Schacht parle et évoque sa vie, sa pensée économique ou les personnages qu'il a côtoyés. Il ne s'agit en aucun cas d'une duplication de ses œuvres, mais de l'interprétation par l'auteur, de manière aussi réaliste que possible, de l'état d'esprit de Hjalmar Schacht tel qu'il transparaît dans ses écrits ou dans la manière qu'il a eue de se comporter et d'agir.

Autres ouvrages :

Adenauer (Konrad), *Mémoires*, 4 tomes (1945-1953 ; 1953-1956 ; 1956-1963), Paris, Hachette, 1965-1969.

Beevor (Antony), *La Seconde Guerre mondiale*, Paris, coll. « Sciences humaines et Essais » Calmann-Lévy, 2012.

Brissaud (André), *Canaris. Le « petit amiral », prince de l'espionnage allemand. 1887-1945*, Paris, Librairie Académique Perrin, 1970.

Clavert (Frédéric), *Hjalmar Schacht, financier et diplomate (1930-1950)*, Peter Lang Verlagsgruppe, Berne, 2009

Gersdorff (Rudolf Christof, von) *Tuer Hitler. Confession d'un officier allemand antinazi*, Paris, Tallandier, 2012.

Goldensohn (Leon), *Les Entretiens de Nuremberg*, Flammarion, 2005.

Kageneck (August, von), *La Guerre à l'Est*, Paris, coll. « Tempus », Perrin, 2002.

Kageneck (August, von), *Examen de conscience. Nous étions vaincus mais nous nous croyions innocents*, Paris, coll. « Tempus », Perrin, 2004.

Kersaudy (François), *Hitler*, Paris, coll. « Maîtres de guerre », Perrin, 2011.

Kersaudy (François), *Hermann Goering*, Perrin, 2009.

Kershaw (Ian), *Hitler*, 2 tomes (1889-1936 ; 1936-1945), Paris, Flammarion, 1999 et 2000.

Longerich (Peter), *Goebbels*, Paris, Héloïse d'Ormesson, 2013.

Moczarski (Kazimierz), *Entretiens avec le bourreau*, Paris, coll. « Folio histoire » (n° 192), Gallimard, 2011.

Schlabrendorff (Fabian, von), *Officiers contre Hitler*, Paris, Éditions Self, 1948.

Speer (Albert), *Au cœur du Troisième Reich*, Paris, Fayard, 1971, réédition coll. « Grand Pluriel », Fayard/Pluriel, 2011.

Varaud (Jean-Marc), *Le Procès de Nuremberg. Le glaive dans la balance*, Paris, Librairie Académique, Perrin, 1993.

Wilmots (André), *Hjalmar Schacht (1877-1970). Grand argentier d'Hitler*, Bruxelles, Éditions Le Cri, 2001.

Table des matières